EUROPA BAUEN

Eine Reihe der Verlage
C. H. Beck, München · Blackwell, Oxford
Crítica, Barcelona · Laterza, Rom-Bari
Le Seuil, Paris

Herausgegeben von
Jacques Le Goff

EUROPA BAUEN

JOSEP FONTANA

Europa im Spiegel

Eine kritische Revision
der europäischen Geschichte

Aus dem Spanischen
von Joan Weiss i Knopf

VERLAG C.H.BECK
MÜNCHEN

Titel der spanischen Originalausgabe
Europa ante el Espejo
© Josep Fontana Làzaro, Barcelona, 1994
© Critica (Grijalbo Comercial, S. A.) Barcelona, 1994

Die Deutsche Bibliothek – CIP-Einheitsaufnahme

Fontana, Josep:
Europa im Spiegel : eine kritische Revision der
europäischen Geschichte / Josep Fontana. Aus dem
Span. von Joan Weiss i Knopf. – München : Beck, 1995
(Europa bauen)
Einheitssacht.: Europa ante el espejo <dt.>

ISBN 3-406-39336-5

ISBN 3-406-39336-5

Für die deutsche Ausgabe
© C. H. Beck'sche Verlagsbuchhandlung (Oscar Beck), München 1995
Satz: Fotosatz Janß, Pfungstadt
Druck- und Bindearbeiten: Franz Spiegel Buch GmbH, Ulm-Jungingen
Gedruckt auf säurefreiem,
aus chlorfrei gebleichtem Zellstoff hergestellten Papier
Printed in Germany

Europa bauen

Europa wird gebaut. Getragen von großen Hoffnungen. Doch erfüllen werden sie sich nur, wenn sie der Geschichte Rechnung tragen. Ein geschichtsloses Europa wäre ohne Herkunft und ohne Zukunft. Denn das Heute entstammt dem Gestern, und das Morgen entsteht aus dem Vergangenen. Dieses Vergangene soll die Gegenwart jedoch nicht lähmen, sondern sie befähigen, bei allem Bewahren eine andere und im Fortschritt eine neue Gestalt zu gewinnen. Unser zwischen Atlantik, Asien und Afrika gelegenes Europa besteht ja schon seit sehr langer Zeit, so wie die Geographie es gezeichnet, die Geschichte es modelliert hat, seit die Griechen ihm diesen Namen gaben, der stets beibehalten wurde. Auf dieses Erbgut, das seit der Antike, ja seit prähistorischer Zeit dieses Europa befähigt hat, gerade wegen seiner Einheit und Vielfalt einen solchen Reichtum an Kulturgut, eine solch außergewöhnliche Kreativität zu entfalten, muß sich die Zukunft stützen.

Die aus der Initiative von fünf Verlegern unterschiedlicher Sprache und Nationalität entstandene Reihe «Europa bauen» will die Gestaltung Europas und seine nicht zu unterschätzenden Erfolgschancen erhellen, ohne die überkommenen Schwierigkeiten zu vertuschen. Daß dieser Kontinent in seinem Streben nach Einheit so manch internen Zwist, so manchen Konflikt, so manches Trennende und Widersprüchliche erst überwinden mußte, soll in dieser Reihe nicht verschwiegen werden, denn wer sich auf das Unternehmen Europa einlassen will, muß die gesamte Vergangenheit kennen und eine Zukunftsperspektive besitzen. Daraus erklärt sich der «aktive» Titel unserer Reihe. Es scheint uns in der Tat nicht an der Zeit, eine Universalgeschichte Europas zusammenzufügen. Wir wollen das Thema mit Essays umkreisen, die von den besten zeitgenössischen Historikern stammen, wobei es für uns unerheblich ist, ob sie Europäer oder Nicht-Europäer, ob sie schon berühmte oder noch kaum bekannte Autoren sind. Sie werden die entscheidenden Themen europäischer Geschichte aufgreifen – im wirtschaftlichen, politischen, sozialen, religiösen, kulturellen Bereich – und sich dabei auf die lange, von Herodot begründete historiographische Tradition und zugleich auf die in Europa entwickelten neuen Konzeptionen stützen, die die Geschichtswissenschaft im zwanzigsten Jahrhundert und insbesondere in den letzten Jahrzehnten von Grund auf erneuert haben. Durch ihr Bemühen um Klarheit sind all diese Essays für jedermann verständlich.

Wir setzen unseren ganzen Ehrgeiz darein, all denen, die am Aufbau und Ausbau Europas beteiligt sind, aber auch jenen in der Welt, die sich dafür interessieren, Bausteine zur Beantwortung der fundamentalen Frage «Wer sind wir? Woher kommen wir? Wohin gehen wir?» zu liefern.

Jacques Le Goff

Inhalt

Erstes Kapitel

Der Spiegel der Barbaren

Wann schlägt Europas Geburtsstunde? – Schon die Beantwortung dieser Frage erweist sich als ziemlich schwierig, kann sie sich doch sowohl auf die erste menschliche Niederlassung innerhalb des heute von uns so genannten geographischen Gebietes als auf das Auftauchen eigener kultureller Ausdrucksformen wie auch auf das Entstehen eines kollektiven Bewußtseins beziehen, das schließlich dazu führte, diesem Raum, seinen Bewohnern und seiner Kultur die heutige Bezeichnung zu geben.

Das Gebiet als solches – kaum mehr als ein letzter Ausläufer der weitgehend von Asien eingenommenen großen Kontinentalmasse – scheidet als charakterisierende Komponente aus, da es ja zu keiner Zeit klar abgesteckte natürliche Grenzen hatte. Griechen, Ägypter und Mesopotamier sahen die Erde als eine allseits vom «Weltstrom des Okeanos» umgebene große Insel. Dieses Bild eines den ganzen Erdkreis einschließenden Gewässers stellt Hephaistos auf dem Schild des Achilles dar, und in gleicher Weise bietet es sich uns auch auf den ersten, die Erde kreisförmig darstellenden Karten.

Durch Berichte von Reisenden mehr und mehr ergänzt und berichtigt, gewann dieses Weltbild zunehmend an Größe; seine Grenzen rückten immer weiter in die Ferne und bevölkerten sich dort mit Ungeheuern und Wunderwerken. Der Erdblock untergliederte sich nun in drei Teile: Europa, Asien und Afrika. Europa und Afrika waren durch das Meer getrennt, die Grenze zu Asien jedoch – gemeinhin als eine Linie durch den Bosporus und entlang des Dons verstanden – entsprach eher kulturellen als geographischen Kriterien.

Auch die ersten europäischen Siedler hatten nichts Besonderes, nichts Charakteristisches an sich. Man nimmt an, daß sie aus Afrika kamen (möglicherweise auch aus Asien, wie dies ein in Georgien gefundener Hominide nahelegt, der dort vor einenhalb Millionen Jahren lebte) und sich allmählich in verschiedenen Auswanderungswellen den Kontinent erschlossen. Mit der letzten Welle – der einzigen mit bleibender Nachkommenschaft – betrat vor dreißig- bis vierzigtausend Jahren der *Homo sapiens* die Szene. Selbst wenn wir davon ausgehen, daß dieses Gebiet bereits zu einem viel früheren Zeitpunkt – vielleicht schon vor 650000 Jahren – besiedelt war, sind die ersten Europäer jedoch, die wir mit Sicherheit als unsere biologischen Vorväter betrachten können, geradezu als Neuankömmlinge anzusehen.

Die Ursprünge dessen, was wir unsere «Zivilisation» nennen, gehen hingegen auf die zwischen dem 8. und 7. Jahrtausend vor unserer Zeitrechnung im Nahen Osten gemachten Errungenschaften zurück; auf eine auf der Domestikation verschiedener Pflanzen und Tiere beruhende Landwirtschaft und die Gründung der ersten Städte. Dieser Prozeß der Domestikation brachte viel mehr als nur rein wirtschaftliche Folgen mit sich, sah die Bevölkerung sich doch durch die Übernahme intensiverer Techniken plötzlich von politischen und sozialen Strukturen «umfangen», die ihr schließlich unentbehrlich wurden. Genetischen Erkenntnissen zufolge scheint sich die Landwirtschaft von diesem ursprünglichen zentralen Punkt aus sehr langsam – mit einer Geschwindigkeit von einem Kilometer pro Jahr – nach Westen hin ausgedehnt zu haben (die äußersten Landstriche Westeuropas wurden erst nach 4000 Jahren erreicht). Die Gebiete, in denen sich diese neuen und weitaus wirkungsvolleren Methoden der Nahrungsgewinnung ausbreiteten und die zum Anbau von in der heimischen Pflanzenwelt bis dahin unbekannten Gewürzen führten, waren zu diesem Zeitpunkt von einer Bevölkerung von Jägern und Sammlern bewohnt, die sich ihre Nahrung aus den Wäldern holten. Nachdem sie anfänglich ihre Lebensweise der der Bauern angepaßt hatten (die baskische Sprache könnte sich zum Beispiel von den letzten Jägern der Mittelsteinzeit herleiten), gingen sie später jedoch dazu über, die ursprüngliche Bestreitung ihres Lebensunterhalts mit den neu aufgekommenen Verfahren zu verbinden und zu einer Synthese zu führen.

Die Offensichtlichkeit einer mischrassigen Herkunft steht in krassem Widerspruch zu dem traditionellen Bild, das wir uns von unserer Geschichte gemacht haben. Immer wieder ist der Versuch unternommen worden, das wahrhaft Europäische aus seinem Kontext zu lösen, um dessen gesamte spätere Entwicklung mit den vermeintlich einmaligen, höheren Ursprüngen zu erklären, die sich dann in der Auseinandersetzung mit den rückschrittlichen Invasoren aus Asien und Afrika schließlich durchsetzen konnten.

Ihren Ausgangspunkt hat diese Geschichtsauffassung in dem Bild, das die Griechen vor dem Zerrspiegel des asiatischen Barbaren – einer ganz bewußt als Kontrast herausgearbeiteten Gegenfigur – von sich selbst zeichneten und durch eine zur Legitimation dieser Identität erfundene Geschichte untermauerten. Darauf bedacht, sich im Gegensatz zu allem «Primitiven», allem «Wilden» zu definieren, griffen die Europäer Ende des 18. Anfang des 19. Jahrhunderts dieses Bild dann wieder auf. In Preußen und Großbritannien entschloß man sich damals, das allgemeine Bildungswesen auf das Studium des klassischen Altertums zu gründen und die Gesamtheit der der bestehenden Ordnung innewohnenden kulturellen und sozialen Werte als das Vermächtnis eines idealisierten Griechenlands zu rechtfertigen.

Ursprung des «griechischen Mythos» sind die Perserkriege. «Angesichts der persischen Bedrohung entdeckte Griechenland seine Identität», heißt es. Die Griechen waren jedoch keineswegs in einen gemeinsamen Lebensraum eingebunden, unterstanden auch keinem gemeinsamen Herrscher. Es verband sie kaum mehr als die Sprache, und selbst diese wies beträchtliche dialektale Unterschiede auf. Die Sprache ist so denn auch kein hinreichendes Indiz dafür, jenen in der Bezeichnung *hellenikón* (Kollektivbegriff für «die Griechen») zum Ausdruck kommenden Gemeinschaftsgedanken zu nähren – ein Begriff, mit dem auf eine weit über das heutige geographische Griechenland hinausgehende Volksgemeinschaft Bezug genommen wurde und mit dem nicht nur «europäisches» Gebiet, sondern auch die asiatische Küste gemeint war.

So ist es denn letztlich auch dieses Definitionsproblem, das die Griechen dazu veranlaßte, den Begriff des «Barbaren» zu erfinden – gleichsam als Spiegel, in dem sie sich zur

Bewußtwerdung ihrer eigenen Identität betrachteten. Thukydides merkt an, daß Homer keinen Kollektivbegriff für die Gesamtheit aller am Trojanischen Krieg beteiligten griechischen Völker gebraucht «und auch nicht von Barbaren spricht, da die Griechen meiner Meinung nach noch nicht unter einer einzigen, diesen entgegenstehenden Bezeichnung zusammengefaßt wurden». Es liegt auf der Hand, daß sich der Begriff «Grieche» zeitgleich mit dem Begriff «Barbar» herausbildete.

Mit dem Wort «Barbar» bezog man sich ursprünglich auf einen Menschen, der außerstande war, fließend Griechisch zu sprechen: Es war nichts anderes als ein Onomatopoetikum, mit dem die Ausdrucksschwierigkeiten desjenigen wiedergegeben werden sollten, der nicht sprechen kann, der «stammelt» (bei den Mythen des Fremdenhasses aller Völker ein durchaus alltägliches Argument). Erst im Krieg gegen das Perserreich wurden diesem Begriff auch politische und moralische Schattierungen beigeordnet.

Herodot stellt uns diesen Krieg als eine Auseinandersetzung zwischen der griechischen Freiheit und der Gewaltherrschaft der asiatischen Völker dar: «das Blutdürstigste» und «Ungerechteste», was das menschliche Geschlecht je gesehen hat. Als Gegensatz hierzu wird das Bild einer freien griechischen Gemeinschaft heraufbeschworen, deren Triumph sich dadurch erklärt, daß die politischen Rechte bei den Bürgern liegen, denn «das bürgerliche Recht des freien Wortes für alle ist eben in jeder Hinsicht [. . .] etwas Wertvolles», das die Menschen zum Kampf um deren Wahrung anspornt und ihnen den erforderlichen Mut gibt, die Heerscharen der Tyrannen niederzuwerfen.

Seine allgemeine Verbreitung erfuhr dieser Begriff des «Barbaren» vor allem durch das Theater. Nahezu die Hälfte aller uns erhaltenen attischen Tragödien aus dem 5. vorchristlichen Jahrhundert stellen barbarische Persönlichkeiten dar: eine Galerie der vielgestaltigsten Schrecken – Inzest, Verbrechen, Menschenopfer – kennzeichnet und unterscheidet sie von den Griechen.

In *Die Bakchen* von Euripides begegnet uns eine ganze Gegenwelt von Mysterien und Exzessen, die Dionysos, «aus

Asien» kommend, nach Theben begleiten, und die Tragö-
die endet mit der Klage des mit seiner Tochter verbannten
Kadmos: «Daß elend ins Barbarenland ich gehe, als hei-
matloser Greis!» Die Auslegung des «Andersseins» als
«Unterlegensein» diente ferner auch zur Rechtfertigung
der Sklaverei. Für Aristoteles unterschieden sich die definitionsgemäß als Nicht-Griechen eingereihten Sklaven von
ihren Herren «wie die Seele vom Körper und wie der
Mensch vom Tier»; das Beste, was ihnen widerfahren
konnte, war, «ein Leben unter der Herrschaft eines Herrn»
zu fristen.

Wie auch immer: Die Betonung der griechischen Freiheit
im Gegensatz zur asiatischen Gewaltherrschaft ist nichts als
eine Illusion. «Für die Griechen im allgemeinen war Freiheit
nie an die Achtung der Freiheit des anderen gebunden»,
schreibt Momigliano. Und die viel beschworene griechische
«Polis», bewohnt von freien Bürgern, die gemeinsam Teil an
der Regierung hatten, ist nichts anderes als ein irreführendes
Trugbild. Ein Blendwerk, mit dem nicht nur die Sklaverei
verschleiert wird, sondern gleichermaßen auch die (durch einen falschen Gegensatz zwischen städtischer «Gelehrtheit»
und ländlicher «Rückständigkeit» vertuschte) Diskrimini-
rung der Bauern, die untergeordnete Rolle der Frau (die als
solche gemeinhin als derart minderwertig angesehen wurde,
daß Aristoteles ihr bei der Zeugung eine ausschließlich pas-
sive Rolle – sozusagen die Funktion eines «Brutkastens»
männlicher Zeugungskraft – zusprechen konnte, ganz abgesehen davon, daß sie seiner Meinung nach weniger Zähne als
der Mann hatte) und die tatsächlich bestehende Scheidung
zwischen Reichen und Armen.

Die attische «Demokratie» war niemals um eine wirkliche
Gleichheit bemüht. Solon hatte dafür gesorgt, daß «alle Ver-
waltungsstellen, wie früher, in den Händen der vermögendsten Bürgerschichten» verbleiben, und dem Volk räumte er
nicht mehr als das absolut unumgängliche Mindestmaß an
Macht ein. Jene «Demokratie», für die die Athener kämpften, war kaum mehr als das Privileg einer kleinen Gruppe
von Bürgern mit vollen politischen Rechten – in etwa ein
Zehntel der attischen Bervölkerung –, die so «in einer Ver-

sammlung über die Belange des Staates beraten und durch
Los dessen Beamte wählen konnten, so daß jeder zu gegebe-
ner Zeit einen Teil der Macht innehatte». (Selbst Herodot
war in Athen ein Fremder und konnte als solcher dieses Vor-
recht nicht in Anspruch nehmen.) Begriffe wie «Freiheit»
oder «Demokratie» bedeuteten für die Griechen nicht das,
was sie heute für uns sind.

Aber selbst diese beschränkte «Demokratie» verlor als politisches Programm noch an Gültigkeit, als Griechenland
aufgrund der wirtschaftlichen Schwierigkeiten des 4. Jahrhunderts in eine ausgesprochene Krisensituation geriet, als
deren Folge schwerwiegende soziale Auseinandersetzungen
drohten. Das die griechische Bevölkerung spaltende Di-
lemma war beträchtlich: Einerseits bot sich ihr das konser-
vativ-traditionsgebundene Konzept eines Demosthenes, der
sie unter der Vorherrschaft Athens zu einer neuen Einheit
führen wollte – und dies, obwohl sich die allgemeine Lage
bereits erheblich von der des vorausgehenden Jahrhunderts
unterschied und vor allem auch die soziale Konstellation
kaum mehr das Trugbild eines «durch die Regierenden herrschenden und allen Reichtum überwachenden Volkes» zu-
ließ –, andererseits lockte die Versuchung, sich dem makedo-
nischen Reich einzugliedern und so teilzuhaben an einem
großangelegten militärischen Unternehmen, das die Er-
schließung neuer Märkte versprach und eine Linderung der
sozialen Spannungen durch die weitgehende Rekrutierung
breiter Volksmassen.

Schließlich akzeptierte man die Tyrannei des makedoni-
schen Königshauses unter Philipp und Alexander, wobei
letzterer dann den großen Traum von der Eroberung und
Vernichtung des persischen Reiches zur Wirklichkeit werden ließ – was die griechischen Städte allerdings mit dem
Verlust ihrer Unabhängigkeit zu bezahlen hatten. Durch
die Allianz der griechischen Oberschicht, zunächst mit den
Makedoniern und später mit den Römern, wurde das de-
mokratische System schrittweise zerstört, so daß schließlich schon allein das Wort Demokratie «zu einem vage in
der Erinnerung herumspukenden, schließlich aber glück-
licherweise bezwungenen Dämon geworden war, der den-

noch weiterhin jeden Reichen zum Schaudern brachte». Im Jahre 1934 – einer Zeit also, in der viele Intellektuelle dem Faschismus erlagen – brachte Momigliano dieses Scheitern aufs engste mit den der Demokratie eigenen Beschränkungen in Verbindung:

«Nichts gibt uns mehr Anlaß zur Reflexion über die Logik des Übergangs von der die Freiheit des anderen ignorierenden Freiheit zur Despotie als die Erkenntnis dessen, wie die Griechen in ihrem mühevollen Bestreben, sich diese zu eigen zu machen, vielleicht ganz unbemerkt nichts anderes erreichten, als diese Despotie heraufzubeschwören und ihr den Weg zu bereiten.»

Ebensowenig trifft es zu, daß sich die Griechen von den Barbaren durch einen hohen Bildungsstandard und Kunstverstand unterschieden. Die Kultur der klassischen Welt war im wesentlichen an das gesprochene Wort gebunden; im Vergleich zur Rezitation kam der Schrift nur eine untergeordnete Funktion zu. Über den Grad der Alphabetisierung der Athener ist viel diskutiert worden. (Die Spartaner, denen Lykurgos nicht nur die Niederschrift ihrer Gesetze, sondern sogar die namentliche Kennzeichnung ihrer Gräber verboten hatte, waren zum größten Teil Analphabeten). Unterscheidet man jedoch zwischen einem des Buchstabierens und Schreibens einiger Wörter fähigen und einem umfassend gebildeten Menschen, so muß man wohl zugeben, daß das lesende Publikum in der klassischen Welt eher eine Minderheit darstellte.

Bei den ersten geschriebenen Texten dürfte es sich vermutlich um Gesetzestexte gehandelt haben, die in harte Materialien eingeritzt wurden und auf diese Weise nicht verändert werden konnten. Das Buch – damals noch in Rollenform – war bis in die Mitte des 5. vorchristlichen Jahrhunderts noch wenig in Umlauf und blieb selbst dann noch eine Seltenheit. Sein Aufkommen erklärt sich zum einen aus der Fortentwicklung der Prosa, andererseits aber auch aus der Notwendigkeit, komplexere philosophisch-wissenschaftliche Erkenntnisse – so etwa medizinische Lehrsätze – für einen beschränkten Kreis von Lesern zu erhalten. Eine der ersten im Zusammenhang mit einer «Bibliothek» gemachten Angaben bezieht sich auf die des Aristoteles, deren Zweck darin bestand, die Lehren des Meisters für seine Schüler aufzubewahren. Die Errichtung öffentlicher Bibliotheken erfolgte erst später in den großen Städten der hellenistischen Königreiche, beispielsweise in Alexandria, wo man in einer Art großem Depot mit 400000 Schriftrollen das gesamte Wissen «der Welt» zusammentragen wollte. Ziel dieses Unterfangens war es, einerseits die Kultur der Herrschenden zu überliefern und diese andererseits in griechischer Übersetzung mit der Kultur der beherrschten Völker bekannt zu machen. Bei diesen Bibliotheken handelte es sich also vor allem um Instrumente einer politischen Kontrolle, deren Nutzung einer griechisch-sprachigen Minderheit von «Experten» zugedacht war.

Ist schon das Bild falsch, das die Griechen von sich selbst entworfen hatten und das von uns dann in unsere Ahnengalerie übernommen wurde, so ist es nicht weniger die damit einhergehende Geschichte. Mit dem Gegensatz zwischen Griechen und Barbaren wurde die Wirklichkeit einer mischrassigen Herkunft verschleiert, obwohl sich diese ja selbst in den griechischen Sagen andeutet, in denen Europa – nicht ohne Grund – Tochter eines phönizischen Königs ist, der sich, durch den Stier-Zeus seiner Heimat beraubt, «mit ihren im Wind nachflatternden Kleidern» in Kreta niederließ und dort Minos, König von Kreta und «dux Europaeus», zeugte.

In den Steppen des Nordens verlor die Religion der Griechen jeden Bezug zu ihren Ursprüngen und nahm eine ganze Reihe neuer Mythen in sich auf, wodurch sie schließlich in der Tat als ein Synkretismus mediterraner und indoeuropäischer Elemente gesehen werden konnte. Ein bezeichnendes Beispiel hierfür ist allein schon die Figur des Zeus, in der sich ein eindeutig indoeuropäischer Name (abgeleitet von einer Wurzel mit der Bedeutung «leuchten», sowie etwa im Lateinischen *deus* und *dies*), mit einer Sage nach kretischer Herkunft vereint – eine assoziative Verbindung des Gottes der Sieger mit den Religionen der Besiegten drängt sich geradezu auf.

Die Blütezeit des minoischen Kretas, «der ersten Wiege der europäischen Zivilisation», ist eng mit der strategisch günstigen Lage dieser Insel im Mittelmeer verbunden. Hier kreuzten sich die Routen des Seehandels, ebenso aber auch all die verschiedenen Einflüsse der großen Kulturen des Nahen Ostens, Anatoliens und des Balkans. Ab dem dritten vorchristlichen Jahrtausend bildeten sich in Kreta die grundlegenden Elemente einer Kultur heraus, die, obwohl sie von verschiedenen Katastrophen – Invasionen, Erdbeben und die große Explosion des Vulkans Thera um 1470 v. Chr. – erschüttert wurde, großartige Tempelpaläste errichtete und mit der Linearschrift A ein (bis heute nicht entziffertes) Schriftsystem für eine wohl dem Hethitischen nahestehende Sprache entwickelte. Erst nach dem – vermutlich durch den Einfall der Mykener hervorgerufenen – Brand des Labyrinths von Knossos 1380 v. Chr. begann sie nach und nach wieder unterzugehen.

Ihre Kultur wurde von den neuen Besiedlern des griechischen Bodens übernommen, den mykenischen Baumeistern der großen Festungsanlagen, die man mit den Achäern, den Eroberern Trojas, in Verbindung gebracht hat. Die Geschichte dieses Volksstammes (der übrigens auch die kretische Schrift zur Wiedergabe der griechischen Sprache übernahm) wurde durch eine neue Invasion im Zuge der sogenannten «Krise des 12. vorchristlichen Jahrhunderts» unterbrochen. Mit dieser Umschreibung wollte man einst kriegerische Einfälle und militärische Niederlagen – wie zum Beispiel den Triumph des Fußheeres der Barbaren über die Kampfwagen des alten Reiches oder auch die zeitliche Übereinstimmung der verschiedensten «Katastrophen» – der Zusammenbruch des Hethiterreichs, der Angriff der «Seevölker» auf Ägypten, der Einfall der Philister in Kanaan – also den Beginn des «dunklen Zeitalters» der griechischen Geschichte erklären. Aber obwohl es tatsächlich Invasion und Zerstörung gab, betrachten wir diese Ereignisse heute weniger als «Katastrophen»; wir sehen eher die dadurch ausgelösten positiven Folgen, nämlich die Entstehung der griechischen Polis und eine Wiederbelebung des Handels im Mittelmeer.

Es wäre freilich sinnlos, das «griechische Wunder» durch die Schaffung eines anderen – eines indoeuropäischen, meso-

potamischen, ägyptischen, phönizischen oder minoischen
Wunders – entmythologisieren zu wollen. Worauf es uns an-
kommen muß, ist, die Vision *eines* «schöpferischen» Volkes
auszuweiten. Wir müssen erkennen, daß nur aus der Begeg-
nung aller dieser Völker – und dazu gehören auch die Karthager, die Etrusker, die Kelten usw. – und dank der unterschiedlichen individuellen Beiträge eine Kultur entstehen
konnte, die zahlreiche gemeinsame Elemente in sich verei-
nigte.

Das beste Beispiel dafür ist die Schrift. Ihre Anfänge dürf-
ten wohl in den kleinen Tonscherben Mesopotamiens zu suchen sein, die in hohle Lehmkugeln eingelassen und deren
Außenseite dann mit Markierungen und Abdrücken verse-
hen wurden. Mit dem Ersatz dieser Kugeln durch massive
Täfelchen mit eingeritzten Zeichen erfuhr dieses System später eine wesentliche Vereinfachung, wobei hier zunächst auf
rein piktographische Symbole zur Darstellung von Zahlen
und Gegenständen zurückgegriffen wurde, bis dann um das
Jahr 3200 v. Chr. die ersten wirklich geschriebenen Texte
auftauchten. Für diese «Schrift» wurde der phonetische Wert
der Piktogramme kombinatorisch zur Wiedergabe graphisch
nur schwer konkretisierbarer Begriffe – wie etwa die der Ver-
ben – verwendet. Gegen 2600 v. Chr. hatte sich so eine Keil-
schrift durchsetzen können, die die Aufzeichnung komplexer Texte erlaubte und auch von den benachbarten Völkern
übernommen wurde, so daß sich das Babylonische nach und
nach zu einer internationalen Kultur- und Verkehrssprache
entwickelte.

Dieses Schriftsystem, das ursprünglich von den Sumerern
ersonnen worden war, diente als Vorbild für zahlreiche
spätere Schriftarten und wurde anderen Sprachen, von Kreta
bis zum Hindus, vom Schwarzen Meer bis nach Arabien, angepaßt. Zu einem wirklich entscheidenden Fortschritt kam
es allerdings erst in Phönizien, einem wahren Dreh- und An-
gelpunkt aller kommerziellen und kulturellen Strömungen
der damaligen Zeit, wo die Kenntnis der verschiedensten
Schriftarten zur Entdeckung eines neuen Verfahrens führte.
In Anpassung an die semitische Sprache der phönizischen
Bevölkerung stellte nun jedes Zeichen einen einzigen kon-

sonantischen Laut dar und nahm darüber hinaus auch lineare
Züge an, die sich im Vergleich zu den in Lehm eingeritzten
Keilschriftzeichen besser für eine Aufzeichnung auf Papyrus
eigneten. Die Griechen, die nach der die mykenische Kultur
vernichtenden Katastrophe die Kenntnis der Schrift (der sogenannten Linearschrift B) verloren hatten, übernahmen um
das Jahr 800 v. Chr. dieses kurze und praktische Alphabet der
Phönizier (und mit diesem sowohl die Bezeichnung «Alphabet» als auch das ein Papyrus-Blatt bezeichnende Wort
byblos, von dem sich ein Großteil der von uns heute im Zusammenhang mit dem Buch gebrauchten Terminologie her-
leitet) und bereicherten es ihrerseits durch zusätzliche Buchstaben zur Darstellung der Vokale. Das war ein weiterer
wichtiger Schritt hin zur Anpassung dieses Schriftsystems
an alle nicht-semitischen Sprachen – das Arabische und das
Hebräische werden ja noch heute nur durch Konsonanten
dargestellt. Das so von den Griechen überarbeitete Alphabet
diente seinerseits wiederum als Grundlage für die etruski-
sche Schrift (die wiederum möglicherweise Vorbild für die
in Skandinavien bis ins Mittelalter hinein verwendeten Ru-
nen war), für die von uns verwendeten lateinischen Buchstaben und die kyrillische Schrift der Slawen. Das Alphabet ist
also das Ergebnis einer Reihe von kulturellen Wechselbezie-
hungen, die sich in den verkehrsintensiven Gebieten des östlichen Mittelmeers ergaben.

Die Ausführungen über die Entwicklung der Schrift dürf-
ten aller Wahrscheinlichkeit nach wohl auch für viele andere
Wissensgebiete gelten – so etwa für die Geometrie, die
Astronomie oder die Medizin –, Gebiete, auf denen die Griechen weder als «Erfinder» noch als bloße «Übersetzer» zu
betrachten sind: Sie waren lediglich die Hauptakteure eines
geschichtlichen Zeitabschnitts, in dem die wissenschaftlichen Aktivitäten, die von anderen initiiert und später dann
auch von anderen weiterausgebaut wurden, eine gewisse
Vervollkommnung erfuhren.

Die Zerstörungswellen der Vergangenheit und ein mangeln-
des Interesse seitens der modernen Forschung haben gleichermaßen dazu geführt, daß sich unser Wissen auf die konkrete
Erscheinungsform dieser «mischrassiger» Kultur zunächst in

Griechenland und später dann auch in Rom beschränkt,
während wir den Beitrag, den andere Völker zu deren Entstehung beigesteuert haben, vollkommen übersehen konnten. Erinnert sei hier nur an die Etrusker, ein Volk mit einer
präindoeuropäischen Sprache, dessen Erzeugnisse auf dem
gesamten Kontinent gehandelt wurden, das einer heute verlorenen Literatur, einem heute verlorenen Theater Leben
verlieh und das vor allem «einer höheren städtischen Organisation auf einem ausschließlich auf europäischen Boden be-
grenzten Gebiet» ihr erstes Gepräge verlieh. Die Etrusker beeinflußten die Ursprünge der keltischen Kunst und vermach-
ten den Völkern lateinischer Sprache Wörter von so grund-
sätzlicher Bedeutung wie etwa *littera, mundus, populus, publi-
cus* oder *persona.*

Ähnliches gilt am anderen Ufer des Mittelmeeres für die
Karthager, ein Volk, dessen allgemeines Bildungsniveau vermutlich weit über dem der Griechen lag – selbst Bauern und
Fischer konnten lesen und schreiben –, von dessen Kultur,
die in den «punischen Büchern» niedergelegt ist, wir jedoch
so gut wie nichts wissen. Rom hat es übernommen, jede
Erinnerung vollkommen auszulöschen, indem es Karthagos
Bibliotheken an afrikanische Scheinkönige verschenkte. Verschont von diesem kulturellen Vernichtungswillen blieben
allein die achtundzwanzig Bände der von Mago verfaßten
landwirtschaftlichen Enzyklopädie, die neben den Sibylini-
schen Büchern im Apollo-Tempel in Rom hinterlegt und
dort ins Lateinische übersetzt wurden. Lange Zeit hindurch
kursierten sie so in den verschiedensten Kompendien und
zeigten selbst in der mittelalterlichen Feldwirtschaft der
Araber noch ihre Auswirkungen.

Mit Alexander nahm der griechische Mythos einen neuen
Charakter, eine neue Dimension an. Die mit der Schaffung
eines Weltreiches verbundenen politischen Zwänge machten
es erforderlich, das spezifisch «Griechische» fortan rein kulturell zu sehen, um so die Eingliederung aller integrations-
willigen Barbaren zu erleichtern. Laut Plutarch riet Aristoteles
Alexander, die Griechen wie Freunde, die Barbaren aber «als
seien sie Pflanzen und Tiere» zu behandeln. Alexander über-
ging dieses Ansinnen, versuchte vielmehr, sich als «Mittler für

die ganze Welt» darzustellen, und förderte die Assimilierung der örtlichen Führungsschichten, auf deren Unterstützung er zur Verwaltung eines so weitläufigen Reiches angewiesen war.

Die oberflächliche Übernahme der griechischen Sprache und Kultur durch die hellenistische Staatenwelt war kaum mehr als eine den Umständen entsprechende Maskerade. Trotz einer formellen Beibehaltung der durch die Polis gegebenen demokratischen Institutionen verfolgten die nach dem Tod Alexanders aufkommenden Königreiche nach wie vor ihre nun freilich ins Griechische übersetzte und einem Zeitalter florierender Handelstätigkeit angepaßte Machtpolitik orientalischer Prägung. In den Städten des Nahen Ostens äußerte sich die Hellenisierung durch die Errichtung von öffentlichen Bauten, von Theatern und Gymnasien (zur Kundschaft des Gymnasiums von Jerusalem gehörten übrigens selbst die jüdischen Priester), während die Agora zum Beispiel jegliche politische Bedeutung verloren hatte und zu einem bloßen Marktplatz geworden war, umringt von Lagerhäusern, Banken und Händlerkolonnaden.

Rom, das sich mit Waffengewalt der hellenistischen Welt bemächtigt hatte, gab sich als deren Fortführer aus und untermauerte dies unter anderem mit Argumenten, wonach das Lateinische ein griechischer Dialekt und Äneas' ein Vorfahre des Romulus sei und durch die Übernahme der von Vergil entsprechend angepaßten homerischen Tradition als eigene Geschichte. Was Rom aber tatsächlich weiterverfolgte, war das alexandrinische Reichskonzept – denn die Assimilation der griechischen Sprache und Kultur entsprang in erster Linie dem Bedürfnis, die Verwaltung auch weiterhin über die hellenisierte Führungsschicht abzuwickeln – und die Durchsetzung eines autoritären Gesellschaftssystems, das sich zu seiner Rechtfertigung auf eine Demokratie nach attischem Vorbild berief. Denn Reich und Demokratie waren zwei unvereinbare Begriffe. Einhundertfünfzig Jahre nach Alexanders Tod brachte Polybios, ein als Geisel nach Rom verschlagener Grieche, seine Bewunderung für die Regierungsform der Römer, für ihre «Mischverfassung» zum Ausdruck, die nichts mehr mit der von Herodot als Wesenszug der griechischen Zivilisation gepriesenen «politischen Gleichberechtigung» gemein hatte.

Im kaiserlichen Rom hat es nie eine wirklich partizipative
Demokratie gegeben. Rein äußerlich gesehen handelte es
sich um ein recht seltsames Mischsystem, einem scheinbaren
Fortbestehen der Republik (in Rom regierte der Kaiser,
zumindest theoretisch, mit dem Senat) mit einer direkten
Kontrolle der übrigen Reichsgebiete, wo die persönlichen
Entscheidungen des Kaisers – meist als Reaktion auf «Bitt-
schriften» aus den Provinzen – als Gesetz galten. Die herrschenden Klassen hielten die soziale Ordnung in den Städten
nicht etwa mit Gewalt aufrecht; diese beruhte vielmehr auf
einem bedingungslosen Vertrauen des Volkes in die Wohlta-
ten (Talente, Gaben) des *princeps,* die «Brot» und «Spiele»,
aber auch religiöse Opfer umfaßten.

Dies erklärt, weshalb die Römer im Unterschied zu den
Griechen den Erwerb der «Bürgerschaft» nicht beschränkten
– zumal damit keinerlei politische Rechte einhergingen. In
der Absicht, sich zumindest die örtlichen Führungsschichten
anderer Völker geneigt zu machen, verliehen sie diese vielmehr an einflußreiche Provinznotabilitäten, bis die von Ca-
racalla 212 n. Chr. erlassene *Constitutio Antoniniana* schließlich allen freien Einwohnern des ganzen Reiches das römische Bürgerrecht bewilligte.

Gewisse Autoren haben das Römische Reich als ein «Konglomerat von untereinander nur wenig verbundenen Niederlassungen» bezeichnet. Und in der Tat: «Die gemeinsame
Beschreibung dessen, was wir ‹das Reich› nennen, sind die
der römischen Herrschaft unterworfenen Völker. Das Reich
wird keineswegs als territoriale Einheit verstanden.» Durch
irgendwelche äußere Zeichen exakt abgesteckte «Grenzen»
gab es nicht – hierzu fehlte es den Römern allein schon an
hinreichend genauen Karten. (Gegeneinander abgegrenzt
waren demgegenüber sehr wohl die einzelnen Provinzen
und die Machtsphären der verschiedenen Statthalter.) Was
diese Völker zusammenhielt, war nicht die Leistungsfähigkeit der Verwaltung, nicht die Macht des Kriegsheeres, sondern die Übereinstimmung der Vorstellungen und Interessen hinsichtlich der Verwaltung der Provinzen, die zwischen
den römischen und den Provinznotabeln bestand. Die zen-
trale Reichsverwaltung praktizierte eine «ins Unendliche

ausufernde Abtretung» von Befugnissen und Vollmachten, konnte sie doch die Provinzen nur über ein Netz von Städten und mit Hilfe von lokalen Führungsschichten, die beträchtliche Unabhängigkeit genossen, unter Kontrolle halten (einschließlich der dem Reich verbundenen Könige wie etwa Herodes von Judäa und seine Nachfolger oder die «freien» Städte wie Tyros).

Ebensowenig gab es eine allen gemeinsame Kultur. Im Gegensatz zu Griechenland, wo die mündliche Verbreitung der Literatur beweist, daß die Sprache für einen weiten Bevölkerungskreis zugänglich war, bestehen doch erhebliche Zweifel daran, ob das klassische Latein vom römischen Volk – oder gar von den Einwohnern in den Provinzen – wirklich voll verstanden wurde. Dieser Umstand erklärt möglicherweise die Bedeutung, die man der visuell übermittelten Propaganda zumaß: den bildlich dargestellten Erzählungen und Berichten auf den Friesen der Trimphbogen oder auch Tausenden über das ganze Reiche verstreuten Denkmälern zu Ehren der verschiedenen Kaiser (allein in der Stadt Rom standen Hunderte von Augustus-Statuen, achtzig davon in voller Größe) usw.

Hinsichtlich der Religion wissen wir, daß «niemand die Zahl der im römischen Reich verehrten Gottheiten hat zählen können», wurden doch alle lokalen Religionen toleriert und ihre Gottheiten den vermeintlichen römischen «Entsprechungen» zugeordnet. (Die Baal-Ammon-Heiligtümer im zerstörten Karthago zum Beispiel wurden so kurzerhand zu Saturn-Tempeln umgewandelt.) Das einzige gemeinsame Glied war die Figur des Kaisers, der als «Opfernder» handelte, wodurch er zum Vermittler zwischen der irdischen Gesellschaft und den göttlichen Mächten wurde, aber auch dies wiederum in einer so verallgemeinernden Art und Weise, daß er von allen Anhängern der zahlreichen Provinzreligionen voll akzeptiert werden konnte.

Was Rom jedoch nicht gelang, war eine Assimilierung der von den verschiedenen Völkern des Reichs getragenen Kultur. Sieht man einmal ab von den orientalischen Kulten und Mysterien, die, alsbald romanisiert – die Entwicklung des iranischen Mithra zum julianischen Helios-Mithra macht dies nur allzu deutlich –, als Erbe des alexandrinischen Reichs übernommen oder von Sklaven importiert worden waren, so zeigten sich die Römer kaum interessiert an der kulturellen Vielfalt, die sie in ihrem so eigenartig strukturierten Reichsverband umgab – mit Ausnahme der griechischen Kultur.

Aus diesem In–sich–Verschlossensein heraus konnten sie die Welt schließlich ungeniert zweiteilen: das Reich und die Barbaren. Diese Dichotomie spiegelt sich auch in ihrer geographischen Auffassung wider. Hatten die Griechen die Welt noch in drei Teile untergliedert, so geht Plinius nun so weit, daß er nur deren zwei gelten läßt, da ja Europa der beste Teil sei, aus dem das «alle Nationen besiegende Volk», hervorgegangen sei, so daß in weiten Kreisen die Meinung vorherrsche, Europa nehme nicht nur ein Drittel, sondern vielmehr die Hälfte der Welt ein. Mit der gleichen Kurzsichtigkeit klagt Ovid in seinem Exil am Ufer des Schwarzen Meeres: «Verlassen bin ich in den Sanden am Ende der Welt»: an einer Grenze, hinter der es nur noch Barbarei, Kälte und Schrecken gibt. Gewohnt, die Menschheit im Zerrspiegel der Barbaren zu sehen, waren die Römer außerstande, andere Welten, andere Kulturen, ja sogar eine ihnen überlegene Wissenschaft und Technik jenseits des «Limes» wahrzunehmen.

Im Gegensatz zur idealen Darstellung des «Römers» gesehen, boten die «Barbaren» ein durchweg stereotypes Abbild, so wie wir dies dem schreckensüberladenen und von Unwahrheiten entstellten Gemälde entnehmen können, das uns Ammianus Marcellinus von den Hunnen zeichnet. In gewisser Weise wurden die «Barbarenvölker» von den Römern selbst erfunden, wobei diese ihnen Züge einer ethnischen und territorialen Einheit zuschrieben, die jenen keineswegs eigen waren: Cäsars Gallien und Tacitus' Germanien waren Frucht der Phantasie ihrer Autoren. (Die «Germanen» brauchten mehr als tausend Jahre, um sich selbst als Kollektiv unter einem gemeinsamen Namen zu identifizieren.) Erst nachdem die Barbaren an den fernsten Grenzen des Reiches auf die militärischen Stützpunkte gestoßen waren, ließen sie sich in deren Umkreis nieder, und erst diese Entwicklung begünstigte ihren Zusammenschluß zu diversen Schutz- und

Trutzbündnissen. Die Möglichkeiten, Handel zu treiben, der Dienst im römischen Heer und später dann auch die Notwendigkeit einer organisierten Verteilung der vom Reich geleisteten Hilfsgelder festigten diese Bündnisstrukturen und verliehen ihnen bleibenden Charakter. Auf diese Weise trugen die Römer dazu bei, daß die von ihnen erdachten Gespenster plötzlich handgreifliche Wirklichkeit wurden.

Die ersten europäischen «Barbaren», auf die die Römer trafen, waren die Kelten. Dieser Name wurde zunächst für die verschiedensten Volksgruppen eingeführt, angefangen von den Galliern im äußersten Westen Europas, die Anfang des 4. vorchristlichen Jahrhunderts in Italien eingefallen waren und dann «niedergeschmettert von der sie umfangenden Einsamkeit» durch die menschenleeren Straßen Roms irrten –, bis hin zu den als Soldaten und Banditen bekannten Galatern Kleinasiens. Allein schon in Anbetracht der großen Unterschiede zwischen jenen Kelten Norditaliens, von denen Polybios zu berichten weiß, daß sie in Orten ohne Mauern lebten und «auf Lagern aus Blättern schliefen», und den Erbauern der großen befestigten *oppida,* die sich von Gallien aus bis ins Donautal zogen, fällt es schwer zu entscheiden, ob die sie verbindenden kulturellen Ähnlichkeiten – die einzig wesentliche dürfte wohl die Verwandtschaft ihrer Sprachen gewesen sein – tatsächlich bestanden, oder nur auf dem römischen Vorurteil beruhten.

Die zweite große Gruppe europäischer Barbaren stellten die Germanen dar. Für die Römer waren sie alle gleich, und so rechneten sie die verschiedenen Stämme auch einer «reinen Rasse» zu. Für Tacitus hatten alle «die gleiche körperliche Erscheinungsform: harte, blaue Augen, rote Haare, große, nur für Ungestüm geeignete Körper (bei Arbeit und Mühsal zeigen sie nicht die gleiche Zähigkeit)». Vierhundertfünfzig Jahre später sagt Prokopios annähernd Gleiches über die Goten: «Sie alle unterscheiden sich voneinander [. . .] dem Namen nach, im übrigen aber gar nicht. Alle haben sie eine weiße Hautfarbe, blonde Haare, sind groß von Gestalt und schön von Gesicht. Sie befolgen die gleichen Gesetze, haben die gleichen religiösen Überzeugungen und sprechen eine einzige, gemeinsame Sprache.» Es kommt hier nichts anderes

zum Ausdruck als die übliche Kurzsichtigkeit gegenüber allem
Fremden: Neger oder auch Chinesen etwa schienen dem
Durchschnittseuropäer aufgrund mangelnden Umgangs lange
Zeit äußerlich durchweg gleich auszusehen und zu sein.

Sicher, es gibt ein gotisches Volk, dessen Ursprung Cas-
siodorus zufolge in Skandinavien, jener «Art Völkerfabrik,
jener Gebärmutter der Nationen», zu suchen ist. Ebenso
gibt es eine gotische Sprache, die sich auf dem Balkan bis ins
hohe Mittelalter halten konnte. Jene Volksgruppen jedoch,
die in der Geschichte des Römischen Reichs auftreten und
von uns gemeinhin als Goten bezeichnet werden, stellten in
Wirklichkeit ein ethnisches Konglomerat dar; die Goten waren – neben Alanen und Hunnen zum Beispiel – lediglich
eine der dominierenden Gruppen. Da sie jedoch eine eigene
Sprache, eine gemeinsame Religion (nicht etwa, wie allgemein angenommen, die des Arianismus, sondern eher eine
Zwischenform zwischen diesem und dem Katholizismus),
Gesetze und Bräuche besaßen, die bereits vor dem Vordringen der Hunnen bestanden hatten (und gerade auch durch
den Kontakt mit den Römern weiter gefestigt worden waren), vermochten sie ihre kulturelle Eigenständigkeit zu
wahren, auch dann, nachdem sie sich mit den Hunnen verbündet hatten.

Nicht gegeben war die politische Einheit, die sich in den
Epen der großen barbarischen Befehlshaber, Herrscherhäu-
ser und Königreiche anzudeuten scheint. Bei den in der
Schlacht auf den katalaunischen Feldern kämpfenden Heerscharen Attilas stellten die Hunnen nur eine Minderheit im
Rahmen eines Konglomerats «zahlreicher Völker und verschiedener Nationen» dar, die sich in einem sehr lockeren
Verbund zusammengefunden hatten. Nach Attilas Tod brach
diese Allianz bald wieder auseinander, und die Hunnen
selbst gingen in anderen germanischen oder slawischen Völkern unter, um schließlich vollends aus der Geschichte zu
verschwinden. Auch die Ost- und Westgoten, die beständi-
gere politische Einheiten darstellten, scheinen kaum mehr
als eine Ansammlung von verschiedenen Stämmen und kriegerischen Gruppen mit eigenen (später als gotischer Adel
bezeichneten) Befehlshabern gewesen zu sein, welche sich

ohne eine eigentliche Verschmelzung zu jenen größeren Einheiten zusammengeschlossen hatten, die von den Römern
dann als Monarchien gedeutet wurden.

Andererseits ist der alte Gemeinplatz, wonach die Eroberung des Westreichs durch die Barbaren einen entscheidenden Bruch herbeigeführt hatte, nicht aufrechtzuerhalten. Es
muß daran erinnert werden, daß die Beziehungen zwischen
Barbaren und dem Reich nicht immer von kriegerischen
Auseinandersetzungen geprägt waren; es hatte vielmehr die
verschiedenartigsten Formen in den Beziehungen gegeben –
sie reichten vom Handel bis hin zur Erpressung, vom Einzug von Geldern für geleistete Dienste bis zur Entrichtung
von Ausgleichszahlungen für ein passives Stillhalten gegenüber dem Reich, wobei es bisweilen schwerfällt, hier wirkliche Unterschiede auszumachen.

Der größte Teil der die Grenzen überschreitenden Barbaren tat dies nicht als Invasoren, sondern als Einwanderer, die
sich mit behördlicher Erlaubnis im Reich niederließen und
hier als Soldaten im Dienste des Kaisers (zunächst eingegliedert in das römische Heer, später dann als unabhängige
Kampftruppen mit eigenem Oberbefehl) ihr Dasein friste-
ten. Sie beabsichtigten somit also keineswegs eine Zerstörung der bestehenden politisch-verwaltungsrechtlichen
Ordnung, sondern waren im Gegenteil daran interessiert,
diese aufrechtzuerhalten, kamen sie hierdurch doch in den
Genuß der zum Unterhalt des Heeres eingezogenen Steuern.

Was die im Jahr 376 in großer Zahl über die Donau ge-
kommenen Goten zu einem Aufstand veranlaßte, war auf die
Haltung der römischen Beamten zurückzuführen, die sie in
die ertragsmäßig ärmsten Gebiete des Reichs abdrängten,
um sie auf diese Weise durch den Hunger zu unterdrücken.
Selbst nach der Schlacht von Hadrianopolis im Jahr 378 (bei
der der römische Ansturm zunächst durch einen Kreis von
Wagen abgebremst und das kaiserliche Heer dann durch die
gotische Kavallerie niedergemacht wurde) oder der Eroberung Roms durch Alarich im Jahr 410 forderten die Sieger
nicht mehr als eine simple Anerkennung ihrer Stellung «innerhalb des Reiches». Nach einem vor kurzem über das
Weströmische Reich erschienenen Buch war das, was im

5. Jahrhundert wirklich geschah, nicht mehr als die Ablö-
sung der römischen Administration durch die Verwaltung
verschiedener Barbarenvölker, die mit mehr oder weniger
legitimen Mitteln seßhaft geworden waren, wobei dieser
Vorgang jedoch keineswegs das Ende des Reiches, sondern
einzig und allein dessen Umgestaltung bedeutete. Ob sich
das Leben der Menschen im damaligen Italien durch die Absetzung von Romulus Augustulus im Jahr 476 wirklich veränderte, ist wiederholt bezweifelt worden.

Im Westen brach dieses System wechselseitiger Beziehungen nun schließlich zusammen (im Gegensatz zum Osten,
wo sich das Reich weitere tausend Jahre halten konnte). Und
während hier der Druck der Barbaren ständig größer wurde,
sah sich die römische Wirtschaft einem fortschreitenden Verfall ausgesetzt, im Zuge dessen sie sich immer weiter auf sich
selbst zurückzog. Parallel hierzu schwand auch zunehmend
die Bereitschaft der Bevölkerung, für die wachsenden Kosten eines Systems aufzukommen, das ihr kaum mehr
nützte, und dies um so mehr, als sich die internen Gegensätze innerhalb der römischen Gesellschaft schließlich als
weit schwerwiegender erwiesen als der Konflikt, der von
«äußeren Feinden» drohte.

Um den Zusammenbruch des Westreichs zu verstehen,
dürfen wir die bereits lange vor der Machtübernahme durch
die Barbaren bestehenden sozialen Brüche und die damit einhergehenden Lähmungserscheinungen in der zentralen Ver-
waltungsstruktur nicht übersehen. Die Jahrhunderte des
«Niedergangs» – ein Begriff, der diesen komplexen Entwick-
lungs- und Mutationsprozeß nur sehr verzerrt wiedergibt –
waren durch eine zunehmende Privatisierung der öffentlichen
Funktionen und ein Anwachsen der wirtschaftlichen Gegensätze gekennzeichnet. Aufgrund der hierdurch bedingten
Konsolidierung einer Schicht von Magnaten, die ihren gewal-
tigen Grundbesitz von Pächtern bewirtschaften ließen, die auf
diese Weise ihrer (vor allem durch Steuerlasten hervorgerufenen) Überschuldung zu entfliehen trachteten, indem sie sich
dem Schutz eines Herrn unterstellten, setzte ein Prozeß der
Erdgebundenheit ein, der mit dem Verfall der für den Großgrundbesitzer weniger rentablen Sklaverei einherging.

Wer waren also die «Barbaren», denen man die Zerstörung des Reichs anlastet? Dem russischen Geschichtswissenschaftler Rostovtzeff zufolge – besessen von der Idee der sowjetischen Revolution, die ihn zur Emigration zwang – erklärt sich der Zusammenbruch Roms dadurch, daß es, unfähig einer «Zivilisation» der ländlichen Massen, tatenlos zusehen mußte, wie die Kultur der höheren Bevölkerungsschichten immer mehr vor der der Bauern zurückwich. Zunächst «begann die Barbarei des Landes die Bevölkerung der Städte zu überschwemmen»; später dann wurde diese «von den von außen her vordringenden barbarischen Elementen, teils durch Zuwanderung, teils durch Eroberung, vollends ertränkt».

Es liegt auf der Hand, daß das Reich nach dieser Erklärung sowohl von innen – durch die nicht romanisierten Bauern – wie von außen her zerstört wurde. Dies wiederum macht klar, daß die Bezeichnung «Barbar» nicht allein zur Umschreibung für die von jenseits der Grenzen kommenden Invasoren gebraucht wird, sondern gleichermaßen auch für all jene, die, aus welchem Grund auch immer, die soziale Ordnung des Reiches nicht akzeptierten und folglich nicht dazu bereit waren, diese zu verteidigen. Dies bezieht sich vor allem auf jene Bauern, die die lateinische Kultur nicht zu integrieren vermochte und die dann die Initiatoren dessen waren, was Rostowtzeff als den typischen Wesenszug der römischen Dekadenz herausstellt: «das fortschreitende Aufsaugen der kultivierten Klassen durch die Massen».

Dies wiederum illustriert die Mehrdeutigkeit des Begriffs des «Barbaren», ebenso aber auch die Gründe für den Erfolg dieses zu einem Gemeinplatz gewordenen «Falls des Römischen Reiches». Das traditionelle Bild eines Roms, das aufgrund des Zusammenbruchs seiner dem Ansturm der Barbaren nicht gewachsenen herrschenden Klassen zerfiel, erfüllte in der Vergangenheit und erfüllt auch heute noch eine überaus nützliche «moralisierende» Funktion. Für viele Intellektuelle und Politiker der Gegenwart sieht sich unsere heutige Gesellschaft der Bedrohung anderer Barbaren ausgesetzt, nämlich die der «Massen», die in Schach zu halten sind, damit sie unsere Zivilisation nicht zerstören. Unter Über-

gehung der Probleme unserer eigenen Welt das alte Gespenst
vom Niedergang des Römischen Reichs hervorzukramen,
ist für sie weit bequemer als eine Analyse der damals in Rom
gegebenen internen Gegensätze, so wie sie sich etwa in einer
zunehmenden Ungleichheit in bezug auf die Vermögensver-
teilung oder die vielfältige Beschneidung der Freiheit äußerten.

Wenn von einigen heutigen Geschichtswissenschaftlern
behauptet wird, daß die eigentliche Ursache für den Zerfall
des römischen Spätreichs in dessen politischer Praxis zu suchen sei, nämlich einer Bevorzugung der Privatinteressen
auf Kosten der Interessen der Allgemeinheit, dann darf es
nicht verwundern, wenn sie damit auf Widerstand stoßen,
wirft eine derartige Einstellung doch unbequeme Vergleiche
mit anderen Situationen unserer Gegenwart auf. Eine geschichtliche Interpretation, die den Akzent auf die internen
Probleme der römischen Gesellschaft setzt, könnte die Krise
des Reiches auch ohne Rückgriff auf die Barbaren erklären,
und die Anhänger der herkömmlichen Theorie sähen sich urplötzlich in eine Situation versetzt, wie sie Kavafis in einem
seiner Gedichte aufzeigt: Nach einem vergeblichen Warten
auf die Barbaren und angesichts der Nachricht, daß diese nir-
gends mehr zu sehen seien, ziehen sich Kaiser und Senatoren
beklommen zurück und klagen:

Was soll aus uns nun ohne Barbaren werden?
Denn ohne Zweifel haben diese Männer ein Problem
gelöst.

Zweites Kapitel

Der Spiegel des Christentums

Dem herkömmlichen Geschichtsverständnis zufolge ist das Christentum neben dem Vermächtnis der klassischen Kultur das zweite charakteristische Element dessen, was als «europäisch» angesehen wird. Hierbei stellt sich uns der christliche Glaube als eine von allem Anfang an feststehende und sich nach und nach im Mittelmeerraum ausbreitende Doktrin dar, die im 4. Jahrhundert schließlich zur offiziellen Religion des römischen Reiches wird. (Wohlgemerkt: Es ist das Reich, das sich damals mit Konstantin «Bekehrung» verändert, während das Christentum hiervon nicht betroffen wird.)

Zwischen dem ursprünglichen Christentum und seiner Ausprägung in konstantinischer Zeit jedoch liegt eine lange und komplexe Entwicklung, bei der zumindest drei große Abschnitte unterschieden werden können. Bei der ersten Etappe, der des «historischen Christus», handelt es sich um eine jener religiösen Erneuerungsbestrebungen, die Palästina zu Beginn unserer Zeitrechnung aufrüttelten. Eine im wesentlichen von der Landbevölkerung ausgehende Bewegung, die sich im Gegensatz zur «Stadt» verstand, sich also mit der von ihr vorgeschlagenen direkten, mittlerlosen Beziehung zwischen Mensch und Gottheit sowohl gegen die religiöse Hierarchie des Tempels als auch gegen die Verwalter des Reichs auflehnte und somit ein gemeinsames Vorgehen beider Machtinstanzen nur allzu verständlich macht.

In seiner zweiten Etappe verzichtete das Christentum zugunsten der griechischen Sprache auf das Aramäische und stieß von den ländlichen Bereichen Palästinas aus in die hellenistischen Städte vor. Aus dieser Schwerpunktsverlagerung ergab sich eine Umstrukturierung seiner Anhängerschaft, bei der es sich jetzt nicht mehr um die armen, gesellschaftlichen Randgruppen entstammenden Jünger Jesu handelt, sondern um gutgestellte, den Gruppen um Paulus ange-

schlossene Bürger, die auch den Frauen eine einflußreiche
Stellung zuerkannten. Der pluralistische Charakter dieser
anfänglichen Entwicklungsphase des Christentums spiegelt
die vielfältige Herkunft der verschiedenen christlichen Gruppen wider: beschnittene Christen, die sich weiterhin stark
dem Judentum zugehörig fühlten, Neuchristen aus den Reihen der in Palästina verfolgten Glaubensgemeinschaften –
dem Tempel feindlich gegenüberstehende «Hellenisten»,
Anhänger von Johannes dem Täufer, die nach dessen Hinrichtung Palästina verlassen hatten – und bekehrte Heiden,
die nicht den Umweg über das Judentum genommen hatten.
Paulus, der sich bei seiner Missionspredigt in die Auseinandersetzungen zwischen diesen verschiedenen Tendenzen hineingezogen sah, hielt das Nebeneinander unterschiedlicher
Auffassungen für vollkommen normal, und selbst die Präsenz von «Ketzern» war für ihn durchaus zweckdienlich.

Gewissen Autoren zufolge umfaßte das wahre Christentum «viele unterschiedliche Stimmen, einen außerordentlich
breiten Fächer der verschiedensten Standtpunkte». In Syrien
und Ägypten lebt es anfangs mit diversen jüdischen Sekten
zusammen, wobei diese erste Phase dann von einem ganz im
Zeichen des Gnostizismus stehenden Abschnitt abgelöst
wird, in dem das christliche Glaubensgut zahlreiche orientalische Einflüsse und Gedanken des griechisch-römischen
«Heidentums» in sich aufnimmt. Wenn wir im Rahmen einer
geschichtlichen Betrachtung dieser ersten Epochen Gnostizismus, Montanismus oder Arianismus als Häresien bezeichnen, so ist dies im etymologischen Sinne des Wortes *airesis*
durchaus korrekt: Bei den klassischen Autoren bedeutete
dieser Ausdruck soviel wie «Wahl», «Meinung», «philoso-
phische Schule», niemals jedoch, wie später dann, «Sekte»
oder «Splittergruppe». Das anfangs kaum mit Konflikten
beladene Nebeneinander dieser verschiedenen «Schulen» änderte sich erst, als Konstantin die christliche Lehre mit dem
Römischen Reich verband und eine Kirche mit zentraler Autorität schuf, die souverän über die zugelassenen «Wahrheiten» entscheiden konnte.

Daß doktrinäre Unterschiede von diesen Gruppen kaum
als entscheidend gewertet wurden, erklärt sich ferner durch

den ihnen allen gemeinsamen Glauben an ein unmittelbar
bevorstehendes Ende der Welt. Aus ihrer Überzeugung heraus, das «Jüngste Gericht» werde nicht länger als ein Jahr
mehr auf sich warten lassen, verließen die damaligen Christen des Pontus zum Beispiel ihre Felder und Geschäfte und
verkauften all ihre Habe. Diese eschatologische Komponente, ein Erbe der apokalyptischen Tradition, die in Palästina zu Zeiten Christi florierte, war einer der Wesenszüge,
die die «Heiden» an den Christen kritisierten: «Und wie
nun steht es mit ihrem Glauben, wonach der gesamte Erdkreis, ja das ganze Firmament mit all seinen Sternen von
Feuersbrunst und Zerfall bedroht sei, als ob sich die ewige,
von göttlichen Gesetzen geschaffene Ordnung unweigerlich einem Untergang nähern müsse?», fragt der heidnische
Gesprächspartner in einem von Minucius Felix erdachten
Streitgespräch.

Nur Glaubensgemeinschaften, die sich auf das unmittelbar bevorstehende Ende aller Zeiten vorbereiteten, konnten,
gestützt auf diese innere Spannung, auf alle Güter, auf alle
Freuden des Lebens verzichten. Da jedoch der so sehr herbei-
gesehnte Augenblick nicht eintrat, wandten sich die vorher
allem entsagt habenden Christen des Pontus um das Jahr 200
erneut ihrem normalen Leben zu: «Die jungen Mädchen hei-
rateten, und die Männer kehrten zurück auf ihre Felder.»
Von dieser Zeit an hielten sich die extremen Einstellungen in
bezug auf Askese und sexuelle Enthaltung nur noch bei den
radikalsten Gruppen des orientalischen Christentums. Bei
den «orthodoxen» Christen beschränkte sich die Regel einer
absoluten Keuschheit auf die «Väter der Wüste» – die ägyptischen Asketen und die Einsiedler in Syrien und Kappadokien –, später ging sie von diesen dann auf die verschiedenen
Mönchsgemeinschaften und mit der Zeit schließlich auch
auf die weltlichen Geistlichen über. Für die Gesamtheit der
Gläubigen hingegen bildete sich eine Sittenlehre heraus, die
sich auf das Verbot des Ehebruchs und die Einführung gewisser Regeln zur Unterscheidung zwischen Ehe und «fleisch-
licher Konkupiszenz» beschränkte.

Die dritte Phase dieser frühen Geschichte des Christentums ist charakterisiert durch die Vereinigung mit der politi-

schen Macht des Kaiserreichs, durch die das Christentum zu
einer «kirchlichen Regierungsinstanz parallel zur weltlichen
Herrschaft» wurde und mithalf, die vom Reich erlassenen
Verordnungen und Gesetze durchzusetzen. Wie radikal diese
Umwandlung vonstatten ging, zeigt uns ein Dekret, das auf
der Synode im Jahre 314 erlassen wurde: es drohte allen den
Kriegsdienst verweigernden christlichen Soldaten mit der
Exkommunikation und verurteilte damit voll die Haltung all
jener Märtyrer, die einst lieber den Tod als ihre Eingliederung in das Heer in Kauf genommen hatten wie Maximilian
davon überzeugt, daß ein Christ seinem Nächsten kein Leid
zufügen dürfe.

Der pluralistische, kommunitäre Charakter verliert sich
nun. Das Christentum wird zur Christenheit, die sich seit
ihrer offiziellen Anerkennung als eine einheitliche, hierarchisch aufgebaute Gemeinschaft versteht und danach strebt,
die gesamte Menschheit in sich aufzunehmen und ihre Kontrolle auf alle Bereiche menschlichen Tuns und Seins auszuweiten. In diesem Zusammenhang sei daran erinnert, daß
das Christentum die einzige der großen Religionen ist, die
sich der Kontrolle eines hierarchisch gegliederten Klerus unterworfen sieht.

Ich spreche wohlgemerkt von einer politischen Verbindung zwischen Christentum und Kaiserreich und nicht von
«Konstantins Bekehrung». Tatsache ist, daß der Kaiser, dem
das Kreuz nur zwei Jahre nach einer vorherigen Apollo-Vi-
sion erschienen war, zu keinem Zeitpunkt seine Aufgaben als
religiöses Oberhaupt seiner «heidnischen» Untertanen vernachlässigte und so nach wie vor auch Tempel für die alten
Gottheiten in seiner neuen Hauptstadt im Osten baute. Auch
sein persönliches Leben scheint sich durch seine «Bekehrung» kaum geändert zu haben, «mußte» er doch die Verant-
wortung für den gewaltsamen Tod seines Schwiegervaters,
von drei seiner Schwäger, seines erstgeborenen Sohns und
schließlich auch seiner Gattin auf sich nehmen.

Kein Zweifel besteht dagegen daran, daß Konstantin von
Anfang an dieser Anerkennung politisches Gewicht beimaß
– sie gehörte wie S. Mazzarino betont hat – zum «revolutionären» Programm des Kaisers. Ein wesentlicher Teil dieses

Programms sah – neben der massiven politischen Zentralisierung, einer auf der Goldmünze beruhenden Wirtschaft
und einer Aufteilung der Gesellschaft in Besitzende und
humiliores, die, ständig wachsender Unterdrückung ausgesetzt, auch noch den größten Teil der zur Aufrechterhaltung der Reichsstruktur erforderlichen Ausgaben aufbrin-
gen mußten – die Schaffung einer einzigen, universellen
und vom Staat anerkannten christlichen Kirche vor. Der
Klerus wurde nicht nur mit beträchtlichen Sachwerten ausgestattet (die konstantinischen Schenkungen sind auf schät-
zungsweise 1100 kg Gold und 5300 kg Silber beziffert worden), sondern genoß zudem eine Reihe von Privilegien –
Steuerfreistellungen, Erteilung des Erbrechts an die Kirche
usw. –, wodurch er seinen Reichtum noch erheblich steigern
konnte.

Zum Verständnis dieser Allianz gilt es zu bedenken, daß es
keineswegs die Armen waren, die die soziale Struktur der
christlichen Gemeinschaften bestimmten. (Diese mitunter
angeführte Behauptung fußt ganz auf der Argumentation
ihrer heidnischen Gegner, von denen den Christen vorgeworfen wurde, ihre Glaubensgenossen «aus den niedrigsten
Reihen der Plebs» zu rekrutieren.) Vielmehr stellten sie eine
repräsentative Auswahl der gesamten städtischen Bevölkerung der griechisch-römischen Welt dar, wobei die führenden Persönlichkeiten gemeinhin aus deren gebildetsten und
vermögendsten Kreisen kamen. (In Hispania zum Beispiel
setzte die Christianisierung vor allem bei den höheren Gesellschaftsklassen ein – eine Tatsache, die die meist adlige
Herkunft der Bischöfe nur allzu anschaulich erklärt.)

Die Kirche wurde so zu einer der wichtigsten Stützen dieses neuen «christlichen Reiches», das sich im Osten bis ins
15. Jahrhundert halten konnte. Im Westen, wo die Reichsstruktur viel früher zusammenbrach, war es gerade die Kirche, die mehrmals den Versuch einer Neubelebung unter-
nahm. So etwa mit der Kaiserkrönung Karls des Großen in
Rom (die Absetzung Kontantins VI., dessen Mutter ihm die
Augen ausstechen ließ, und der somit «verwaiste» Kaiser-
thron in Byzanz waren hierbei ein mehr als willkommener
Umstand); so aber auch durch die Bestrebungen, ein soge-

nanntes «kaiserliches Papsttum» zu schaffen, durch das dem
Pontifex die Möglichkeit geboten worden wäre, weltliche
Macht und priesterliche Funktion unter Berufung auf die
Konstantinische Schenkung – eine Fälschung aus dem 9. Jahrhundert, die die Anerkennung einer «von den Einfällen der
Barbaren» nicht unterbrochenen Kontinuität und Legitimität zum Inhalt hatte – als vermeintlichen Erben des Römischen Reiches in seiner Person zu vereinen. Dies erklärt,
warum Hobbes Mitte des 17. Jahrhunderts den Satz formu-
lierte: «Das Papsttum ist nichts anderes als das Gespenst des
dahingeschiedenen Römischen Reiches, das sich nun ge-
krönt auf dessen Grab setzt.»

In dieser neuen, durch die politische Anerkennung geschaffenen Situation konnte das friedliche Miteinander der
verschiedenen christlichen Glaubensrichtungen nicht mehr
aufrechterhalten werden. Abweichler galt es abzudrängen;
als Ketzer und Schismatiker konnten, ja mußten sie bestraft
werden. Und dies, obwohl die erste als abtrünnig verfolgte
Glaubensgemeinschaft nicht einmal die Doktrin als solche in
Frage stellte: Was man den nordafrikanischen Donatisten
zum Vorwurf machte, war, daß sie sich der Allianz des Christentums mit der politischen Macht widersetzten, sich dadurch – nicht ohne Grund – als eigentliche Fortführer der
Kirche der Verfolgten und Märtyrer betrachteten und so
schließlich auch jene als Verräter bezeichneten, die sich nach
ihrer Verbrüderung mit dem Reich diesem nicht nur eilfertig
zu Dienste stellten, sondern sich seiner auch gleichzeitig zur
Unterdrückung aller anderen christlichen Strömungen bedienten.

Einzelne Gläubige entschieden sich für mehr individuelle
Lösungen, die keine Bedrohung für die hierarchische Kirche
darstellten und von dieser auch akzeptiert werden konnten.
So etwa die Anachoreten, die als Einsiedler in der Wüste «der
Welt entsagten», oder die Koinobiten, die in der Abgeschlos-
senheit ihrer Klöster ein strenges Gemeinschaftsleben führten. Diese Asketen pflegten zwar die frühchristlichen Tugen-
den, verzichteten dabei aber darauf, diese als allgemein-
gültige Regel für die gesamte Christenheit durchsetzen zu
wollen. Aufgrund der ihnen zugesprochenen Heiligkeit

wurden sie von Pilgern geradezu belagert, weshalb sie, um
sich die von ihnen gesuchte Abgeschiedenheit zu erhalten,
oft zu unwahrscheinlichen Maßnahmen greifen mußten. (Si-
meon zum Beispiel zog sich auf immer höhere Säulen zurück – die letzte maß volle 20 Meter – und dort lebte er vierzig Jahre lang – bis zu seinem Tod im Jahr 459.)

Nach der erfolgreichen Durchsetzung ihrer Autorität sah
sich die Kirche der Christenheit alsbald dazu gezwungen, ein
neues Bild von den Anfängen des Christentums zu entwer-
fen. Durch einfaches Totschweigen oder rückwirkende Verurteilung verschwanden so alle Anzeichen eines ursprünglich vorhandenen Pluralismus, und das eigene Werden
wurde voll mit der Geschichte Roms verkoppelt: Die Geburt
Jesu fiel in die Zeit, in der Augustus die Grundlagen für das
Römische Reich und die *pax Romana* schuf. «Die siegreiche
Orthodoxie verkündet ein Monopol und schreibt ihre eigene
Geschichte um.» Durch dieses «Umschreiben» konnte ein
äußerst praktisches Negativbild entwickelt werden, das in
sich alle unerwünschten Züge des frühen Christentums auf-
nahm und personalisierte. Im Zerrspiegel dieser nun mit
einer neuen Bedeutung ausgestatteten «Häresie» bildete sich
das Antlitz der Orthodoxie heraus und hob sich dort ab von
vielen anderen Abbildern, die als solche zwar unter den verschiedensten Bezeichnungen, im allgemeinen aber stets mit
den gleichen Zügen in Erscheinung traten: orientalischer Ursprung, dualistische (d. h. die Existenz eines neben Gott als
Verkörperung alles Guten bestehenden Prinzips des Bösen
bejahende) Elemente, Sittenlosigkeit und Hexerei. Dieses
Modell erwies sich als so effizient, daß die Kirche viele Jahrhunderte lang darauf zurückgriff, um Abtrünnige zu entlar-
ven; es wurde sogar noch bei der Verurteilung der Templer
und der Katharer erfolgreich angewendet.

Die Ursprünge der verschiedenen Elemente, die für die
Verallgemeinerungen verantwortlich sind, sind leicht zu verfolgen. So hängt der den meisten Häresien unterstellte orientalische Ursprung teils mit dem pluralistischen Charakter
zusammen, der dem Christentum damals in diesen Gebieten
eigen war, teils aber auch mit dem von den Römern als
Bedrohung empfundenen doktrinären Manichäismus der

«persischen Feinde», und in gewisser Weise flossen in diese
Ablehnung schließlich auch noch Reste des griechischen Vor-
urteils gegen alles «Asiatische» ein. Dualistische Züge sind
in jeder Häresie unschwer auszumachen, erscheinen sie doch
als «einer der unvergänglichen Glaubensinhalte der Menschheit» allein schon im Neuen Testament und später dann auch
in den apokalyptischen Schriften. Und der Vorwurf der
Sittenlosigkeit endlich, als solche fast durchweg als Promis-
kuität verstanden, erklärt sich wohl vor allem aus der größeren Rolle, die der Frau in den als «häretisch» bezeichneten
Kirchen getreu dem Vorbild der paulinischen Gemeinden zukam. (Bezeichnend ist, daß dieser Vorwurf gerade auch gegen Gruppen erhoben wurde, die im allgemeinen die Sexualität verurteilten und sich für eine asketische Lebensweise
aussprachen.)

Der politische Charakter dieser Allianz zwischen der *neuen
katholischen,* d. h. «einzigen und universellen» christlichen
Kirche und dem Reich äußert sich klar in der Bezeichnung
«Bischof der Äußeren», der Laien also, mit der Konstantin
sein Auftreten zugunsten der vom Klerus erlassenen doktrinären und disziplinären Normen rechtfertigen will, und
zwar selbst dann, wenn diese seinen eigenen Überzeugungen zuwiderlaufen. So unterstützt der Kaiser die Verurteilung des Arianismus durch das Konzil von Nicäa, obwohl er
sich persönlich derart stark von dieser Lehre angezogen
fühlt, daß er sich kurz vor seinem Tod noch von einem arianischen Bischof taufen läßt. Überraschen sollte uns dies kaum,
denn Konstantinopel blieb noch lange über den Tod seines
Gründers hinaus eine ausgesprochen arianische Stadt und verlor diesen Charakter erst im ausgehenden 4. Jahrhundert.

Die «Offizialisierung» des christlichen Glaubens darf
jedoch keineswegs mit einer Christianisierung des Reiches
verwechselt werden. Letztere vollzog sich in verschiedenen
Abschnitten über einen viel längeren Zeitraum hinweg. Das
4. Jahrhundert war bis in sein letztes Jahrzehnt ein Zeitalter
des friedlichen Zusammenlebens; die alte, traditionelle Religion wurde vom Staat unterstützt, es wurden weiterhin
Tempel errichtet, und der Lauf der Zeit wurde nach ihren
Festen bemessen.

Nach einer kurzen Restauration der alten religiösen Ordnung unter Kaiser Julianus, für den die Wiederbelebung des
Heidentums – in dessen Mittelpunkt der Helios-Mithra-Kult
stand – Hand in Hand mit dem Versuch einer moralischen
Erneuerung von Verwaltung, Heer und Hof ging (in Konstantinopel fand er einen Palast mit tausend Köchen, zahl-
losen Friseuren, Eunuchen, Spionen und Nichtstuern vor),
begannen sich die Dinge zu ändern. Inbesondere gilt dies für
die Regierungszeit von Theodosius I., der die religiöse Einheit mit Gewalt durchzusetzen versuchte: Mit einem im
August des Jahres 379 erlassenen Gesetz verdammte er alle
Häresien, zwang die Einwohner Konstantinopels zur Übernahme der auf der Synode von Nicäa beschlossenen Glaubenslehre, schloß die heidnischen Tempel und verbot alle
Opferhandlungen, die als Hochverrat mit der Todesstrafe
und einer Einziehung des Vermögens geahndet wurden.

Es war dies keine leichte Aufgabe. Konstantinopel, dessen
Bevölkerung sich mit wahrer Begeisterung in theologische
Diskussionen verstieg, stand voll im Zeichen des Arianismus, wobei sich dieser seinerseits wieder in verschiedene
Untergruppierungen aufgliederte. Vertreten waren ferner
der Apollinarismus (demzufolge Christus einen menschlichen Körper und eine göttliche Seele besaß), die auf Nova-
tian zurückgehende Gegenkirche der «Reinen» und die verschiedensten anderen Glaubensrichtungen. Gregor von Na-
zianz, vom Kaiser zum Erneuerer der Orthodoxie bestellt,
wurde zeitweise vom Volk gesteinigt und konnte sich nur
dank eines uneingeschränkten kaiserlichen Rückhalts behaupten. Während nun die mit den entsprechenden Macht-
befugnissen vorangetriebene Verbannung des arianischen
Klerus aus den Kirchen kaum größere Schwierigkeiten bereitete, gestaltete sich die «Bekehrung» der gläubigen Laien
weitaus komplizierter.

Ähnlich war die Lage bei den Heiden. Trotz der in späteren Jahren einsetzenden Repressivmaßnahmen erreichte man
kaum mehr als die Verlagerung der heidnischen Opferhandlungen aus der Öffentlichkeit in die private Sphäre und in
den Untergrund, so wie dies ungeachtet aller Verbote und
der Androhung schwerster Strafen auch noch unter Justinian

der Fall war. Es bedurfte zahlreicher Verfolgungswellen und
militärischer Feldzüge – nun sind es die Heiden, die von den
Christen den wilden Tieren vorgeworfen oder verbrannt
werden –, um den letzten heidnischen Gemeinschaften ein
Ende zu setzen, was offensichtlich nicht vor dem 9. Jahr-
hundert erreicht wurde. Hauptfiguren dieser «Bekehrungs-
kampagnen» waren die Bischöfe, die als «Verteidiger der
Armen» nicht nur über einen erheblichen Einfluß auf die
Volksmassen der Städte ausübten, sondern ferner auch eine
Reihe von Stoßtrupps kontrollierten, die als Totengräber,
Krankenpfleger usw. bei Bedarf als wahre Milizgruppen ein-
gesetzt werden konnten.

Bekannt ist uns diesbezüglich zum Beispiel die komplexe
Lage in Alexandria, wo die Heiden unter Julianus den örtlichen Bischof und verschiedene andere sie drangsalierende
christliche Würdenträger ermordet hatten. Die erneute Ein-
setzung der christlichen Lehre zur Staatsreligion führte 389
auf Betreiben des Bischofs Theophilus zur Zerstörung des
Serapeums und löste so ein Klima der Verfolgung aus. Unter
Kyrillos, dem Neffen und Nachfolger des Theophilus, der
als Anstifter des Mordes an Hypatia gilt – einer aufgrund
ihres Wissens allseits geachteten heidnischen Philosophin
fortgeschrittenen Alters, die vor den Toren einer Kirche von
dem durch die «Krankenpfleger» des Bischofs aufgehetzten
Pöbel gesteinigt und wie ein Tier in Stücke zerschlagen
wurde –, sollte sich die Lage noch weiter verschärfen.

Verfolgt von den Schergen des Patriarchen, blieb den letzten heidnischen Philosophen Alexandrias keine andere Wahl
als die Flucht. Unter Meidung der zum Christentum übergetretenen Städte wanderten sie nach Mesopotamien aus oder
ließen sich in Syrien nieder, wo die ländliche Bevölkerung
weiterhin die alten angestammten Gottheiten verehrte. Auf
diese Weise bildeten sich kleinere Gruppen von Gelehrten
heraus, die die Philosophie der Antike vor der Verfolgung
durch die christliche «Barbarei» retten konnten. In Harran
zum Beispiel, unmittelbar an der Grenze zwischen dem
römischen und dem persischen Reich gelegen, kam es zur
Gründung einer neuplatonischen Schule, die sich bis ins
11. Jahrhundert halten konnte und bei der die Übertragung

des griechischen Kulturguts auf die islamische Welt eine außerordentlich wichtige Rolle spielte.

Unter klarer Herausforderung des Widerstands der örtlichen Bevölkerung steckte Martin, Bischof von Tours, ungefähr um die gleiche Zeit in Gallien heidnische Tempel in Brand, fällte als heilig verehrte Bäume, zerstörte Götterbilder und geriet aufs heftigste mit den heidnischen Priestern aneinander, welche auch weiterhin, wie seit undenklichen Zeiten, ihre angestammten traditionellen Feste feiern wollten.

Zum Verständnis des Wandels, dem sich die Bevölkerung des Reichs mit der offiziellen Übernahme und der allmählichen Durchsetzung des Christentums ausgesetzt sah, muß daran erinnert werden, daß die alte «heidnische» Religion glaubensmäßig kaum mehr als ein Synkretismus lokaler Gottheiten war, die in ein gemeinsamen Pantheon griechisch-römischen Ursprungs eingereiht wurde. (Alexander Severus trug sich offensichtlich sogar mit dem Gedanken, «einen Tempel zu Ehren Christi zu errichten und diesen in den Kreis der verehrten Gottheiten aufzunehmen».) Das dieses «Mosaik der an die gegebene Ordnung geknüpften Religionen» zusammenhaltende Grundelement war ein klar auf die Festigung der politischen Einheit ausgerichtetes national-religiöses Ritual, in dem dem Kaiser als Erbe der priesterlichen Funktionen von Magistern und Senatoren eine religiöse Dimension zugewiesen wurde. So hatte das Römische Reich denn auch keine «Kirche», keine von der weltlichen Macht getrennte Priesterschaft. Es waren der Senat und der Kaiser, die gemeinsam über die Religion wachten, und die Verfolgung jener, die sich, wie die Christen, diesem System entziehen wollten, beruhte auf rein politischen Überlegungen.

Mit der «konstantinischen Revolution» begann das Ende des alten, eklektischen und doktrinär toleranten Systems, an dessen Stelle eine religiöse Zentralisierung trat, die sich nun nicht mehr allein auf das Ritual beschränkte, sondern weitgehend auch in den Bereich des individuellen Verhaltens und der persönlichen Glaubenseinstellung vorstieß: Es geht hier also weniger um die Konfrontation zweier verschiedener

Religionen als um das Aufeinanderprallen zweier politisch-
religiöser Systeme, weshalb sich die Auseinandersetzungen
auch vor allem auf der Ebene führender Kreise in den Städten abspielen, während die ländlichen Bereiche – der bevöl-
kerungsmäßig weitaus größte Teil des Römischen Reichs –
auf lange Zeit hin «heidnisch», d. h. den lokalen religiösen
Überzeugungen verbunden bleiben.

Der Übergang vom ursprünglichen Christentum zur offiziellen Christenheit – tatsächlich hat man vom Ende einer
‹frühen Christenheit› sprechen können, deren Identitätskrise
in die Zeit zwischen 380 und 430 fiel – brachte zahlreiche Veränderungen mit sich. Die Umwandlung eines verfolgten
Glaubens in eine in sich gefestigte Kirche zielte nicht nur auf
deren Präsenz in der Gesellschaft ab; diese Gesellschaft sollte
von der Kirche auch gleichzeitig unter Kontrolle gehalten
werden, weshalb eine Christianisierung der öffentlichen
Ordnung unumgänglich war. Einer Neuregelung bedurften
in diesem Sinne vor allem auch die Sitten und Gebräuche
einer Bevölkerung, die sich nur schwer von ihren traditionellen Festen – so etwa dem 1. Januar – abbringen ließ und
immer noch voller Leidenschaft den Spielen im Cirkus bei-
wohnte.

Auch für Zeit und Geschichte mußte ein neuer Geist geschaffen werden. Wichtigstes und gleichzeitig auch alltäg-
lichstes Element hierfür war zunächst einmal die Einführung
eines auf den Osterzyklus abgestimmten neuen Kalenders,
der zwar zu komplizierten Berechnungen zwang, andererseits aber zur Regelung der zeitlichen Abfolge neuer, als so-
lidaritätsfördernd erachteter religiöser Feste unentbehrlich
war. Auf diese erste Umstellung folgte dann der Übergang
zur Jahreszählung nach «christlicher Ära», wobei dieses Zeitsystem zwar schon im 6. Jahrhundert auftauchte, sich aber
erst zweihundert Jahre später voll durchsetzen konnte.

Es änderte sich die Auffassung des geographischen
Raums. An die Stelle der realistischen, wenn auch wenig genauen Darstellungen der klassischen Kultur traten Karten,
die ihren Mittelpunkt in Jerusalem hatten und Wirkliches
und Symbolhaftes ungeniert durcheinandermengten. Diesen
kartographischen Kriterien begegnen wir selbst noch in der

aus dem 8. Jahrhundert stammenden großen Weltkarte des Klosters Ebstorf, auf der die Himmelsrichtungen durch den Leib Christi – seinen Kopf, seine Füße und seine beiden Hände – markiert werden: eine Darstellungsweise, die die Identifizierung des Makrokosmos der Welt und des Mikrokosmos des Menschen in christliche Begriffe überträgt.

Es kam zu einer neuen städtebaulichen Ordnung; die Kirchen, fast durchweg an Märtyrergräber oder Reliquien gebunden, wurden zu wesentlichen Bezugspunkten strukturmäßig unregelmäßiger, spontan heranwachsender, «organischer» Ortschaften – ganz im Gegensatz also zum römischen Stadtmodell, dessen typisches Rastermuster die politische Ordnung zum Ausdruck bringen wollte, in der die örtlichen Gemeinwesen in die große Einheit des Reichs eingebunden waren.

Zu ändern galt es ferner eine ganze Reihe von Lebensregeln – so zum Beispiel im Hinblick auf die Sexualität. Hier strebte man einen Mittelweg zwischen der «heidnischen» Moral und der extremen Askese gewisser frühchristlicher Gruppen an, die jede Form sexueller Aktivität, selbst innerhalb der Ehe, verurteilten. Im Rahmen dieser christianisierenden Norm, die als Ergebnis der großen, von den «Kirchenvätern» des 4. und 5. Jahrhunderts geleisteten theologischen Systematisationsarbeit verstanden werden muß, sahen sich die Ehegatten dazu aufgefordert, den Geschlechtsverkehr auf das für die Fortpflanzung unumgängliche Mindestmaß zu beschränken und hierin keine sinnliche Lust zu suchen. In der Hochzeitsnacht, während der Fastenzeit, an den Vorabenden liturgischer Feiertage, an Sonntagen, während der Menstruation und der Schwangerschaft war der Beischlaf untersagt, und dieses Verbot bezog sich natürlich auch auf die Zeit einer Bußleistung, wobei diese, je nach begangenen Sünden, teilweise fünf bis zehn Jahre betragen konnte.

Wir haben bereits erwähnt, daß die Kirche der Christenheit bemüht war, alle von der offiziellen Doktrin abweichenden Strömungen des Frühchristentums auszumerzen. Unter dem Druck des Klerus, der sich des bewaffneten Arms des Gesetzes sicher war, schlugen die orientalischen Dissidenten den Weg ein, den vorher bereits die heidnischen Philosophen gegangen waren; sie wanderten ab nach Mesopotamien, Persien und Zentralasien, wo einigen dieser «äußeren Kirchen» – so etwa dem Nestorianismus – eine, wie wir noch sehen werden, lange und glänzende Laufbahn beschieden war.

Diejenigen, die nicht das Glück hatten, ihr Heil in der Flucht zu finden, wie Priscillian, Bischof von Avila, mußten mit Verfolgung oder sogar mit dem Tod rechnen. Nach allem, was wir vom Priscillianismus wissen – die wirklichen Gedankengänge eines für schuldig Erklärten auszumachen, ihnen aufzuspüren unter der Last der Abartigkeiten, die ihm von seinen Verfolgern zugeschrieben und uns nur durch diese bekannt werden, ist stets ein schwieriges Unterfangen –, waren dieser Glaubensauffassung Elemente eigen, die uns an das frühe Christentum erinnern: der Glaube an das unmittelbar bevorstehende Ende aller Zeiten, Askese, Zölibat, Vegetarismus, ein gewisser Hang zu Numerologie und Astrologie, die kanonische Anerkennung der «apokryphen» Evangelien gnostischer Tradition usw. Im Grunde mag es sich aber wohl eher um eine Frage der «Disziplin», nicht des «Dogmas» gehandelt haben, um die Furcht vor gewissen asketischen Tendenzen, die sich abseits der bischöflichen Gerichtsbarkeit halten wollten. Eine Religiosität, die den Laien – ja selbst den Frauen – eine aktivere Teilnahme am kirchlichen Leben zusicherte, stellte das Machtmonopol der offiziellen Geistlichkeit in Frage und mußte deshalb zwangsläufig deren Widerstand hervorrufen.

Von einem uns als geistlos und arglistig geschilderten Bischof «ohne den geringsten Anflug von Heiligkeit» wurden die Priscillianer, wie vorauszusehen, des Manichäismus beschuldigt (was im allgemeinen auch den Verdacht auf Sittenlosigkeit und Hexerei mit einschloß). Die Hinrichtung Priscillians und einiger seiner Anhänger in Trier im Jahr 385 hatte einen deutlich politischen Hintergrund. Zum Kreis der Priscillianer gehörten verschiedene einflußreiche Vertreter des römischen Senatsadels, die als potentielle Feinde des Usurpators Maximus Magnus gelten mußten. Und so war es denn auch dieser, der ihre Verurteilung und die unverzügliche Einziehung ihres gesamten Vermögens veranlaßte, um damit den von ihm geplanten Feldzug zur Eroberung des Reichs zu finanzieren.

Lange Jahre hindurch wurden die «Trierer Märtyrer» von der galicischen Kirche als Heilige verehrt (was nur dank des Einfalls der «Barbaren» möglich war, wodurch Galicien dem römischen Machteinfluß entzogen worden war). Man spekuliert sogar mit der Möglichkeit, daß die heutige Kathedrale von Santiago de Compostela über einem ursprünglich als Grabstätte des Bischofs Priscillian errichteten Heiligtum gebaut worden sei. Wäre dem so, käme den in den nachfolgenden Jahrhunderten nicht abreißenden Pilgerzügen zum vermeintlichen Grab des Apostels Jakobus wahrlich der Charakter einer Wiedergutmachung zu.

Das Ende dieses zweiten Abschnitts der christlichen Geschichte Westeuropas – des «Zeitalters der Kirchenväter», der «Kirche des späten Altertums» – wird von einigen Autoren mit der endgültigen Festigung der «katholischen» Lehre im Westen und der nun einsetzenden großen Bekehrungswelle der Welt der Barbaren in Zusammenhang gebracht. Dieser Auffassung zufolge kam es in der sich anschließenden Zeit durch den Dialog mit den Germanen und den Kelten auf den Britischen Inseln zu einer Bereicherung der europäischen Kultur, zu einer kulturellen Synthese, unter deren Zeichen sich dann die «wesenhafte Eigentümlichkeit der mittelalterlichen Christenheit» herauskristallisierte.

Eine derartige Einstellung reduziert den Aufbau des mittelalterlichen Europas im Endeffekt auf die Einbeziehung neuer Völker in den Bereich einer gemeinsamen christlichen Kultur und setzt die europäische Expansion mit der sich abspielenden Missionsarbeit gleich. So einfach liegen die Dinge jedoch bei weitem nicht.

Zum einen bezieht sich nämlich das, was wir gemeinhin als die Übernahme des christlichen Glaubens bezeichnen, vielerorts nur auf die führenden Gesellschaftsschichten in den Städten (aus deren Reihen dann auch, wie einst die Vertreter der frühchristlichen Priesterschaft, der neue Klerus kam). Die Landbevölkerung blieb nach kirchlicher Auffassung weiterhin «heidnisch», wobei dieses Heidentum jedoch eher als eine synkretistische Vermengung altangestammter örtlicher Glaubenslehren – als «Aberglaube» und in folkloristischer Ausprägung begegnen wir ihnen selbst heute noch – und der Religion des Römischen Reichs entstammender Elemente zu sehen ist, in die mit der Zeit schließlich auch typisch christliche Wesenszüge Eingang fanden. Die auf dem Konzil von Elvira Anfang des 4. Jahrhunderts aufgestellten Kanones zeigen uns so eine hispanische Gesellschaft, in der die christlichen Landesherren der heidnischen Bevölkerung gewisse Konzessionen einräumen müssen, in der der Judaismus Seite an Seite mit dem Christentum lebt (das Konzil verbietet, daß die Felder durch einen Rabbiner geweiht werden, weil dadurch die Auswirkungen des bischöflichen Segens «annulliert» würden), und in der sich magische Kulthandlungen mit christlichem Ritual verbinden – so etwa in der Zeremonie einer Totenmesse für einen Lebenden, um hierdurch dessen Tod herbeizuführen. Die von Martin von Braga in seiner um 572 entstandenen *De correctione rusticorum* angeprangerten religiösen Überzeugungen der galicischen Bauern hatten nicht das mindeste mit den spitzfindigen Feinheiten des damals hier noch lebendigen Priscillianismus zu tun, sondern entsprachen vor allem wohl bodenständigem «Aberglauben»: «Abbrennen von Kerzen neben Steinen, Bäumen, Brunnen und Kreuzwegen; ... Wahr- und Weissagung; ... diesen und nicht jenen Fuß zuerst setzen, Korn und Wein über einen lodernden Scheit schütten, Brot in Quellwasser tauchen; ... Verhexen von Pflanzen zum Zwecke der Verzauberung ...» Und von den Galliern des frühen 6. Jahrhunderts konnte der heilige Cäsarius von Arles sagen, daß sie «die Kirche als Christen betreten und als Heiden verlassen», so lebendig hielt sich auch dort der alte Volksglaube, etwa in Gestalt jener Tänze, bei denen sich die Männer als wilde Tiere verkleideten. Heidnischen Ursprungs dürfte ferner auch die trotz kirchlichen Verbots bis ins 19. Jahrhundert kursierende Verehrung des «heiligen Guineforts» gewesen sein, eines von seinem Herrn ungerechterweise getöteten «heiligen Hundes», vor dessen Grab die Mütter um Genesung ihrer kranken Kinder baten.

Es wurde der Vorschlag gemacht, das Bild eines den alten bodenständigen Volksglauben «ersetzenden» Christentums

durch die Überlagerung einer «horizontalen» Ausweitung
zu bereichern, wobei letztere sich aus einer Annäherung an
die «nicht-christliche Geisteswelt», verbunden mit der Aufnahme zahlreicher dieser entstammenden Elemente, ergibt.
Uns ist bekannt, daß die Volkskultur des mittelalterlichen
Europas selbst in den früh christianisierten Gegenden noch
über lange Jahre hinweg im Zeichen eines gewissen religiösen Synkretismus stand. Dies ist allerdings nur ein Aspekt
eines viel allgemeineren, tiefgreifenderen Phänomens. Aaron
Gurjewitsch weist darauf hin, daß es neben dem von Theologen systematisch erarbeiteten Symbolismus noch zahlreiche
andere Riten und Symbolformeln gab, die eine «viel tiefer
als das Christentum verwurzelte Schicht des mittelalterlichen Bewußtseins» zum Ausdruck brachten und von der
christlichen Glaubenslehre nur mehr oder weniger stark ein-
gefärbt waren. Und deshalb folgert Gurjewitsch, daß «das
Symbolbewußtsein des Mittelalters keineswegs dem Christentum entspringt, sondern eine Abart des ‹primitiven›
archaischen Bewußtseins darstellt».

Die Entstehung der Gesellschaft und Kultur des europäischen Mittelalters ist ein äußerst vielschichtiger Prozeß; beschränkt man sich bei seiner historischen Deutung auf ein
vereinfachendes Jonglieren mit einer Reihe von Allgemein-
plätzen wie etwa «Christentum», «Heidentum» oder «Häresie», dann heißt das nichts anderes, als die verarmende, zwei-
deutige Sprache der Unterdrücker anzunehmen, die über die
Reinheit des Glaubens, sprich: über ihr Monopol, als dessen
Interpreten wachten; die Wirklichkeit zu verstehen, hilft es
uns nicht. Die christliche Doktrin war vor allem der Versuch, das Reich zur Aufrechterhaltung einer bedrohten sozialen Ordnung vor dem Zusammenbruch zu bewahren.

Kurz bevor Konstantinopel in die Hände der Türken fiel,
rief der unter dem Namen Plethon bekannte byzantinische
Philosoph Georgios Gemistos die «Schiedsgötter der Vernunft» – wer und «welcher Zahl ihr auch immer sein mögt»
– an und schlug vor, das Christentum aufzugeben und zu
den heidnischen Göttern zurückzukehren – eigentlich also zu
einer Form des Deismus. Es ging hierbei keineswegs um
eine Wiederbelebung der alten religiösen Anschauungen,

sondern um eine auf neuen religiösen und philosophischen
Grundlagen beruhende Neustrukturierung der Gesellschaft.
Die Krise des Reichs machte eine Revision des konstantinischen Systems unumgänglich. Wer dann jedoch – ob ihrer
Gottlosigkeit entsetzt – Plethons Schrift in die Flammen
warf, war bezeichnenderweise kein anderer, als der, der nach
der Eroberung der Stadt durch den Sultan aus dessen Händen bereitwillig seine Ernennung zum Patriarchen von Konstantinopel entgegennahm.

Drittes Kapitel

Der Spiegel der Feudalzeit

Auf den Niedergang des Römischen Reichs ließ die traditionelle Geschichtswissenschaft zunächst das «dunkle Jahrtausend» des Mittelalters folgen: ein Interludium im Zeichen der Stagnation, ja des Rückschritts, zwischen dem Glanz des klassischen Altertums und der mit der Renaissance einhergehenden Erneuerung. Später wurde dieses Jahrtausend dann reduziert und durch die Einführung einer ganzen Reihe von Wendepunkten – von «Renaissancen» (so die karolingische, die des 12., des 13. Jahrhunderts) und «Revolutionen» (die «Revolution des Jahres 1000», die Entstehung des Feudalwesens, die «kommerzielle Revolution des Mittelalters», die technische Revolution usw.) – einer von den verschiedensten Autoren vorgeschlagenen Aufgliederung unterzogen.

Diese Auffassung, die einen großen Bruch – den Verfall des Römischen Reiches – mit einer neuerlichen Belebung verbindet, ist in vielerlei Hinsicht durchaus zweifelhaft. In seinen im ausgehenden 6. Jahrhundert verfaßten «Geschichten» erwähnt Gregor von Tours mit keinem Wort einen Zusammenbruch des Römischen Reichs, und man hat auch kaum den Eindruck, daß er sich der Existenz einer sich von seinem sozialen Umfeld unterscheidenden «antiken Welt» bewußt ist. Für die Menschen jener Zeit war es durchaus nicht so offensichtlich, daß das Römische Reich der Vergangenheit angehörte, und dies unter anderem schon deshalb, weil die Nachfolger von Augustus und Konstantin im Osten ja auch weiterhin an der Macht waren.

Die Krise des Abendlandes stellte keineswegs das Ende der Beziehungen zwischen Barbaren und Römern dar, sondern führte lediglich zu deren allmählichen Umgestaltung. Die erste große Welle von Invasionen – gemeinhin als die destruktivste angesehen – hatte stellenweise nichts anderes als eine Kontinuität ohne nennenswerte Veränderungen zur Folge. Die Städte sahen sich kaum in Mitleidenschaft gezo-

gen; was sich gelegentlich änderte, war das Gepräge ihrer
Bewohner und nach und nach auch das Gepräge ihrer Beziehungen zum umliegenden Land. Es gab Handel und Gewerbe,
die auch weiterhin unter germanischer Leitung standen. Im
Hinblick auf die Wassermühlen des Frankenreichs konnte so
gesagt werden, daß «die alltäglichen Verrichtungen wie etwa
die des Getreidemahlens vom Zusammenbruch der römischen Herrschaft nur sehr wenig berührt wurden».

Die zunehmend schwächer werdenden Beziehungen zwischen der Welt der Barbaren und dem Mittelmeerraum förderten dort den internen Austausch und führten zur Suche
nach neuen Handelsrouten in den Orient. Es entstand ein
«Kulturbereich Nordsee», der sich vom Rheintal bis nach
Großbritannien zog, denn gerade hier hatte der Rückzug der
Römer eine ziemlich konfuse Lage heraufbeschworen: Das
zunächst von Arthur – dem «einzigen Mitglied der römischen Rasse, das die Katastrophe überlebt hatte» – gegrün-
dete «nachrömische» Königreich mit seinen vom Kriegsadel
bewohnten Schlössern und Burgen ging nach und nach über
in eine Zeit des Fortschritts, der durch eine weitverzweigte
Handwerksproduktion, belebte Märkte in den Städten und
einen regen Umlauf von Münzgeld nur allzu deutlich die
Existenz eines beachtlichen internationalen Verkehrs unterstreicht. (Dank ihrer so positiven Handelsbilanz mit den
nordosteuropäischen Gebieten konnten die Briten ohne weiteres die enormen Summen an Danegeld in Silber beglei-
chen, das die auf die Insel vorgestoßenen Wikinger einfor-
derten.)

Auch der Handel der skandinavischen Völker wurde nicht
lahmgelegt: In den Gräbern von Helgö und Birka, zwei
schwedischen Handelsstädten, deren Glanzzeit in die Jahre
zwischen 400 und 1000 fiel, wurde nicht nur arabisches, frän-
kisches und angelsächsisches Geld gefunden, sondern auch
Luxusartikel aus China, Indien und Ägypten. Diese Münzen – insgesamt über 250000 – sowie die vorgefundenen
Kleinode können nicht allein nur aus Beutezügen und Tri-
butforderungen gestammt haben, wie dies eine verzerrte
Darstellung der Wikinger als ein auf Piraterie und Raub be-
schränktes Volk so gern glauben machte. Nicht aus Habgier

besiedelten sie Island und Grönland, wo sie als Bauern und Jäger lebten, und nicht der Beute wegen ließen sie sich – «auf der Suche nach kolonisierbarem Land» – auf ihr vinländisches Abenteuer in Amerika ein. Untersucht man ihr Vorgehen auf den Britischen Inseln, so wird offensichtlich, daß diese Wikinger nach anfänglichen Raub- und Plünderzügen bald schon dazu übergingen, sich hier auch fest niederzulassen. In Irland waren gerade sie es, die die ersten Städte gründeten, und ihnen ist es zu danken, daß Dublin sich zu einem bedeutenden Handwerks- und Handelszentrum entwickelte.

Die Münzen des Kalifats, die um das Jahr 800 in Skandinavien auftauchten, stammten aus einem regen Handelsverkehr. Die Wikinger brachten Felle, Schwerter, Bernstein, Honig, Walroßelfenbein (Stoßzähne von Elefanten waren zu jener Zeit eine Seltenheit), Falken und Sklaven quer durch Rußland bis nach Byzanz oder über das Gebiet der Chazaren ans Kaspische Meer und bis nach Bagdad. Ibn Fadlan, der diesen warägischen Händlern am Ufer der Wolga begegnet war, beschrieb sie als blondhaarig, mit großen, wohlgeformten und über und über tätowierten Körpern, aber auch als verdreckt und stinkend: «wahrlich die schmutzigsten Kreaturen Gottes».

Erst als diese Handelstätigkeit infolge der Krise des Kalifats weitgehend zusammenbrach, verlegten sich die Wikinger vor allem auf Raubzüge und Piraterie. In späterer Zeit kam es zu einem erneuten Aufleben des Orienthandels, wobei sich der geographische Schwerpunkt nun allerdings verlagerte und die Münzen nicht mehr aus Bagdad, sondern aus Buchara und Samarkand stammten. Hierdurch und aufgrund der Weiterentwicklung der skandinavischen Wirtschaft wurde die Bedeutung der Plünderei zunehmend geringer. Ab dem 8. Jahrhundert verwendeten die Wikinger einen Teil des erworbenen Münzgelds als Zahlungsmittel auf ihrem Binnenmarkt, und im 9. und 10. Jahrhundert gingen sie dazu über, ihre eigenen Münzen zu prägen, die dann in so entfernten Ländern wie Polen oder Rußland gefunden wurden.

Mehr als von einem Bruch ist hier also von Anpassung zu sprechen. Das Neue ergab sich nicht als Folge einer Katastro-

phe, sondern aus dem allmählichen Heranreifen der hoch-
mittelalterlichen Jahrhunderte. Den «Barbarenreichen» ging
es nicht um die Schaffung neuer Nationen; vielmehr zielten
sie, soweit es ging, auf die Aufrechterhaltung eines Reichs
ab, das ihnen als Grundlage für ihre eigene Legitimation
diente. Chlodwig akzeptierte bereitwillig den ihm vom Kaiser Anastasios verliehenen Titel eines Konsuls und nahm
diese Ernennung zum Anlaß, um sich in der Martinskirche
in Tours eine Krone aufs Haupt zu setzen und die Titel «Kon-
sul» und «Augustus» fälschlicherweise nebeneinander her zu
führen. In Island «verschwägerte» Snorri Sturluson die historische Vergangenheit der Wikinger mit der Geschichte der
klassischen Welt und machte aus Odin einen Abkömmling
des trojanischen Königs Priamos. (Ähnliches hatten übrigens einige Jahrhunderte vorher bereits die Franken getan,
indem sie die Gründer ihrer Monarchie unter dem aus Troja
geflüchteten Adel suchten.)

Dieser Wille zur Wahrung der römischen Gegenwart
konnte allerdings kaum das Niveau einer wirklichen «Restauration» erreichen; den Lauf einer in die Auflösung des
alten Systems mündenden Dekadenz umkehren zu wollen,
war mittlerweile unmöglich geworden. Der von Karl dem
Großen gemachte Versuch, sich als Kaiser eines erneuerten
Roms zu krönen, war aussichtslos und mußte deshalb scheitern. Die zeitgenössischen Chronisten zeigen uns seine
Nachfolger in einem ständigen Kampf gegen die «Barbaren»
– die Franken sind jetzt die «Römer» anderer Barbaren – und
bringen dies auf düsteren Seiten zum Ausdruck, auf denen
die Wunder der Natur – Erdbeben, den Nachthimmel rot
färbende Kometen, «ein dichter Regen kleiner Feuerkugeln»
– die Ohnmacht der neuen Cäsaren wiederzugeben scheinen, die nicht einmal mehr die Normannen von ihrem
Sturm auf Paris oder von der Brandschatzung der Martinskirche in Tours abhalten können.

Der Vorsatz einer Neubelebung des Reichs hatte etwas
Rückschrittliches an sich und war dazu verurteilt, am Widerstand der europäischen Völker zu scheitern. Europa entstand
nicht aus dem, sondern gegen das Reich der Karolinger. Einer
der folgenreichsten Wesenszüge der sich in diesen Jahrhun-

derten herausbildenden neuen europäischen Wirklichkeit sollte ja gerade der Umstand sein, daß sie die Konsolidierung neuer «Weltreiche» angesichts der politischen Vielgestaltigkeit von Völkern und Nationen schlichtweg unmöglich machte.

Im Bereich der «gelehrten» Kultur hingegen (die nicht, wie allgemein üblich, mit der Kultur in ihrer Gesamtheit verwechselt werden darf) zeigte sich die Wahrung des Alten erfolgreicher. Der Kirche gelang es, den alleinigen Gebrauch der lateinischen Sprache durchzusetzen (die man sich nur aufgrund einer von der Kirche selbst überwachten Erziehung aneignen konnte), wodurch sie ihre kulturelle Vormachtstellung behaupten und eine obligate Beteiligung des Klerus bei Politik und Verwaltung erwirken konnte. Gleichzeitig kämpfte sie gegen die verschiedenen Landessprachen an, die sie einer Vermittlung «heidnischer» Kulturen bezichtigte. In England waren fast alle Könige vor dem Jahr 1000 Analphabeten, und als ein fränkischer König – Chilperich – nicht nur lesen, sondern sogar lateinische Verse schreiben konnte, warf ihm Gregor von Tours abwertend vor, daß er «gegen die Regeln der anerkannten Prosodie» verstoße. Zwar bemühte sich Karl der Große, lesen und schreiben zu lernen, «er tat dies jedoch sehr spät, und das Ergebnis war eher bescheiden». Offenbar aber gefielen dem Kaiser die «uralten, barbarischen Gesänge» in germanischer Sprache, denn er ließ sie für die Nachwelt aufschreiben.

Die wachsende Zahl schriftlich niedergelegter Urkunden und die Bedeutung, die in jener Zeit den lateinisch abgefaßten Gesetzestexten zuzukommen schien, darf uns nicht zu einer Fehleinschätzung bezüglich des Grads der Alphabetisierung der karolingischen Welt verführen. Zahlreiche Rechtsentscheide wurden mündlich weitergegeben – der geschriebene Text diente mehr als Gedächtnisstütze und zur Absicherung des erhabenen Charakters solcher Urteile –, und die meisten vor einem Notar zur Niederlegung oder Bezeugung eines Rechtsgeschäfts auftretenden Zeitgenossen waren kaum mehr als «passiv» des Lesens und Schreibens mächtig. Nicht einmal der niedere Klerus war in diesem Sinne «gelehrt». Für die einfachen Priester reichte es vollauf, wenn sie zum Buchstabieren und zum Auswendiglernen von ein paar gängigen Floskeln befähigt waren. Und daß selbst das nicht immer der Fall war, berichtet uns kein Geringerer als der heilige Bonifatius, der einen Priester «in nomine Patria, et Filia et Spiritu Sancta» taufen hörte. Die bildlichen Darstellungen und besonders die nach einem ikonographischen Lehrprogramm ausgeführten Malereien, mit denen die Kirchen geschmückt waren, waren die «Bücher», aus denen die gläubigen Analphabeten lernen sollten.

Für eine auf der Erinnerung und nicht auf Urkunden beruhende gelehrte Kultur war das Wissen etwas Zeitloses, bei dem Vergangenheit und Gegenwart ohne klare Trennung miteinander verschmolzen. Sprechen wir so also von mittelalterlichen «Renaissancen» und verbinden wir damit eine gewisse Vorstellung von Erneuerung, entfernen wir uns vom eigentlichen Konzept dieses Zeitalters, das über die reine *restitutio,* die Wiederherstellung des Vergangenen, nicht hinauskam.

Gerade der karolingischen Renaissance gelang es schließlich, die Trennung zwischen einem «nach altem Usus» geschriebenen und nur für Gebildete verständlichen Latein und den romanischen Sprachen aufzuheben. Bis dahin hatten sich Gelehrte wie etwa Gregor von Tours oder Beda einer der Volkssprache ziemlich nahestehenden «sermo humilis» bedient. Ihre Nachfolger aber machten das Lateinische zu einer «vollkommen künstlichen Sprache, die, nach alten Vorbildern geschrieben, oft in eine Art schulmeisterliches Puzzlespiel ausartet»; eine Sprache, die nur tote, zukunftslose Dichtung hervorbrachte, während die vom Volk unterhaltene mündliche Tradition später zu den großen «Heldenliedern» führte. All jenen, die das Mittelalter auf der Suche nach «Renaissancen» durchstreifen, sei entgegenzuhalten, daß das wahrhaft Wertvolle an dieser Zeit nicht das Erhaltene, sondern das neu Geschaffene ist. Und mehr noch: daß die einzigen, die den Fluß der klassischen Kultur wirklich zur Gänze aufrechterhielten, allenfalls die Byzantiner waren.

Die Kultur der Kirche kann darüber hinaus kaum ohne die politische Dimension ihres Wirkens verstanden werden. Spricht man von der Christianisierung der «heidnischen» Völker, verwechselt man im allgemeinen den Begriff der

«Konversion» – den vom jeweiligen Herrscher öffentlich
vollzogenen Übertritt zum christlichen Glauben – mit der
weitaus langsamer voranschreitenden Verbreitung der neuen
Lehre unter der Bevölkerung. Die «Konversion» zum Christentum – und Gleiches gilt übrigens auch für den Islam –
war zunächst einmal eine rein politisch verstandene Option.
Eine Entscheidung zugunsten der einen oder anderen Kirche
war zwangsläufig mit der Eingliederung in ein bestimmtes
Bündnis- und Beziehungssystem verbunden und hatte darüber hinaus beträchtliche interne Konsequenzen zur Folge.

Kirchen, deren Glaubenslehre jegliche Macht als von Gott
gegeben herausstellten, legitimierten die Autorität der
Monarchie gegenüber den Ansprüchen des Adels (und boten
dieser darüber hinaus auch den Beistand von im Gebrauch
des geschriebenen Wortes und der Organisation der Verwaltung bestens geschulten Persönlichkeiten). Nach seiner Konversion wurde aus dem *primus inter pares* ein Herrscher von
Gottes Gnaden. Wiesen sich die westgotischen Könige noch
als «von Gott erwählt» aus, so wird Otto III. – Sohn eines
sächsischen Kaisers und einer byzantinischen Prinzessin –
thronend in der im allgemeinen nur Christus vorbehaltenen
Mandorla dargestellt, wobei ihm die Hand Gottvaters die
Krone aufs Haupt setzt.

Nachdem Religion und Gesetz aufs engste miteinander
verbunden waren, stellte die religiöse Einheit eine unver-
zichtbare Voraussetzung für die Einheit des Rechts dar. In
Spanien erleichterte die Übernahme des katholischen Glaubens durch Rekkared die Vereinheitlichung des Rechts der
germanischen Invasoren und der früheren Besiedler der Iberischen Halbinsel. In Island entschied das örtliche Parlament,
daß das Nebeneinander von zwei verschiedenen Gesetzen ein
Unding sei, und forderte deshalb die «Heiden» aus eminent
praktischen Gründen zur Übernahme des christlichen Glaubens auf.

Dies alles erklärt, weshalb die konvertierten Herrscher die
ersten waren, die alles daransetzten – mit welchen Mitteln
auch immer –, Anhänger für den neuen Glauben zu gewinnen. Das in Jelling in Dänemark errichtete Runendenkmal
bezeugt, daß es König Harald war, der «die Dänen zu Chri-

sten» machte, und ein skandinavisches Poem besagt, daß
König Olaf von Norwegen «fünf Länder christlich» machte,
wobei er allerdings «sein Schild mit Blut besudeln» mußte.
Als Chlodwig den christlichen Glauben annahm – welcher
Religion er vorher anhing, wissen wir nicht –, schloß sich
ihm der größte Teil der fränkischen Soldaten an.

Für die christlichen Großmächte – Byzanz, das Papsttum
und das Karolingerreich – schuf die Vermittlerrolle bei der
Konversion eines Volkes gleichzeitig auch die Voraussetzung
für dessen politische Kontrolle: Durch die Ernennung der
Bischöfe wurden unauflösliche kirchliche Bande geknüpft.
Hierin liegen denn auch die Ursachen für die später auftretenden Auseinandersetzungen. Als Fürst Rostislaw von
Mähren im Jahr 860 Byzanz um die Entsendung von Missio-
naren anrief, schickte man ihm die Brüder Methodios und
Konstantin (der später als Mönch den Namen Kyrillos annahm). Diese legten eine «slawische» Sprache fest, schufen
ein ihr angemessenes Alphabet – die Glagoliza, aus der sich
später das heute von uns ihm zu Ehren als kyrillisch bezeichnete Alphabet entwickelte – und übersetzten verschiedene
kirchliche Texte. Die Missionierung scheiterte jedoch aufgrund des politischen Drucks der Franken.

Nachdem die beiden Brüder nach Rom zurückgerufen
worden waren, gab Papst Hadrian II. seine Zustimmung für
eine Liturgie in den verschiedenen Landessprachen und
schickte den slawischen Völkern Methodios als Legaten. In einer Zeit größter Rivalität mit der Kirche von Konstantinopel
und der des Frankenreichs versprach er sich hiervon die
Gewinnung neuer Anhänger; seine fränkischen Widersacher
jedoch warfen Methodios kurzerhand ins Gefängnis, be-
drohte er doch das Einflußgebiet der eigenen Missionstätigkeit, und verboten den Gebrauch der slawischen Liturgie.
Nach Methodios’ Tod sahen sich die Päpste angesichts des
von den Franken ausgeübten Drucks und der enttäuschend
mager gebliebenen Ergebnisse ihrer eigenen Missionstätigkeit dazu veranlaßt, die von diesem ausgebildeten Priester
fallenzulassen – sie wurden ins Gefängnis geworfen oder als
Sklaven verkauft – und den Gebrauch der slawischen Liturgie (im Gegensatz zur Ostkirche) zu verurteilen. Als Argu-

ment wurde hierbei ins Feld geführt, daß das Wort Gottes nur in die drei Sprachen übersetzt werden durfte, die als Inschrift auf dem Kreuz Christi standen, also nur ins Lateinische, Griechische und Hebräische.

Das Ergebnis dieses Kirchenkampfes war ein «slawisches» Europa, das selbst heute noch von religiös-kulturellen Grenzen zerschnitten wird: hier Kroaten und Polen mit katholischer Religion und lateinischer Schrift, dort Serben, Bulgaren und Russen mit griechischer Religion und kyrillischer Schrift. Für die einzelnen Volksgruppen konkret bedeutete dieser Umstand jedoch weit mehr als eine bloße religiöse Option: es war das Eingebundensein in «ein gemeinsames Denk- und Ausdrucksmodell».

Konnten die heidnischen Völker nicht friedlich «bekehrt» werden, blieb immer noch die Möglichkeit eines «heiligen Krieges». Angesichts der Feindseligkeit der Sachsen, durch die Karl der Große sich herausgefordert fühlte, entschloß er sich, diese niederzuwerfen und sie mit solch apostolischen Methoden wie der gleichzeitigen Enthauptung von viertausendfünfhundert Männern oder durch den Erlaß eines Gesetzes, das jede Ablehnung der christlichen Taufe mit dem Tode bestrafte, zur Übernahme des christlichen Glaubens zu zwingen. Sein Vorgehen sollte später Schule machen, bot es doch zusätzlich den Vorteil, daß man sich so auf Kosten der Bekehrten einen Großteil ihrer Ländereien aneignen konnte. Die baltischen Slawen, die es verstanden hatten, ein gut organisiertes und prosperierendes gesellschaftliches System auszubauen, waren ein verlockendes Ziel für diese Art der Missionstätigkeit, und Gleiches galt dann auch weiter östlich im Hinblick auf Preußen, Litauen und Lettland. Im Baltikum wurde das Unterfangen der Evangelisierung von sächsischen Rittern in Szene gesetzt: Nach der mit Waffengewalt erfolgten Aneignung slawischer Ländereien ging die verbleibende Kleinarbeit – die Bestellung der Felder und die «Besänftigung» der ihrer Habe Beraubten – auf die klugerweise mitgeführten Bauern und Priester über. In der Folge nahm man dann mit Zustimmung des Papstes eine Eroberung großen Stils in Angriff. Eine ganze Reihe von Kreuzzügen des Nordens, 1147 von Sachsen und Dänen begonnen und vom

Deutschherrenorden später fortgesetzt, führten zur «Niederlage, der Taufe, einer militärischen Besetzung und teilweise auch zur Ausplünderung und Ausrottung» der baltischen Völker, die sich von nun an ihren Eroberern mit Leib und Seele ausgeliefert sahen.

Ein Vergleich der von drei verschiedenen Völkern ähnlicher ethnischer und kultureller Herkunft genommenen religiösen Entwicklung illustriert wohl am besten die politische Dimension dieser «Bekehrung». Die Bulgaren waren in zwei voneinander getrennte Volksgruppen unterteilt, von denen die eine ein Khanat an der Donau, die andere eine Niederlassung am Zusammenfluß von Wolga und Kama unterhielt. Zwischen beiden hatten sich am Ufer des Schwarzen Meers ihre chazarischen «Vettern» etabliert.

Im Jahr 863 trat Boris, der Herrscher der Donaubulgaren, zum Christentum über. Während die Franken und der Papst ihm sogleich eilfertig Bischöfe und Missionare zur Verfügung stellten, wartete Byzanz mit dem viel schlagkräftigeren Argument eines militärischen Einmarsches auf und konnte Boris so vom orientalischen Ritus überzeugen, womit die Übernahme der von Kyrillos und Methodios entwickelten slawischen Schrift, Sprache und Liturgie gewährleistet war. Die Annahme dieser Sprache förderte eine Verschmelzung der «römischen» und slawischen Siedler mit der kleinen, aber dominierenden Gruppe der Bulgaren mit einer dem Türkischen nahestehenden Sprache, mit denen jene sich bislang auf Griechisch verständigt hatten, und durch die Übernahme des Christentums konnte Boris seinen Machteinfluß auf die Bojaren festigen.

Ebenfalls um die Agglutination einer Bevölkerung sehr verschiedener Herkunft bemüht, vor allem aber auch auf der Suche nach einem Bundesgenossen gegen die ihn bedrohenden Chazaren, war es dann ein halbes Jahrhundert später der Herrscher der Wolgabulgaren, der den Glauben wechselte und zum Islam übertrat. Er verband sich hierbei mit dem Kalifat von Bagdad, das aufgrund seiner geographischen Lage die einzige Großmacht war, von der er sich vernünftigerweise eine gewisse Unterstützung erwarten konnte. Abu Hamid, ein granadinischer Reisender, der Mitte des 12. Jahrhunderts diese Ländereien durchstreifte, erfuhr dort von einer alten Legende, nach der auf seiten der zum Islam übergetretenen Bulgaren bei einem Angriff der Chazaren «hünenhafte, auf weißen Pferden reitende Männergestalten» kämpften und ihnen zum Sieg verhalfen: es waren «die Truppen Gottes».

Die Chazaren hingegen hatten an den Ufern des Dons und der Wolga einen reichen, machtvollen Staat errichtet, in dessen Handelsstädten Menschen aller Rassen und Kulturen anzutreffen waren. Ihren Wohlstand verdankten sie dem Umstand, daß sie die Handelswege kontrollierten, über die das Silber des Kalifats gegen die von den Warägern aus dem hohen Norden angelieferten Waren getauscht wurde. Die Notwendigkeit eines friedlichen Zusammenlebens der so bunt zusammengewürfelten Stadtbevölkerung erklärt die Toleranz der dem Judentum anhängenden Chazaren-Herrscher, die jedoch die verschiedenen Religionen ihrer Untertanen voll respektierten und in diesem Sinne sogar sieben Richter eingesetzt hatten, die dann jeweils den religiösen Traditionen der einzelnen Gruppen entsprechend Recht sprachen. Hier gab es also keine «Konversion» im Sinne einer offiziellen Übernahme der einen oder anderen Religion.

Im Gegensatz zur gängigen Ansicht können die Ausgangselemente einer mittelalterlichen Synthese aber auch nicht auf die Summe und Verschmelzung der verschiedenen Beiträge der römischen, germanischen und christlichen Kultur reduziert werden. Eine solche Einschätzung läßt nicht nur die große Bedeutung der nun wieder auflebenden ethnischen Substrate außer acht – das Erbe der vorklassischen Kulturen –, sie vergißt ebenso den überaus fruchtbaren Austausch zwischen verschiedenen europäischen Kulturen (so zum Beispiel zwischen Normannen und Kelten) und das reiche Vermächtnis dessen, was wir besonders durch die Vermittlung des Islams von asiatischer Wissenschaft und Technik übernehmen konnten. Wie wichtig im Mittelalter gerade dieser Aspekt war, ergibt sich allein schon aus der Tatsache, daß das Arabische bis zu der in der Renaissance und der Reformationszeit geförderten Übertragung klassischer Werke und Schriften die meistübersetzte Sprache der Welt war.

Das eurozentrische Vorurteil, das die islamische Wissenschaft auf eine bloße «Übersetzung» der alten griechischen
Wissenschaft reduziert, vergißt, daß die hellenistische Kultur
ausgesprochen mischrassigen Charakters war, in der griechische und orientalische Elemente miteinander verschmolzen
und an der die Araber seit undenklichen Zeiten teilhatten. Im
Nahen Osten – wo die vom orthodoxen Christentum verurteilten «heidnischen» Wissenschaften überleben konnten und
sich, wie es al-Farabi ausdrückt, «im Geheimen bis zur Ankunft des Islams hielten» – kam es vom 8. bis zum. 10. Jahrhundert zu einer systematischen Übersetzungsarbeit der verschiedensten Werke griechischer Herkunft. Diese Tätigkeit
oblag vor allem den nestorianischen Christen syrischer Sprache, die die arabischen Texte auf Grundlage der griechischen
Originale und vieler als Ergebnis einer bereits früher bestehenden Symbiose zwischen diesen beiden Kulturen vorhan-
dener syrischer Übersetzungen erstellten.

Darüber hinaus gibt es jedoch noch zahlreiche weitere
Einflüsse, die nichts mit Griechenland oder mit der hellenistischen Kultur zu tun haben und uns direkt von den Ara-
bern vermittelt wurden: neue Feldfrüchte, leistungsstärkere
Bewässerungssysteme, das Papier (billiger als Papyros oder
Pergament und deshalb ausschlaggebend für eine wachsende
Verbreitung geschriebener Texte) und eine ganze Reihe von
technischen und wissenschaftlichen Erkenntnissen, unter denen vor allem auf das noch heute von uns benützte indische
Zahlensystem zu verweisen ist, das ein Wissenschaftler unserer Zeit als «die glücklichste Erfindung, die je auf diesem
Planeten gemacht wurde» herausgestellt hat. Die von diesem System verwendeten Ziffern – wir nennen sie bezeichnenderweise immer noch «arabische Ziffern» – erreichten
uns über die abendländischen Mohammedaner unter Vermittlung der katalanischen Klöster des 10. Jahrhunderts, in
denen sich Gerbert d'Aurillac mit ihnen vertraut machen
konnte. Ohne sie wäre die Entwicklung der modernen Wissenschaft sicher unwahrscheinlich viel schwerer gewesen.

Ein allen kulturellen Strömungen offenstehendes Europa
war damals idealer Nährboden für das Heranwachsen neuer
Gedanken. Die fehlgeschlagenen Versuche einer Neubele-

bung des Römischen Reichs – vom Osten durch Justinian, im Westen durch Karl den Großen – und der Mißerfolg, den die Kirche von Rom bei der Durchsetzung ihrer strikten Denk- und Verhaltensnormen hinnehmen mußte, förderten das Aufkommen von Zonen der Kommunikation und des Austausches – von Waren, Menschen und Ideen –, in denen eine im bodenständigen Substrat verwurzelte, dabei aber im Hinblick auf äußere Einflüsse außerordentlich aufnahmefreudige und integrationsfähige Kultur heranreifen konnte: eine Kultur, die weder griechisch noch römisch, sondern ganz ureigentlich europäisch war.

Es war dies wahrlich keine dunkle Zeit des Stillstands. Das Konzept einer mittelalterlichen Stagnation steht im vollen Widerspruch zu der mehr als offensichtlichen Tatsache, daß sich die Bevölkerung des Kontinents in diesem Jahrtausend verdoppelte, ja verdreifachte, daß der Ackerbau in die Länder nördlich der Alpen vorstieß und daß es dort auch immer mehr Städte gab. Im Zuge dieses Bevölkerungswachstums und eines deutlichen Anstiegs der landwirtschaftlichen Produktion kommt es nun zu einem beachtlichen Aufschwung des Tauschhandels. Diese «kommerzielle Revolution des Mittelalters» war ein so neuartiges, so überraschendes Phänomen, daß verschiedene Autoren vom «explosiven Charakter des sich im 11. Jahrhundert abspielenden wirtschaftlichen Wandels» sprechen zu können glauben. Mit der Ausweitung des Tauschhandels geht ferner eine «Revolution» des Gewerbes einher, die sich durch den Einsatz des Wasserrads (spätestens ab dem 10. Jahrhundert), die Einführung des waagerechten Webstuhls und die Verbreitung des Spinnrads vor allem auf die Wollweberei auswirkte, bei der die Mann/Stunden-Produktion allem Anschein nach vervierfacht werden konnte. Der wachsende Reichtum der Hersteller führte schließlich dazu, daß diese sich in bestimmten Organisationen zusammentaten (im Textilgewerbe traten die ersten Zünfte bereits im 12. und 13. Jahrhundert in Erscheinung) und daß die Lohnarbeit immer weiter um sich griff.

Es wird ferner davon ausgegangen, daß es sich um eine Zeit kultureller Erneuerung handelte, der «eine rationalisti-

schere Auffassung des göttlichen Wirkens in der Natur»
entsprang. Hiermit in Verbindung steht, gestützt auf den Gebrauch des Abakus (ab dem 10. Jahrhundert) und die Verbreitung der arabischen Ziffern (ab Mitte des 12. Jahrhunderts), das «Aufkommen eines arithmetischen Denkens»
und «die Entdeckung der Entdeckung»: eine neue Einstellung gegenüber der Technologie, die dazu beitrug, daß die
Entdeckung nicht länger als eine vereinzelte Tat gewertet
wird, sondern zum ersten Mal in der Geschichte der
Menschheit als ein von allen getragenes Unternehmen gilt.

Worauf ist diese Folge von «Revolutionen» zurückzuführen? Am Anfang steht ohne jeden Zweifel der durch die landwirtschaftliche Produktion erzielte Fortschritt, der das de-
mographische Wachstum überhaupt erst möglich machte.
Wo aber liegen hierfür die Gründe? Bedingt durch den Charakter der schriftlichen Urkunden, die vor allem die Interessen der Oberschicht und der vermögenden Stände zum Ausdruck bringen, haben sich die Historiker vorwiegend mit
dem institutionellen Rahmen befaßt, dem sich dieser Fortschritt im Bereich der Landwirtschaft verdankt. Hier die verschiedenen Vorschläge einer möglichen Erklärung aufzeigen
zu wollen, würde zu weit führen. Erschwerend kommt außerdem hinzu, daß nicht eine dieser vorgebrachten Interpretationen für Westeuropa als Ganzes zu gelten scheint, sondern daß vielmehr von einer nach «Regionen» aufgeglieder-
ten Diversifizierung auszugehen ist: Von Galicien bis ins
Rhône-Tal ginge so die Initiative vor allem von den Klein-
bauern und deren «Kampf ums Überleben», deren «Hoffnung auf Befreiung» aus; andernorts hingegen hätten die
Herren von ihren Burgen und Schlössern aus den Anstoß geliefert, dank des «Zweifeldersystems», das die Bewirtschaftung der herrschaftlichen Güter und die Arbeit der Bauern
auf den ihnen abgetretenen Ländern miteinander verband.

Um die Jahrtausendwende – deren vermeintliche Schrek-
ken offensichtlich nur in der Phantasie der Autoren existieren, die Jahrhunderte später darüber schreiben – sind die
Auswirkungen dieses Fortschritts bereits offenkundig. In
dieser Zeit vollzog sich innerhalb der europäischen Gesellschaft «eine fundamentale Mutation: das Aufkommen des

Feudalwesens», das seine soziale Legitimation aus einer formellen Dreiteilung der Gesellschaft ableitete beziehungsweise einer Untergliederung in drei «Ordnungen» oder
«Stände»: den Stand der Betenden, den Stand der das System Verteidigenden und, zahlenmäßig am stärksten, den
Stand derer, die mit ihrer Arbeit den Unterhalt Aller gewährleisten. Jedem Stand oblagen jeweils spezifische und öffentlich notwendige Funktionen. (Eine wohl realistischere,
einem aristokratischen Publikum zugedachte Auffassung
verglich die Gesellschaft mit einem Schachspiel, bei dem die
Figuren lediglich in zwei Kategorien unterteilt sind: in
Adlige und Läufer.)

Eine Forschungsarbeit jüngeren Datums bringt all diese
Ereignisse um das Jahr 1000 mit einer Revolution in Verbindung, mit einem globalen Bruch, der sich binnen weniger
Jahre vollzog und als eine «europäische Tatsache» gesehen
werden muß. Als Folgen werden das Aufkommen neuer
Formen der Bewirtschaftung im Rahmen des Lehenswesens,
neue Ausprägungen einer auf persönlichen Bindungen beruhenden politischen Kontrolle, eine zu einem Aufschwung
der Wirtschaft führende Arbeitsteilung zwischen Land und
Stadt und, als Antwort auf eine zunehmende Gewalttätigkeit
der Ritter, das Eingreifen der Kirche mit ihrer Bewegung
des «Gottesfriedens» genannt. «Dreißig, vierzig Jahre lang
andauernde Wirren; dies war der Preis, der für die ‹Geburt
der Feudalgesellschaft› gezahlt werden mußte.»

Ist hier vom Feudalwesen und der Ritterschaft die Rede,
beziehen wir uns auf einen Komplex, der zahlreiche und ver-
schiedenartige Aspekte in sich birgt. Duby zufolge geht es
im wesentlichen um zwei Gesichtspunkte: den politischen,
der sich aus einer Auflösung der Herrschermacht ergibt, und
den territorialen, der ein Netzwerk von Abhängigkeiten zur
Folge hat, in das «alle Ländereien und über diese alle sie im
Besitz Habenden» eingewoben sind.

Die Macht der Ritterschaft beruhte auf deren militärischer
Schlagkraft, die wiederum eine Folge der Waffen- und
Kriegstechnik war. Der soziale Aufstieg der Ritter in der
Anfangsphase verdankt sich somit der eindeutigen Über-
legenheit des berittenen Kriegers gegenüber der zu Fuß

kämpfenden Truppe und der Tatsache, daß ihnen schon früh Ländereien verliehen wurden, um ihr Auskommen und den Unterhalt ihrer Pferde zu bestreiten. Später jedoch wird die Ritterburg zur höchsten Ausdrucksform des Feudalwesens in seiner typisch zweischneidigen Ausprägung. Ein Geschichtsschreiber des 12. Jahrhunderts hat – angesichts der von Burgen übersäten englischen Landschaft – ihre Funktion in unübertrefflicher Weise bloßgestellt: «Jede von ihnen verteidigte ihr Land, oder, um die Wahrheit zu sagen, plünderte es aus.»

Je mehr es üblich wurde, Bogenschützen in den kriegerischen Auseinandersetzungen in Stellung zu bringen – deren «gegen Christen» gerichteten Einsatz die Kirche auf den Synoden von 1139 und 1215 zu verbieten suchte –, desto mehr sahen sich die Ritter genötigt, ihre Rüstungen zu verstärken (zwischen 1250 und 1350 erfolgt der Übergang vom leichten Kettenhemd zum schweren Harnisch); die wachsende Zahl von Burgen jedoch – durch die der Krieg nunmehr «zu einem Prozent aus Schlachten und zu 99 Prozent aus Belagerungen» bestand – verminderte ihre strategische Bedeutung (der Ritter wurde zum Burgherrn), und die individuell bedienten Schußwaffen schließlich machten die Burg so gut wie unnütz. Als sie sich ihres beginnenden Abstiegs bewußt wurden, suchten die Ritter verstärkt nach Gründen, um ihren Stand zu rechtfertigen: sie schufen sich eine Ideologie, die ihre gesellschaftliche Funktion gegenüber ihrer militärischen Schlagkraft betonte. So entstand der Mythos vom Rittertum als einer Vermischung von adligen und kirchlichen Wertvorstellungen, ein Mythos, den die spätere europäische Gesellschaft nur allzu gern beibehielt, bot er ihr doch das ideale Vorbild für eine von einer höheren Minderheit ausgehende Beherrschung der «Massen».

Der zweite für den Charakter des Feudalismus wichtige Aspekt, nämlich die Art und Weise, wie das Land und diejenigen, die das Land bestellten, in ein System von Abhängigkeiten eingegliedert werden konnten, ist schwieriger darzustellen. An die Stelle der römischen Latifundien- und Sklavenwirtschaft waren nach und nach der kleinbäuerliche Eigenbetrieb und ein gewisses Klima der Freiheit getreten.

Wie und weshalb also nun diese Rückkehr zu einer neuen Form der Unterdrückung, zur Leibeigenschaft? Bei der Beantwortung dieser Frage stoßen wir auf das Nebeneinander von verschiedenen strategischen Maßnahmen, die keineswegs in einer auf wenige Jahre beschränkten, linear verlaufenden «Revolution», sondern angepaßt an die jeweiligen sozialen Gegebenheiten sich in lang anhaltenden und durchaus komplexen Prozessen durchzusetzen vermochten.

Eine konkrete Untersuchung zeigt uns, wie sich einige dieser Veränderungen im 11. und 12. Jahrhundert in einem katalanischen Ort abspielten: Dort, wo es einst freie Bauern als vollberechtigte Eigentümer ihres Allodialguts gab, gewann nach und nach eine Familie die Oberhand, die Besitzungen anhäufte, gräfliche Rechte auf den Ort erwarb, sich dort in einer Burg niederließ und «sich aufgrund ihrer militärischen Sonderstellung und ihrer Lebensführung deutlich von der übrigen Bevölkerung unterschied».

Diese Familie gründete dann ein Kloster, dem sie einen Teil ihrer Rechte übertrug, und dieses Kloster wiederum erweiterte nach und nach seinen Besitzstand durch diverse Schenkungen, aber auch durch die käufliche Übernahme von Ländereien, die von den wirtschaftlich erschöpften und durch die willkürlichen Forderungen seitens der Burgherren noch mehr geschwächten Bauern aus reiner Not heraus veräußert werden mußten. Einerseits kam es so zur Ausbildung persönlicher grundherrlicher Beziehungen, die als solche neue Formen der Knechtschaft zur Folge hatten, andererseits verstärkte aber auch das Kloster seinen Einfluß auf die Bevölkerung, indem es diese durch neue Bestattungsriten zu immer weiteren Spenden veranlaßte. Auf diese Weise verschwindet in einem kleinen Dorf fernab jeder großen Machtinstanz die einstige Freiheit der Bauern, und die an ihrer Stelle auftauchende Gesellschaft mit ihrem Dreiständeprinzip zeigt im Grunde genommen eine viel einfachere Wirklichkeit auf: die Trennung zwischen den Reichen und Mächtigen zum einen und den Armen und Ohnmächtigen zum andern. Erklärungen dieser Art – die allerdings nur dann zu einem einheitlichen Modell zusammengefügt werden können, wenn uns eine genügend große Zahl von Vergleichs-

fällen vorliegt – führen uns meiner Meinung nach näher an
die Tatsachen heran als alle vereinfachenden Denkschemata.

Dieses große Ziel der Unterjochung der europäischen
Landbevölkerung hätte allerdings kaum ohne die Unterstützung seitens der Kirche erreicht werden können. Wir befinden uns im Zeitalter der «gregorianischen Reform», so genannt nach Gregor VII., der von 1073 bis 1085 als Papst
wirkte. Ihren Anfang nahm diese Reformbewegung durch
Einwirkung auf den Klerus in der Kirche selbst. Ihr Haupt-
anliegen richtete sich auf die Beseitigung der Simonie, des
geistlichen Ämterkaufs (wobei es in Wirklichkeit darum
ging, die Verleihung dieser Ämter den Grundherren und
Fürsten zu entziehen), und die Durchsetzung des Zölibats
(konkret galt es, den Erbanspruch der klerikalen Nachkommenschaft an kirchlichen Gütern, ja an der Kirche ihres
Vaters selbst auszuschalten; die Synode von Paris sprach
sich 1074 allerdings gegen diese Regelung aus, da sie das
Zölibat als der menschlichen Natur zuwiderlaufend ein-
stufte).

Über die Schaffung eines Kardinalskollegiums und die
Abhaltung von Konzilien, auf denen die Bischöfe mit dem
Papst zusammentrafen, um weltweit für alle Gläubigen ver-
bindliche Beschlüsse abzufassen, wurden diese Maßnahmen
zur Kontrolle der Geistlichkeit durch eine deutliche Stärkung der Vormachtstellung des Papstes innerhalb der Kirche
weiter ergänzt. Im *Dictatus Papae* kam so zum Ausdruck, daß
der Papst über den Synoden steht, daß er zur persönlichen
Absetzung der Bischöfe befugt ist und daß keine Instanz ihn
richten kann. Nicht umsonst wird dieses Zeitalter als die
Epoche der «päpstlichen Monarchie» bezeichnet.

Die weittragendsten Auswirkungen dieser Kirchenreform
waren wohl aber die Bestrebungen im Sinne einer «Klerikali-
sierung» der Kirche. Zum einen wollte man hierdurch den
Einfluß der Laien beschränken, zum anderen ging es aber
auch um eine weitgehende Überwachung des alltäglichen
Lebens der Gläubigen. Zuständige Kontrollinstanz war hierbei die zum Mittelpunkt des christlichen Daseins erhobene
Pfarrgemeinde, die sich durch die ihr unterstehenden Bruderschaften in ihrer Bedeutung aufs neue gestärkt sah. Eine

so immer weiter «institutionalisierte» und immer tiefer in «weltliche» Angelegenheiten verflochtene Kirche rief bei vielen Christen ein Gefühl der Enttäuschung und des Mißbehagens hervor, das später dann zur Entstehung neuer Häresien führen sollte.

Die Überwachung der Gläubigen wurde ferner durch neue und weit restriktivere Normen zur Regelung von Ehe und Sexualität verstärkt. Es kam so zu weiteren Beschränkungen einer ehelichen Verbindung zwischen Verwandten, aber auch zu ernsthaften Versuchen, die in Adelskreisen gepflegte Polygamie abzuschaffen, da ja gerade hier die aus opportunistischen Gründen erfolgende Verstoßung mit anschließender Wiedervermählung gang und gäbe war.

Das Verhältnis der Kirche zu den weltlichen Machtinstanzen war komplex. Mit dem Argument, die politische Macht werde nicht direkt von Gott, sondern vom Papst als Vermittler erteilt, versuchte die Kirche zunächst, ihre absolute Vormachtstellung durchzusetzen, stieß dabei jedoch auf den Widerstand von Herrschern und Magnaten. Und als sie sich dann in einer Zeit der Wirren und der sozialen Unsicherheit im «Gottesfrieden» an die Seite der breiten Volksmassen zur Abwehr der Übergriffe seitens des Adels stellen wollte, schreckten die Kirchenfürsten schließlich vor der immer resoluter und selbständiger werdenden Haltung der Bauern zurück und bauten erneut ihre Allianz mit dem Adel auf. Die Kirche segnete die Übergabe der Waffen an die Ritterschaft und förderte die Schaffung von parallel zu kirchlichen Vereinigungen bestehenden «militärischen Orden».

Unsere bisherigen Ausführungen beschreiben indes nur den geschichtlichen Ablauf: wie es zu einer kirchlichen und (in einer untereinander verketteten Reihe von Herrschern und Grundherren aufgespalteten) weltlichen Vorherrschaft der Mächte im ganzen christlichen Europa kommen konnte. Der Impuls, der das mittelalterliche Wachstum auslöste, hat hiermit wenig zu tun. Zunächst einmal scheinen die tiefen Gründe dieser Expansion gerade in den ersten Jahrhunderten – der traditionellen Auffassung nach den dunkelsten – dieses Zeitabschnitts zu suchen zu sein. Jüngsten archäologischen Erkenntnissen zufolge ergibt sich für die Zeit zwischen 600 und 1000 n. Chr. ein vollkommen neues Bild mit einem bereits im 7. Jahrhundert – also noch vor dem Feudalismus – einsetzenden landwirtschaftlichen Wachstum.

Zur Erklärung dieses Umstands muß die herkömmliche Geschichtsauffassung, der es vor allem auf die bestehenden Besitzverhältnisse und die Verteilung des erwirtschafteten Gewinns ankommt, durch ein «von unten her» aufgenommenes und somit der Arbeit des Menschen näherstehendes Bild ergänzt werden. Von diesem Blickwinkel aus erkennen wir, daß am Anfang der landwirtschaftlichen Expansion des Mittelalters die Einführung neuer, von den Bauern gemeinschaftlich verwalteter Anbauformen steht: die Aufteilung der Gemarkung in Brachschläge, wodurch die Felder nach Einbringung der Ernte offengelassen und als Weideland für das Vieh herangezogen werden konnten. Im Vergleich zur Einzelbewirtschaftung stellte dieses System einen beachtlichen Fortschritt dar. Neben intensiveren Anbaumethoden und einer maximalen Ausnützung des vorhandenen Ackerlandes (bei dem nun auch bei günstigen klimatischen Voraussetzungen von einer Zweifelder- auf eine Dreifelderwirtschaft übergegangen werden konnte) stand jetzt auch gemeinsam genutztes Weideland für den bescheidenen Viehbestand der einzelnen Bauern zur Verfügung, wodurch unter anderem die Felder entsprechend gedüngt wurden. Weitere sich hieraus ableitende Vorteile waren eine gesteigerte Wollproduktion für das Textilgewerbe und die Aufzucht zugstärkerer Rindersorten, so wie man sie in weiten Teilen nördlich der Alpen für die bodenbedingt schwereren Pflüge brauchte. (Erst später, bei fortschreitender Vermarktung der landwirtschaftlichen Produktion, sollten die Ochsen dann im allgemeinen durch Pferde ersetzt werden.)

Dieses Wachstum erfolgte im Kontext eines sich in vielerlei Hinsicht verändernden Europas. Von Dublin bis Kiew gab es in der Zeit zwischen 700 und 1000 bereits zahlreiche Städte, in denen Handel und Gewerbe voll im Zeichen des Fernhandels standen. Bislang galt das Interesse der Archäologen nun insbesondere der Beziehung zwischen diesem Handel und dem Ankauf von «Luxusgütern» für die örtliche Oberschicht, anhand deren sich die Ausbildung sozialer Unterschiede und einer nach Macht und Reichtum gestaffelten Hierarchie als erste Anzeichen eines Übergangs vom Volksstamm zum Staat nachweisen läßt. Der Erwerb dieser Art von Luxusgütern setzt jedoch voraus, daß die sie verbrauchende Gesellschaft ihrerseits über ähnliche tauschbare Waren verfügt. Und dies wiederum impliziert das Bestehen eines Binnenmarktes und somit die Existenz einer bestimmten Wechselbeziehung zwischen den verschiedenen Tätigkeiten innerhalb dieser Gesellschaft.

Versuchen wir, eine Karte der europäischen Städte um das Jahr 1000 zu erstellen, so sehen wir, daß die größte urbane Dichte erwartungsgemäß nicht nur in Frankreich und Italien zu verzeichnen ist, sondern ebenso auch in gewissen Grenzgebieten wie etwa in Deutschland, Bulgarien, der Iberischen Halbinsel oder in Rußland. Die meisten Städte gruppierten sich in Gegenden, in denen es bereits einen zentralen Siedlungskern größeren Ausmaßes gab, von wo aus sich gemeinhin der Fernhandel entwickelte, und der von einer Reihe von Orten zweiter, dritter und vierter Ordnung umgeben war. Mit dieser «Hauptstadt» (aufgrund der lukrativen Steuereinnahmen aus dem Handelsverkehr gewöhnlich auch Sitz der politischen Macht) bildeten sie dann ein zusammenhängendes Ganzes. Das Europa des Jahres 1300 stellt sich uns aufgeteilt in «Regionen» dar, die die spätere Aufgliederung in nationale Bereiche vorwegnehmen.

Im Gegensatz zu den einer politischen Zentralmacht unterworfenen alten Königreichen, die im Lauf der Zeit dahinschwanden und kaum mehr als die zerfallenden Reste ihrer Paläste und Festungen hinterließen, war das, was diese urbanen Strukturen nun auszeichnete und ihnen einen so erstaunlich langen Bestand verlieh, gerade aber die Artikulation der einzelnen Tätigkeiten, wodurch Bande zwischenmenschlicher Solidarität geknüpft und das Fundament für eine zukünftige Kultur- und Sprachgemeinschaft gelegt wurde. Das mittelalterliche Europa kannte keine großen «Metropolen», wie sie beispielsweise in der Blütezeit des Römischen Reiches bestanden – unter Augustus hatte Rom vermutlich mehr als eine Million Einwohner –, oder etwa um die gleiche Zeit in der islamischen Welt, in China und auch im südöst-

lichen Asien, wo ein beträchtlicher Anteil der erforderlichen
Lebensmittel über den internationalen Handel bezogen werden mußte (die 200 000 Einwohner der Stadt Malakka in Ma-
laysien hingen um das Jahr 1550 zum Beispiel vom Reis ab,
der ihnen über das Meer von Siam, Pegu und Java geliefert
wurde). Die europäischen Städte waren jedoch im Gegensatz zu denen der asiatischen Reiche fest in ihrem Umfeld
verwurzelt und gaben Ansporn für weiteres Wachstum.

Artikulation bedeutet gegenseitige Abhängigkeit, bedeutet Wechselbeziehung zwischen den einzelnen Städten innerhalb eines bestimmten regionalen Raums (zwischen Fernhandel und handwerklicher Produktion), ebenso aber auch
zwischen Land und Stadt. Städtisches Wachstum und landwirtschaftlicher Fortschritt gehen Hand in Hand und erlauben eine erste Ausbildung von Binnenmärkten, die nicht nur
die Kontinuität des wirtschaftlichen Wohlstands sichern, sondern auch «protonationale» Solidarität unter den Menschen
zur Folge haben.

Dies alles muß als Ergebnis einer ununterbrochen anhaltenden Entwicklung gesehen werden. Anstelle der «Revolution des Jahres 1000» hätten wir so also eine sich über Jahrhunderte hinziehende mittelalterliche Evolution. Nicht so
sehr die großen sozialen Veränderungen als solche, sondern
mehr ihre Auswirkungen wären folglich die «Ursache» des
wirtschaftlichen Wachstums: d. h. die von den Feudalherren
(und von der teilweise gleiche Interessen vertretenden Kirche) verfolgte Strategie, eine Bauernschaft, die zunehmend
emanzipiert und wohlhabend geworden war, zu zähmen,
mit dem Ziel, sie erneut zu unterwerfen, um den Gewinn
aus deren höheren Produktionsleistungen abzuschöpfen.
Selbst wenn man davon ausgehen muß, daß die Vorgehens-
weise von Ort zu Ort – je nach Lage und Umständen – sich
unterschied, liegt darin schon der Beweise für den Response-
Charakter der Entwicklung des Feudalwesens: mehr Reaktion als Revolution.

Wenn wir eine Erklärung für die erzielten Fortschritte
geben wollen, müssen wir tiefer schürfen, dürfen wir nicht
so sehr den schriftlichen Urkunden vertrauen, in denen das
gemeinsame Zusammenwirken der Menschen nur ver-

schwommen zutage tritt. Das aber ist nur mit Unterstützung der Archäologie und der sogenannten historischen
Anthropologie möglich. Diese Wissenschaften müssen uns
helfen, ein zutreffenderes Bild der Geschichte des mittelalterlichen Menschen in Europa zu rekonstruieren. Denn der de-
formierende Spiegel, der feudale Spiegel des Rittertums, hat
lediglich dazu gedient, uns die führende Rolle der «Massen»
– der Männer und Frauen des grauen Alltags – zu verheim-
lichen.

Viertes Kapitel

Der Spiegel des Teufels

Ist vom großen Erwachen des Jahres 1000 die Rede, wird oft vergessen, daß diese Zeit ja auch eine Epoche sozialer und religiöser Konflikte war, die zur Ausbildung fester Grenzen führte: Grenzen nach außen hin, die Europa von den Moslems und den Anhängern der Ostkirche trennen sollten, ebenso aber auch innere Grenzen, durch die ein beachtlicher Teil der europäischen Gesellschaft selbst ins soziale Randfeld abgedrängt wurde. Diese Abkapselung Europas hing mit dem Auftauchen eines neuen Konzepts des «anderen» zusammen, den es aufgrund seines Andersseins auszuschließen und zu bekämpfen galt. Eines «anderen», der nun nicht mehr der «Barbar» oder der «Heide» war, sondern der «Ketzer» und der «Ungläubige» – zwei verschiedene Ausprägungen, hinter denen sich ein gemeinsames Antlitz verbarg: das des Teufels. Seinen konkreten Ausdruck sollte der Kampf gegen die Anhänger des Teufels in den Kreuzzügen und der Inquisition finden, unter systematischem Einsatz der Folter und konsequenter Durchsetzung bestimmter Normen zur Absonderung dieser Minoritäten.

Nun ist es allerdings nicht nur die Kirche, die die Bewegung der Kreuzzüge lenkt und anregt; vielmehr besteht zwischen Adel und Klerus eine gewisse Allianz, eine «Übereinstimmung geistiger wie materieller Interessen», aufgrund derer man sich Balduin von Flandern zufolge größter «zeitlicher wie ewiger» Schätze bemächtigen kann.

Der Islam war der erste Feind, gegen den zum Kreuzzug aufgerufen wurde. Die Beziehungen zwischen Christen und Moslems, die keineswegs immer im Zeichen einer totalen Konfrontation gestanden hatten, stellten sich nun als ein kriegerisches Epos dar, das der gesamten mittelalterlichen Geschichte Europas einen neuen Sinn geben sollte (und zwar selbst um den Preis einer Verherrlichung an sich trivialer Zwischenfälle, wie etwa der sogenannten Schlacht bei Poitiers im Jahr 732, die im Grunde genommen kaum mehr als das Debakel einer Bande von Plünderern gewesen zu sein scheint).

Diese mythologisierende Auslegung des gegenseitigen Aufeinanderprallens von Christen und Moslems wurde von der islamischen Welt keineswegs geteilt. Auf arabischer Seite richtete man sich nicht nur nach anderen Rang- und Wertvorstellungen (mächtigster Herrscher der Welt war der Kalif; der Kaiser von Byzanz stand an fünfter Stelle, und die Königreiche des Abendlands wurden rangmäßig schon gar nicht mehr erfaßt), sondern man verhielt sich auch gegenüber den übrigen «Buchreligionen» (Christen und Juden, aber auch Masdeisten) relativ tolerant, solange deren Anhänger nur auf jeden Bekehrungseifer innerhalb der mohammedanischen Bevölkerung verzichteten. Während das Christentum den Islam so als eine «falsche Religion» und Mohammed als einen Abgesandten des Teufels verurteilt, spricht der Koran mit größter Hochachtung vom «Propheten Jesus», akzeptiert Marias jungfräuliche Empfängnis und erlaubt eine Duldung der «Buchvölker», vorausgesetzt, diese leisten Tribut und unterwerfen sich.

Für die Europäer war der Orient eine Welt voll von Wundern und unermeßlichen Reichtümern; die Moslems hingegen konnten im christlichen Europa kaum Bewundernswertes ausmachen und betrachteten es, nicht ohne Grund, als halbzivilisiert. Ibn Yubair fand Messina «voll übler Gerüche und schmutzigen Unrats», und nicht anders dachte Ibn Battuta von Konstantinopel, wo für ihn die Märkte «voller Abfall» waren, ja sich selbst viele Kirchen «nicht minder schmutzig» darboten und «nichts Gutes» zu bieten hatten. Aber nicht nur die Städte, sondern auch die Europäer selbst erschienen ihnen schmutzig, da sie sich doch einem arabischen Reisebericht zufolge «nur ein- bis zweimal im Jahr waschen oder baden» und auch «ihre Kleider nicht gelegentlich reinigen, sondern diese tragen, bis sie in Fetzen zerfallen». Die Christen ihrerseits waren sich ihrer Unterlegenheit durchaus bewußt. Ein bezeichnendes Selbstportrait malt uns der Autor der *Histoire anonyme de la Première Croisade,* in der der «Emir von Babylonien» ob seiner Schmach, von den

Christen – einem «wehrlosen, elenden Bettlervolk» – besiegt
worden zu sein, schier verzweifelt.

Die Überlegenheit der islamischen Welt beruhte auf einer
landwirtschaftlichen Revolution, dank derer eine Ausweitung der Anbauflächen und eine Intensivierung der Produktion ermöglicht worden war, und die auch zur Ausbildung
eines wohlhabenden städtischen Gewebes geführt hatte
(Bagdad und Córdoba waren die größten Städte ihrer Zeit).
Daneben entstand eine «Zivilisation des Textilgewerbes», als
deren Folge Merino-Schafe auf der Iberischen Halbinsel
einen Aufschwung der Wollproduktion auslösten, die Baumwolle in den Mittelmeerraum eingeführt und die Verbreitung der Seide gefördert wurde. (Die ersten Seidenraupen
wurden im 6. Jahrhundert von einem nestorianischen
Mönch aus Zentralasien nach Syrien eingebracht, und später
waren es dann auch gerade wieder die sich in Andalusien nie-
derlassenden Syrer, die diese dem abendländischen Klima
anpaßten.) Von Insulinde bis hin zur Iberischen Halbinsel
verbreitete sich der Islam innerhalb eines in sich geschlossenen Raums, in dem Menschen und Gedanken sich frei bewegen konnten. Und unter seinem Banner wuchs dort eine her-
ausragende, im Zeichen des Synkretismus stehende Kultur
heran, in der die Historiker wahrhaft universale Ansichten
verbreiten konnten, wie Al-Tabari oder, vier Jahrhunderte
später, Ibn Chaldun, welcher die Meinung vertrat, «Gegenstand der Geschichte müsse das Studium der menschlichen
Gesellschaft, will sagen, der weltweiten Zivilisation» sein.

Diese kulturelle Überlegenheit barg in sich die Fähigkeit
zur Assimilation. Wir können nicht leugnen, daß es dem
Islam mühelos gelungen ist, einen großen Teil der alten griechisch-römischen und christlichen Welt umzuwandeln, während sich die Mohammedaner einer Übernahme der christlichen Kultur standhaft zu widersetzen vermochten. Waren
es Mitte des 8. Jahrhunderts noch gerade zehn Prozent der
Einwohner dieses riesigen Reichs, die sich zum Islam bekehrt
hatten, so bedurfte es nur zweihundert weiterer Jahre, bis
sich der weitaus größte Teil der Bevölkerung dieser Religion
anschloß und eine einheitliche Kultur mit einer weltweit verstandenen Sprache geschaffen worden war.

Die Behauptung, diese Bekehrungen seien allein durch
Waffengewalt erzwungen worden, beruhen auf einem Vorurteil. Die Verbreitung des Islams verdankt sich vielmehr
der Fähigkeit, in der Bevölkerung ein Kollektivgefühl zu
entfachen und somit Stammesgruppen und «Völker, die
sonst in sehr zersplitterten und gespaltenen Gesellschaften
gelebt hätten», zu vorstaatlichen Gemeinwesen zu verschmelzen. Und muß uns allein schon die Problemlosigkeit
erstaunen, mit der die Mohammedaner weite Bereiche der
alten Mittelmeerwelt eroberten, wo sie offensichtlich als
Befreier willkommen geheißen wurden, so beeindruckt uns
noch mehr die Schnelligkeit, mit der die Assimilation der eroberten Völker und das damit verbundene Auslöschen aller
Auswirkungen einer tausendjährigen griechisch-römischen
Kultur und einer Jahrhunderte andauernden Christianisierung vonstatten ging. Bei der Eroberung von Ägypten (639–
641) handelte es sich um kaum mehr als den Einmarsch einer
kleinen Gruppe von Invasoren; bereits im 10. Jahrhundert jedoch sprach man am Nil fast ausschließlich Arabisch, und als
Ibn Yubair im 12. Jahrhundert diese Gegend bereiste, waren
das Land, vor allem aber auch die ursprünglich griechischen
Städte, schon voll islamisiert. Gleiches trifft auch auf den
großen Schmelztiegel von Völkern und Kulturen im Bereich
zwischen Syrien und dem Persischen Golf oder auf Nordafrika, der Geburtsstätte des heiligen Augustinus, zu, wo das
Christentum und die lateinische Sprache (im Gegensatz zu
dem von einer Minderheit praktizierten, fest verankerten Judentum) bald wieder verschwanden und erneut Platz machten für ein Substrat einheimischer Kultur.

Der spektakulärste Fall aber ist ohne jeden Zweifel Kleinasien. Einst Schauplatz des Trojanischen Kriegs, Heimat von
Herodot, Anaxagoras und Heraklit, und durch die Orte An-
tiochien, Tarsus und Nicäa so eng mit der Geschichte des
Christentums verbunden, mußte dieses Land nun erleben,
wie das Vermächtnis beider Kulturen hier in wenig mehr als
drei Jahrhunderten völlig dahinschwand. Das lange Hin und
Her der Eroberung Anatoliens durch die Araber zerstörte die
alte Struktur der christlichen Kirchen, die als einziges Binde-
glied die Einheit der Unterworfenen hätte aufrechterhalten

können. An ihre Stelle traten nun Moscheen, Schulen, Ho-
spitäler und islamische Wohlfahrtseinrichtungen, die einen
neuen sozialen Rahmen setzten und den Einwohnern all jene
Beihilfen und sozialen Leistungen gewährten, die vorher
von christlichen Institutionen erbracht worden waren. Trotz
einer gewissen Zahl von Ausschreitungen, erzwungener
Konversionen und einiger Märtyrer war der bei einer Volks-
zählung im 16. Jahrhundert verzeichnete 92prozentige Anteil
islamischer Haushalte in Anatolien sicher eher auf einen As-
similationsprozeß als auf ein gewaltsames Vorgehen zurückzuführen.

Daß die Auseinandersetzungen zwischen Mohammeda-
nern und Christen keineswegs natürlich und unvermeidbar
waren, kann mit einer Vielzahl von Argumenten unter Beweis gestellt werden. Die Beziehungen zwischen dem christlichen Europa und dem islamischen «Morgenland» waren
äußerst vielfältig und für beide Seiten von erheblicher Bedeutung, wurden doch viele levantinische Häfen durch die
Eingliederung weiter Landstriche Asiens in den arabischen
Machtbereich zu geradezu idealen Zentren des Austausches
zwischen Orient und Okzident. Weder die päpstlichen Verbote noch die Kreuzzüge stellten diese Entwicklung in
Frage. Die Handelsvölker des christlichen Mittelmeerraums
– Genuesen, Venezianer und Katalanen – scherten sich reichlich wenig um die Meinung des Papstes und kauften und verkauften nach wie vor in mohammedanischen Häfen, wo sie
als Lieferanten von Holz und Eisen gern gesehen waren.

Und obwohl es falsch wäre, den Kreuzfahrern bei ihren
Abenteuern materielle Gewinnsucht zu unterstellen, so darf
doch guten Gewissens gesagt werden, daß sie die sich ihnen
diesbezüglich bietenden Chancen kaum ausschlugen und so
auch Handelsgeschäften nachgingen, die für die lateinischen
Staaten des Orients von lebenswichtiger Bedeutung waren.
Auf seiner Reise durch diese Gebiete stellte Ibn Yubair voller
Überraschung das einträchtige Nebeneinander von Krieg
und Geschäft fest. «Bisweilen erheben sich beide Parteien gegeneinander und nehmen Stellung zum Kampf ein; wider-
standslos kommen und gehen jedoch zwischen ihnen die
Karavanen der Mohammedaner und Christen.»

Der Geist der Kreuzzüge hat nicht nur unsere historischen Vorstellungen vom Islam deformiert; gleichermaßen betroffen hiervon sind auch die Kirchen des Ostens. Und so schließen wir denn auch das von uns als dekadent und mit «orientalischen» Zügen gesehene Byzanz – *Byzantinus est, non legitur* –, das aus der so erstaunlichen Verschmelzung von Skandinaviern, Slawen und Mongolen entstandene Rußland und vor allem die «asiatische» Christenheit gänzlich von der Geschichte Europas aus.

Das, was wir «Byzantinisches Reich» nennen, hat es nie gegeben. Die «Byzantiner» selbst nannten ihren Staat «Römisches Reich», und das mit vollem Recht: eine Unterbrechung der Reichsgeschichte ist nicht auszumachen. In einer Zeit, in der das Unwissen bezüglich der klassischen Kultur in Westeuropa so groß war, daß Venus mit einem Mann identifiziert und Alkibiades von François Villon als eine der «Damen der Vergangenheit» bezeichnet werden konnten, pflegte Byzanz auch weiterhin das Studium homerischer Schriften und stand wissenschaftlichen Tatsachen und Erkenntnissen mit bemerkenswerter Aufgeschlossenheit gegenüber. (Dank seines Wissens um eine sich nahende Sonnenfinsternis gelang es so Alexios I. zum Beispiel, die Skythen einzuschüchtern.)

In der Tatsache, daß die Byzantiner Römer und Christen waren, sahen die Europäer des einstigen Westreichs kaum genügend Anlaß, um diesen Hilfe und Unterstützung zu gewähren. Im Jahre 1204 kam es so während des vierten Kreuzzugs zunächst zur Eroberung von Konstantinopel und der Aufteilung der dort erbeuteten Schätze und Ländereien unter den beteiligten Kreuzfahrern. Condorcet beschreibt das unbekümmerte Vergnügen, mit dem die Kreuzfahrer die Stadt in Besitz nahmen und plünderten, «was ihnen ja erlaubt war, da ihre Bewohner nicht an die Unfehlbarkeit des Papstes glaubten». Und später dann, als die Türken zu ihrem endgültigen Sturmangriff ausholten, nahm es die lateinische Christenheit trotz einer inzwischen erfolgten Aussöhnung zwischen Ost- und Westkirche teilnahmslos hin, daß ein türkischer Sultan sich zum legitimen Erben des konstantinischen Kaiserthrons erklärte (und dies durch die Ernennung eines neuen Patriarchen der Ostkirche sogleich unter Beweis stellte). «Zweieinhalb Jahrhunderte türkischer Bedrohung» waren der Preis, den Europa hierfür zu zahlen hatte.

Entledigt haben wir uns ferner jeder Erinnerung an jene «asiatische» Christenheit, die im 8. Jahrhundert in einem Gebiet lebte, das sich von Ägypten bis an die Küste des chinesischen Meers erstreckte. Traditionell tief verwurzelt war sie in Mesopotamien, Armenien, dem Kaukasus und in Syrien, in späterer Zeit dann auch bei den Türk- und Mongolvölkern in Mittelasien. Das Verschwinden dieser christlichen Gemeinschaften mit einem Sieg des Islams in Verbindung zu bringen, heißt, Folge mit Ursache zu verwechseln. Zumindest bis ins 14. Jahrhundert war die religiöse Lage in Innerasien durchaus unstabil. Die dortigen Nomadenvölker zeigten sich in religiöser Hinsicht «tolerant bis desinteressiert» und mißtrauten dem chinesischen Kaiserreich ebenso wie den expansionistischen Tendenzen des Islam. Das Christentum mußte sich ihnen also zwangsläufig als eine Religion darbieten, die Zugang zur «Zivilisation» ohne Verzicht auf die eigene Persönlichkeit versprach.

Die erste christliche Expansion auf dem asiatischen Kontinent wurde von den Manichäern getragen und fand ihren krönenden Abschluß in der Bekehrung der Uiguren. Dieses innerasiatische Türkvolk schloß sich in der Folge zu einem Reich zusammen, führte eine rege Handelstätigkeit mit den Chinesen und hatte sein politisches Zentrum in Karabalghasun, einer Stadt mit zwölf Eisentoren und einem großen Königspalast.

Die Uiguren gingen Mitte des 9. Jahrhunderts unter, nicht jedoch der Manichäismus: Selbst im 10. Jahrhundert noch bestand in Samarkand ein Manichäerkloster, und in verschiedenen kleinen Türkstaaten scheint sich die Glaubensrichtung bis ins 13. Jahrhundert gehalten zu haben. Bei allem war der Manichäismus weniger eine christliche «Häresie» als vielmehr eine Art Synkretismus, in dem christliche, jüdische, masdeistische und buddhistische Elemente zusammenflossen. Mani (216–276), Angehöriger einer jüdisch-christlichen Sekte, wollte eine für Orient und Okzident gleichermaßen praktikable religiöse Synthese schaffen, aber obwohl seine Missionare – die «Auserwählten» – sein Wort von

Nordafrika bis nach China trugen, sahen sie sich außerstande, eine stabile kirchliche Struktur aufzubauen oder sich auch nur mit einem der Völker ihrer Missionsarbeit wirklich zu identifizieren.

Die große christliche Glaubensgemeinschaft Asiens war die nestorianische Kirche. Ihre Ursprünge sind in der persischen Kirche zu suchen, die sich 424 von der des Römischen Reiches absonderte und sechzig Jahre später durch die Übernahme der nestorianischen Lehre – wonach in Christus zwei verschiedene Naturen verbunden sind – auch die letzten Bande zu Byzanz löste. Ihr religiöses Oberhaupt, der «katholikos», residierte in Ktesiphon; aufgrund ihrer längs den großen Karawanenstraßen erfolgenden Missionsarbeit jedoch konnte sie in weiten Bereichen Asiens christliche Gemeinschaften gründen, die sich dann von Sumatra bis nach Aserbaidschan ziehen sollten. Die Nestorianer trugen zur Verbreitung der griechischen Kultur in Persien bei, gründeten dort in Khundishapur ein großes Lehrzentrum und widmeten sich vor allem der Medizin. Durch das Vordringen der Araber wurde ihre Arbeit keineswegs unterbrochen: Die Ärzte Bagdads gehörten zum größten Teil der nestorianischen Kirche an, und einer von ihnen, Hunayn ibn Ishaq, zählte auch zu den Gründern des damaligen *Hauses des Wissens* als Zentrum einer systematischen Übersetzungsarbeit im Zusammenhang mit wissenschaftlichen und philosophischen Werken des alten Griechenlands.

Fast zeitgleich mit dem Türkvolk der Ongut, den Nachkommen der Hunnen, traten 1009 auch die Keräit als größter und gebildetster Stamm der mongolischen Völkerfamilie Innerasiens zum nestorianischen Christentum über. Zwar erlag die Herrschaft der Keräit dem unaufhaltsamen Aufstieg von Temudschin, dem späteren Dschingis Chan; dieser jedoch, der seine Beziehungen zum Himmel ohne priesterliche Vermittlung lieber persönlich regelte (seine religiöse Praktik – «sich mit der Hand auf die Brust schlagend, kniete er neunmal vor der Sonne nieder und brachte Opfer und Gebete dar» – können wir der *Geheime Geschichte der Mongolen* entnehmen), tolerierte die religiösen Überzeugungen der von ihm in sein Reich aufgenommenen Völker, und etliche seiner

Nachfolger hegten sogar eine ausgesprochene Sympathie für
die Anhänger des christlichen Glaubens. Im Auftrag des Kubilai Chans überbrachten die Brüder Polo dem Papst die
Bitte nach Entsendung von «im christlichen Glauben und allen sieben Künsten wohl unterrichteten Weisen» und unternahmen dann auch in Begleitung des jungen Marco (jedoch
ohne die besagten «Weisen», da es sich die vom Papst hierzu
auserwählten Mönche unterwegs anders überlegten und lieber «dem Meister des Tempels folgten») ihre zweite Reise
nach China.

Die Mongolen verkörperten die Hoffnungen, die die
abendländische Christenheit in den legendären äthiopischen
Priesterkönig Johannes gesetzt hatte. Im Jahr 1258 unternahmen sie einen «asiatischen Kreuzzug», in dessen Verlauf die
Städte Bagdad, Aleppo und schließlich auch Damaskus erobert wurden. Hier zogen die siegreichen Truppen 1260 unter dem Oberbefehl eines nestorianischen Generals in Begleitung eines armenischen Prinzen und eines Kreuzfahrers ein,
und hier konnten die Christen eine Moschee für ihren Kult
zurückgewinnen und öffentliche Prozessionen abhalten. Weniger am Kreuzzug als an Raub und Plünderung interessiert,
entschlossen sich die Franken des Königreichs Jerusalem
jedoch zu einer Allianz mit den Mamelucken und sahen tatenlos zu, wie diese die Mongolen zurückschlugen. Sie besie-
gelten hierdurch nicht nur ihr eigenes Schicksal, sondern
vereitelten darüber hinaus auch die Möglichkeit eines orientalischen Christentums, das sich von der Mongolei bis hin
nach Palästina gezogen hätte.

Die Schuld jedoch lag nicht allein nur bei den untergeordneten Machtinstanzen. Als der Ilchane Abagu, Schutzherr
der Christen im Iran, den Papst 1285 in einer Botschaft um
den Aufruf zu einem gemeinsamen Kreuzzug gegen die Araber bat, ging die westliche Christenheit auf diesen Bündnis-
vorschlag gar nicht erst ein. Lieber sah sie die Vernichtung
der «christlichen Ketzer und Verräter» – jeder, der sich nicht
der Macht des Papsts in Rom beugte, war ein Feind – als einen gemeinsamen Sieg über den Islam. Zu jener Zeit war der
Oberhirte der römischen Kirche mit den Plänen für einen
Kreuzzug ins christliche Katalonien beschäftigt, um dort

seine politischen Interessen abzusichern. Von der Erhaltung der Stadt Jerusalem konnte er sich demgegenüber kaum Nutzen versprechen, da die Kreuzfahrer ja seine diesbezüglichen Hoheitsansprüche nicht anerkannt hatten. 1287 wurde der nestorianische Prälat Rabban Çauma abermals gen Westen gesandt, um dort eine Allianz zur Rückeroberung des in der Zwischenzeit erneut in die Hände der Araber gefallenen Jerusalems vorzuschlagen. Obwohl er dort nun dem König von England die Kommunion spendete, ja sogar in Rom selbst eine Messe zelebrierte, fand sein Ansuchen bei niemand Gehör. Und ein ähnliches Schicksal fanden dann auch alle weiteren von den Mongolen vorgebrachten Initiativen.

Nach und nach zerfielen die letzten Überreste der im Lauf der verschiedenen Kreuzzüge gegründeten Staaten, und obwohl sich der Nestorianismus noch eine gewisse Zeit lang in den uigurischen Klöstern halten konnte, war das Schicksal der orientalischen Christenheit besiegelt. Zentralasien wurde endgültig vom Islam aufgesaugt, und auch die auf eigene Faust unternommenen Vorstöße der westlichen Christenheit nach China und Japan sahen sich letztlich zum Scheitern verurteilt. Die römische Kirche hatte die Möglichkeit verspielt, andere Kulturen in sich aufzunehmen, und die einzig nennenswerte Expansion, die ihr in der Folge noch beschieden sein sollte, war die von einer erbarmungslosen Politik der Eroberung und Unterwerfung vorangetriebene «Bekehrung» der amerikanischen Urbevölkerung.

Diese Abkapselung der europäischen Gesellschaft vollzog sich jedoch auch nach innen hin und folgte hierbei konsequent dem Vorgehen der Kirche, die alle Abtrünnigen als «Ketzer» absonderte und zu unterdrücken versuchte. Seit Gregor VII. kam es zu einer Festigung des päpstlichen Einflusses – die 1302 erlassene Bulle *Unam sanctam* geht davon aus, daß jeder Mensch heilsnotwendig dem Bischof von Rom untertan zu sein hat –, und immer mehr setzte sich auch das Prinzip durch, wonach die Festlegung jeder christlichen Glaubensdoktrin der obersten Führung der kirchlichen Hierarchie vorbehalten war. Verwirklicht wurden all diese Normen mit Hilfe der Inquisition – auch sie eine der neuen Errungenschaften dieses Zeitalters der «Erneuerung» –, wel-

che, wenn alle herkömmlichen Mittel zu versagen drohten,
durch den Rückgriff auf einen internen Kreuzzug «gegen
katholisch getaufte Männer und Frauen» entsprechend verstärkt wurde.

Die nun verfolgten Häresien hatten nur wenig mehr mit
denen der ersten Jahrhunderte des Christentums zu tun, die
als verschwunden galten. («Entweder gibt es heute keine
Ketzer mehr, oder sie wagen es nicht, sich zu zeigen», sagte
ein Bischof von Norwich Ende des 11. Anfang des 12. Jahrhunderts.) Das, was jetzt als ketzerisch eingestuft wird, ist
viel weniger organisiert und viel volksnäher, und abgesehen
von den von Rom mißbilligten – und in den Urteilen zur
Rechtfertigung hervorgehobenen – doktrinären Aspekten
offenbart es uns ein Substrat vorchristlichen Volksglaubens
und vor allen Dingen auch eine scharfe Kritik an der in der
offiziellen Kirche verbreiteten Korruption.

Die wirkliche Natur dieser Bewegungen ist nur mit großer Mühe auszumachen. Die sie verurteilenden Richter haben uns diesbezüglich eine reichlich verzerrte Darstellung
hinterlassen, die jedoch von vielen Historikern geteilt wird:
Lieber akzeptiert man, daß ein paar, von den Ideen eines
bulgarischen Klerikers vergiftete Fanatiker die Volksmassen
halb Europas «verführt» haben, als sich auf den Gedanken
einzulassen, daß diese Volksmassen vielleicht auch zu eigenem Denken imstande waren und angesichts der sie bedrängenden Probleme schließlich zur Tat schritten.

Wir nehmen nun das Nebeneinanderbestehen von zwei
verschiedenen Kulturen wahr: zum einen die «Kultur des
Klerus», zum anderen eine «traditionelle Volkskultur», die
«ab dem 11. Jahrhundert parallel zu den großen Häresiebe-
wegungen in die westliche Kultur einbrachen». Indes, wir erkennen nicht, was an dieser alternativen Kultur so lebendig
und aktiv war, was über den Schatz an Traditionen und my-
thischen Darstellungen hinausging. «Alles was wir von der
großen Masse der Laien des 10. Jahrhunderts wissen» – so
ein deutscher Historiker –, «ist das, was die Geistlichkeit
damals als wissenswert erachtete. Die heutigen Geschichtswissenschaftler stehen einer ‹schweigenden Mehrheit› gegenüber, da ihre Kollegen aus dem 10. Jahrhundert ihre Auf-

merksamkeit nur äußerst selten auf die niedrigsten Schichten der Gesellschaft lenkten.»

Spüren wir den Dingen etwas abseits der üblichen Gemeinplätze nach, dann werden wir gewahr, daß sich die Gedankengänge der damaligen Menschen viel komplexer gestalteten, als dies im allgemeinen angenommen wird, ja daß in diesem gemeinsamen Substrat als Grundlage der meisten jener Bewegungen Elemente christlich-kritischen Denkens zu finden sind (so die Notwendigkeit einer Rückkehr zur brüderlichen Einheit unter den Gläubigen, zur Armut und zu der den frühen Christen nachgesagten Reinheit in Sitten und Gebräuchen). Verstärkt wurden diese Aspekte in vielen Fällen durch ein gefühlsmäßiges Erfassen des sich nahenden «dritten Zeitalters», jenes prophezeiten Jahrtausends des Friedens und des Glücks, und der vielfachen Kritik an einer der Korruption verfallenen und mit den Nutznießern einer ungerechten gesellschaftlichen Ordnung gemeinsames Spiel machenden Kirche. Die «gregorianische Reform», die die simonistischen Kleriker verurteilte und eine Rückkehr zur «Unschuld der frühen Kirche» forderte, hatte zur Folge, daß einige Geistliche, als die angekündigte Wende ausblieb, sich der Kritik an einer Hierarchie anschlossen, die nicht einmal mehr dazu imstande war, ein von ihr selbst erstelltes Programm durchzusetzen. (Ramirdus wurde 1077 in Cambrai verbrannt, weil er dazu aufgefordert hatte, die Sakramente aller simonistischen, verheirateten oder in Konkubinat lebenden Priester zurückzuweisen: nichts anderes also als das, was von den Päpsten selbst gepredigt wurde.)

Priester und Mönche, die eine reinere und ärmere Kirche forderten, Bauern, die sich gegen die neu eingeführten kirchlichen Abgaben sträubten – oder ihren Unwillen, ihren Widerstand gegen die ihnen neu auferlegten Formen der feudalistischen Ausbeutung zum Ausdruck brachten –, aber auch Bürger, die die Allianz des hohen Klerus mit der Oligarchie des städtischen Adels ablehnten – sie alle steckten in jenem großen, gemeinsamen Sack der Ketzerei. Ein bisweilen in Erscheinung tretendes und von der Kirche offensichtlich am meisten gefürchtetes Element ist die Präsenz von Frauen mit einer aktiveren Rolle. Robert d'Arbissel folgten Männer und

Frauen, die miteinander zusammenlebten. Er gründete die
Abtei Fontevrault, in der die Frauen in Klausur lebten, die
Priester den Aufgaben des Gottesdiensts genügten und die
männlichen Laien ihrer täglichen Arbeit nachgingen. (Aus
dieser Umgebung heraus sind vermutlich auch die Waldenser hervorgegangen, deren Gründer seine beiden Töchter
noch vor seiner Tätigkeit als Prediger nach Fontevrault ge-
schickt hatte.) In einigen Fällen versuchte die Kirche, einen
gewissen Teil dieser Gedanken in ihre Reformprojekte aufzunehmen, wodurch sie diese nicht nur neutralisieren, sondern
gleichzeitig auch für ihre Zwecke nutzen konnte. Gelang ihr
dies jedoch nicht, stufte sie diese Tendenzen dann als die
gegebene Ordnung unterwandernde Elemente ein, stigmati-
sierte und verfolgte sie.

All diese «neuen Häresien» kommen gerade in einer Zeit
auf, in der die Kirche ihre Autorität nicht mehr durchzusetzen
vermochte. Das Mißtrauen gegenüber kirchlichen Macht-
ansprüchen war letztlich denn auch die eigentliche Ursache
für die Verdammung der Häretiker – nicht so sehr die Natur
der von ihnen vertretenen Lehren. Als Beispiel sei hier auf
den tief in der christlichen Tradition verwurzelten und von
Joachim von Fiore (um 1135–1202) neu belebten «Milleniaris-
mus» verwiesen. Die Botschaft dieses aus Kalabrien stammenden Theologen wartete mit einer Reihe prophetischer
Verheißungen auf, die sich auf das Studium biblischer Texte
und einer neuen Interpretation der Geschichte gründete und
wohl deshalb bei den Gebildeten in höchstem Ansehen
stand, Ursache auch dafür, daß sie sich viele Jahrhunderte
hindurch halten konnte. Nach Joachims Tod wurden dessen
Gedanken begeistert von den «spirituellen» Franziskanern
aufgenommen, die den unmittelbar bevorstehenden Anbruch
des «Reichs des Heiligen Geistes» predigten, ein Reich, in dem
die Menschen nach dem Gesetz der Liebe leben würden und
der Sakramente nicht bedurften. Die Kirche, aufgeschreckt
von dem Echo, das diese Prophezeiungen fanden, nahm die
Franziskaner sogleich unter ihre Fittiche und verurteilte eilfertig alle jene Stimmen, die die «joachimitische» Botschaft
auf die Gegenwart bezogen – allerdings ohne ausdrückliche
Verwerfung des ihr zugrundeliegenden Werkes. Gherardo,

einer dieser radikalen Franziskaner, der den Antichrist in der Figur Alfons X., «des Weisen», von Kastilien sah, wurde hierfür die restlichen achtzehn Jahre seines Lebens zu einer Gefängnisstrafe bei Brot und Wasser verurteilt. «Wäre er nicht Franziskaner gewesen» – so Lea – «hätte man ihn verbrannt.»

Uns begegnen hier Gedanken und Ansichten, die von der Kirche gänzlich oder zumindest zum Teil akzeptiert wurden und nur dann dem Bann anheimfielen, wenn sie die Gruppen, die diese Ideen verbreiteten, nicht mehr unter Kontrolle zu bringen vermochte. In diesen Fällen würzte die Inquisition die Anklage mit einer Prise Sex, fügte die eine oder andere Teufelserscheinung hinzu und schickte die Millenaristen ins Gefängnis oder auf den Scheiterhaufen. So etwa erging es Fra Dolcino, der verkündet hatte, daß das dritte Zeitalter bereits abgelaufen und in ein viertes übergetreten sei, welches im Zeichen der Zerstörung der fleischlichen Kirche (die ihre Macht und ihren Reichtum einbüßen werde), der Vorherrschaft der Laien und der Rückkehr zur apostolischen Regel absoluter Armut stehen werde. Gegen Dolcino und seine Anhänger ließ man keine Rücksicht walten: Es wurde ein wahrer Kreuzzug geführt, und der «Apostel» und seine Gefährtin wurden Opfer einer qualvollen Hinrichtung.

Ein weiteres Beispiel für die Ambiguität, die sich hinter der Einstufung als Ketzerei verbirgt, sind die lombardischen *Humiliaten*. Es handelte sich hierbei um Laienbruderschaften, die vom Erwerb ihrer eigenen Arbeit – meist vom Wollgewerbe – lebten und sich ihrem Verhalten nach an die Reinheitsgebote des Evangeliums hielten. Obwohl sie 1184 in Verona durch Papst Alexander III. formell mit dem «anathema perpetuum» verurteilt worden waren, fuhren sie unbeeindruckt fort zu predigen, sich zu verbreiten, und erreichten überraschenderweise, daß Papst Innozenz III. im Jahre 1201 ihren Fall revidierte und sie schließlich als voll akzeptierte Ordensgemeinschaft in den Schoß der Kirche aufgenommen wurden. Sogar die Verkündigungsarbeit ihrer «Tertiäre» – im allgemeinen verheiratete Laienprediger, die dessenungeachtet auch weiterhin ihrem alltäglichen Leben nachgingen – wurde hingenommen. Das Bemerkenswerteste an diesem Fall ist jedoch, daß die «Orthodoxie» dieser Bru-

derschaften nur schwer von der Lehre anderer vergleichbarer
Glaubensgemeinschaften zu unterscheiden ist, die – man
denke etwa an die Waldenser – sehr wohl verurteilt wurden.
Heute, da wir einen besseren Überblick gerade über die Vorgeschichte dieser letzteren Bewegung haben, müssen wir erkennen, daß sie vor allem wegen ihrer Kritik am Klerus verfolgt wurde und tatsächlich erst dann von der «Orthodoxie»
abwich, als sie sich von der Kirche ausgeschlossen sah.

Eine Häresie ist letzten Endes einfach das, was von der
kirchlichen Hierarchie aus welchem Grund auch immer (und
keineswegs nur aus doktrinärer Sicht) als unakzeptabel eingestuft wird. So gibt es Fälle «politischen Ketzertums», etwa
wenn die Kirche einem Monarchen bereitwillig die angeblichen Verwirrungen seiner Gegner serviert – durch eine unter
Folter erzwungene Beichte konnte alles Mögliche nachgewiesen werden –, auf Grund derer der Monarch jeglicher
Bedrohung seiner Machtstellung begegnen beziehungsweise
sich die von ihm angestrebten Ressourcen ohne weiteres aneignen kann. Als bezeichnend mögen diesbezüglich die von
Guibert de Nogent im Zusammenhang mit einer Gruppe
von Ketzern gemachten Aufzeichnungen gelten: «Ohne Unterschied der Geschlechter versammeln sie sich in Kellern
oder an andern wenig belebten Orten. Nach dem Entzünden
von Kerzen streckt sich eine geile Frauensperson am Boden
nieder, so daß jedermann sie sehen kann, und entblößt hierbei, wie berichtet wird, ihr Gesäß; die Gaffenden reichen ihr
von hinten her ihre Kerzen dar, und sobald diese verlöschen,
rufen sie ‹Chaos!›, und jedermann treibt Unzucht mit dem
nächstbesten Weib.» Ein eventuell aus diesen «Treffen» her-
vorgegangenes Kind sei dann in einer gemeinschaftlichen
Feier verbrannt und seine Asche zu einer Art Brot verbacken
worden, das wie ein Sakrament unter den Anwesenden verteilt wurde. Wie ist es möglich, daß dieser der Reliquienver-
ehrung doch eher skeptisch gegenüberstehende Geistliche
derartigem Lügenwerk Glauben schenken konnte?

Das lukrative Geschäft, das sich für die französische Monarchie Anfang des 14. Jahrhunderts aus dem Prozeß gegen
die Templer ergab – die sicher nicht all der ihnen angelasteten
Schrecken, wohl aber ihres übermäßigen Reichtums schul-

dig zu sprechen waren –, hätte sich einige Jahre später fast wiederholt: Der Anlaß war diesmal eine aus der Luft gegriffene Verschwörung der Leprakranken, die angeblich alle Christen vergiften und anstecken wollten und sich hierzu mit dem maurischen König von Granada verbündet hatten. Hinter dieser absurden Phantasie, zu deren Lasten eine Vielzahl gefolterter und bei lebendigem Leib verbrannter Kranker geht, mag einerseits eine jener irrationalen Panikstimmungen stehen, die hin und wieder bei der Bevölkerung aufzulodern pflegen; unverkennbar ist andererseits aber auch der Versuch, sich der überreichen finanziellen Mittel der damaligen Leprahäuser zu bemächtigen.

Eines der schlimmsten Beispiele für den politischen Charakter einer theologischen Ächtung jedoch ist der Fall der Katharer. Um ihre Verfolgung zu rechtfertigen, entlarvte man sie als Bogomilen; die wiederum wurden zweckmäßigerweise als Manichäer gebrandmarkt, denn das war die Voraussetzung dafür, daß die Todesstrafe auf sie angewendet werden konnte. (Man hat sogar behauptet, daß «die Anschuldigung des Manichäismus die letzte politische Waffe bei jeder theologischen Auseinandersetzung» war.)

Die Bogomilen waren im 10. Jahrhundert in Bulgarien aufgekommen, in einer Zeit also, in der es dort noch slawische Heiden gab und in der die Grenzgebiete zum Byzantinischen Reich von verbannten Armeniern bewohnt waren, die der Sekte der Paulikianer, einer mit dualistischen Elementen durchsetzten Form des christlichen Glaubens, angehörten. Bogomils Lehre, hinsichtlich dualistischen Gedankenguts eher gemäßigt, rief zu einer Rückkehr zum einfachen Leben des Frühchristentums auf – die «Vollkommenen» wahrten das Zölibat, lebten in Armut und nahmen nur Fisch und vegetarische Kost zu sich –, lehnte Liturgie, Sakramente und Heiligenbilder ab und stellte die gegebene gesellschaftliche Ordnung in Frage, indem Leibeigene und Sklaven zum Widerstand gegen ihre Herren angehalten wurden. Kaum verwunderlich also die Verbreitung, die diese Lehre in einem Byzantinischen Reich erfuhr, in dem die Bauern immer mehr die Last ihrer Abhängigkeit von den mächtigen Grundherren zu spüren bekamen, denen der Staat das Land samt

der dieses bestellenden Bevölkerung verliehen hatte. Indem
die Bogomilen eine Rückkehr zur Reinheit des Evangeliums
predigten, stellten sie natürlich auch eine mit dem Reich alli-
ierte offizielle Kirche bloß und waren in politischer Hinsicht
gefährlich – «der Zweifel am kirchlichen Dogma war gleich-
bedeutend mit dem Zweifel am politischen Gedankengut
des Staates» –, um so mehr, als sie auch auf die antifeudalen
Bestrebungen der Bauernschaft zurückgriffen: «Durch eine
Verleumdung der Reichen lehrten sie ihren Anhängern, sich
ihren Herren zu widersetzen», sagt Kosmas in seiner gegen
die Bogomilen gerichteten Schrift. Trotz aller Verfolgungen
hielten sie sich bis zur Eroberung durch die Türken.

Daß die Entstehung des Katharismus in Italien und Okzitanien von dualistischen Gruppen des Balkans – Bogomilen
und Paulikianer – beeinflußt war, dürfte als sicher gelten.
Die so umfassende und begeisterte Aufnahme dieser Lehren
jedoch wäre kaum zu erklären, würden wir sie auf ein rein
passives Hinnehmen reduzieren wollen. Zunächst einmal
muß die zahlenmäßig unbedeutende Gruppe der die strikten
Lehrsätze einer katharischen Kirche tatsächlich befolgenden
Gläubigen (in Okzitanien dürfte es nicht mehr als tausend-
fünfhundert bis zweitausend «Vollkommene» gegeben haben)
von der großen Zahl von Christen unterschieden werden,
die für deren Botschaft von einem einfacheren, im Zeichen
der Arbeit stehenden Leben eine gewisse Sympathie hegten
und das von diesen gepredigte Glaubensgut, das dem gemeinsamen Vermächtnis einer allgemeinen Volkskultur viel
näher stand als eine von außen her aufgepropfte Theologie,
deren Gebete oft Wort für Wort erst einer konzilsmäßigen
Definition bedurften, dankbar in sich aufnahmen. Wirklich
ausschlaggebend war also vor allem, daß die Katharer in Okzitanien, wie vorher schon die Bogomilen in Bulgarien und
im Byzantinischen Reich, den Erwartungen der breiten
Volksmassen viel weiter entgegenkamen als die jeweiligen
offiziellen Instanzen.

Bedroht sahen sich die Kirchen also viel weniger von den
geistigen Ergüssen der Theologen als gerade eben von dieser
arglos-bescheidenen Frömmigkeit der breiten Volksmassen,
bei denen die Predigt einer auf die Anhäufung von (weit-

gehend auf dem Zehnten der Bauern beruhenden) Reichtümern bedachten und mit der politischen Macht der Feudalordnung alliierten Hierarchie kaum noch Glaubwürdigkeit erzielen konnte. Logischerweise wandten sie sich so eher jenen zu, die ihnen immer wieder aufs neue zu verstehen gaben, daß die Macht gewisser Menschen über andere nicht, wie die Kirche dies sagte, von Gott, sondern vielmehr vom Teufel stammt, der seinen Anhängern ja bezeichnenderweise eine «Herrschaft der einen über die anderen» versprochen hatte und sie mit der Verheißung lockte, daß «unter ihnen zukünftige Könige, Grafen und Kaiser» seien.

Unter den Opfern des Inquisitors Jacques Fournier befindet sich ein Jahrhundert nach dem Kreuzzug gegen die Katharer ein gewisser Arnaud Gélis, als Hilfsmesner einst im Dienste eines Domherrn. Wie vielen anderen Bauern, so erscheinen auch Arnaud bisweilen die Toten und sprechen zu ihm, wobei die Kirche hiergegen im Prinzip nichts einzuwenden hat. Was sie dann allerdings nicht mehr akzeptieren kann, ist, wenn diese Toten die volkstümlichen Vorstellungen vom Jenseits bestätigen, nach denen Strafe, Buße und Rettung der Seelen ohne Vermittlung des Klerus vonstatten gehen. Fast alle Seelen müßten nach dem Tod büßend die diesseitige Welt durchstreifen, bis sie sich dann endlich zur ewigen Ruhe in eine Art irdisches Paradies zurückziehen können, um dort auf den Tag des Jüngsten Gerichts zu warten. Bei diesem wiederum, so Arnaud, «wird meines Glaubens nach keine Seele eines Getauften Verdammung finden; vielmehr rettet Christus bei diesem Gericht in seiner Gnade und Barmherzigkeit alle Christen, so sündenbeladen sie auch sein mögen».

Wie soll es da wundernehmen, daß die Kirche angesichts eines solchen ihrer entsagen könnenden Glaubens das Fegefeuer immer wieder als einen Ort des Leidens und nicht der Ruhe herausstellt, an dem jene sich mit den Lebenden unmittelbar verständigenden *Revenanten* ein für allemal in Gewahr zu nehmen sind und der Vermittlung kirchlicher Vertreter bedürfen, die als einzige zum «Aushandeln» allfälliger Strafnachlässe der Verstorbenen durch Messen, Spenden und Ablässe befähigt sind? Auf diese Weise konnten die Gläubigen nicht nur besser unter Kontrolle gehalten werden, sondern

es bildeten sich gleichzeitig auch die Grundlagen für ein ein-
trägliches Geschäft heraus: Um eine Verkürzung der Strafe
ihrer Seelen besorgt, zögerten die Christen kaum, die Kirche
testamentarisch mit entsprechenden Vermächtnissen aus-
zustatten, um sich so derer wohlwollenden Fürbitten zu ver-
sichern. Gerade dieser Umstand erklärt wohl auch den wahren Boom von bildlichen Darstellungen des Fegefeuers – mit
dezent beigefügtem Opferstock für «Spenden für die armen
Seelen» –, die heute nun aus einem gewissen Schamgefühl
heraus nach und nach wieder verschwinden.

Welch ein Unterschied zwischen dieser gewinnsüchtigen
Kirche und der Kirche der Katharer! Eine Kirche, die keine
Steuern eintreibt, nicht exkommuniziert, nicht einkerkert,
nicht tötet; die nicht mit den Grundherren gemeinsame
Sache macht, sondern die Legitimität ihrer Macht in Frage
stellt; in deren Doktrin jene Welt altangestammter bäuer-
licher Glaubensvorstellungen bestens Platz findet und deren
Auftreten sich dem Ideal der biblischen Armut nähert. Sicher sollte man sich vor vereinfachenden Interpretationen
im Sinne einer Gleichsetzung von religiöser Dissidenz und
Widerstand gegen die Feudalherrschaft hüten; ohne jeden
Zweifel jedoch mußte die durch die gemeinsame Opposition
gegen die etablierte Kirche geförderte Allianz zwischen dem
Toulouser Stadtadel, den Webern und Bauern von den privilegierten Ständen der Feudalherrschaft des Nordens als eine
ernsthafte Bedrohung empfunden worden sein. Und diese
galt es zu beseitigen. Auch das allerletzte Samenkorn dieser
Ketzerei mußte ausgerottet werden, und not tat ein Klima
des Schreckens, damit die Gläubigen erneut von den Vertretern der «Orthodoxie» erfaßt werden konnten. Die armen
Franziskaner meisterten diese Aufgabe offensichtlich besser
als die Dominikaner, die früher bereits Erfahrungen beim
Verbrennen von Ketzern gesammelt hatten (obwohl es sich
im Grunde genommen wohl doch nur um eine zweckdien-
liche Arbeitsteilung handelte).

Es reichte dies zur Rechtfertigung eines Kreuzzugs, der
(eines anderen Denkens und Glaubens) Schuldige wie Unschuldige einer maßlosen, grausamen Repression unterwarf.
(Ein Mann wurde verbrannt, weil er sich der Anordnung der

Inquisitoren widersetzte, ein Huhn zu schlachten, das seiner Meinung nach kein Vergehen begangen hatte, um den Tod zu verdienen.) Wenige Dokumente des Schreckens übersteigen jenes Lied aus dem Kreuzzug gegen die Albigenser, in dem die Ermordung von jung und alt, Frauen und Kindern besungen wird:

> Fleisch und Blut, Hirn und Eingeweide,
> zerfetzte Glieder, zerstochene Leiber,
> Lebern und Herzen, zermalmt und zertreten,
> als hätte ein Regen sie auf den Plätzen zerstreut.

Mit diesem Sieg des rechten Glaubens konnte nicht nur die Expansion des französischen Königreichs nach Süden hin als abgesichert gelten; auch die Institution des Feudalwesens war damit gerettet, und außer Frage stand ferner wieder die Autorität der Kirche von Rom, die sich fortan der Inquisition nicht nur zur Ausrottung der Ketzerei, sondern auch zu einer Überwindung der «Abneigung Okzitaniens gegenüber der Kirche» bedienen sollte.

Aber die Ausrottung verlief keineswegs so umfassend, wie man dies vorgab; zurück blieb ein Erbe der Ungläubigkeit und des Antiklerikalismus. Wenige Jahre später prangerte der Troubadour Peire Cardenal die Machtgier der Kirche an (die Herrschaft der Welt lag nun in Händen «des Klerus, der dies durch Raub und Verrat gewonnen hat»). In einem «Sirventes» beklagt er sich Gott gegenüber zunächst über «dieses böse Jahrhundert, das all meine Jahre gepeinigt hat», um ihm im weiteren dann das Recht abzusprechen, die Menschen nach ihrem Tod zu verurteilen, habe er doch selbst den Teufeln bei ihrem Auftreten volle Freiheit gewährt: «Leide ich hier und erwartet mich Leiden auch in der Hölle, so ist dies meiner Überzeugung nach Unrecht und Sünde.» Die alten Glaubensvorstellungen, im Falle Cardenals vom Katharismus geprägt, wollten noch lange nicht sterben.

Daß sich die volkstümliche Religiosität selbst nach hundert Jahren Unterdrückung und Indoktrinierung nur sehr wenig geändert hatte, bringen die von Jacques Fournier ein Jahrhundert nach dem Kreuzzug verzeichneten Verhöre klar zum Ausdruck. Eine Religiosität, die gar nicht so intensiv

ist, wie man das meinen möchte, ja, die einen erheblichen
Anteil an Skeptizismus enthält. (Man denke nur an jenen
Geistlichen aus Montaillou, der nicht glauben kann, daß
Gott es ist, der das Saatgut keimen läßt, denn sonst würden
die Samenkörner ja nicht nur in der Erde, sondern auch auf
jedem Stein aufgehen; seiner Meinung nach geschieht dies
vielmehr «aufgrund der Fruchtbarkeit der Erde, ohne daß
die Hand Gottes hieran wie auch immer beteiligt ist».) Eine
Religiosität schließlich, in der wir auch weiterhin eine Verschmelzung von altüberkommenen Überzeugungen und
Elementen christlicher Lehre vorfinden, auf deren Grundlage sich der Gläubige sein eigenes Weltbild, seine eigene sitt-
liche Ordnung schafft und hierbei gut und gern auf einen
habsüchtigen Klerus verzichten kann, der ihm immer wieder neue Abgaben abverlangt – neu waren so jene von Fournier kraft seiner Urteile durchgesetzten Erstlingsabgaben im
Zusammenhang mit den Erzeugnissen der Viehwirtschaft –
und ihm mit dem Kirchenbann droht, falls er diesen nicht
nachkommt. Bauern, die ihren Unmut äußern wie etwa jener Jean Joufre aus Tignac, der der Geistlichkeit nicht nur
vorwarf, daß sie alle Gläubigen, die den Zehnten nicht zu leisten bereit waren, exkommunizierte, obwohl in der Heiligen
Schrift doch nirgendwo die Rede von einer von Gott selbst
oder von ihm durch andere veranlaßte Exkommunikation die
Rede sei, ja, der es sogar wagte, gewisse Bischöfe zu kritisie-
ren, die sich mit bewaffneten Rittern umgaben: «So entschlossen, wie man sie bei der Eintreibung des Zehnten und der
Erstlingsabgaben auf das Fleisch sieht, so eifrig würde ich sie
gern im Kampf gegen die Sarazenen, bei der Eroberung von
deren Ländereien oder der Vergeltung des Todes unseres
Herrn sehen» – fand schließlich den Tod durch Einmauerung.
  Welche Konsequenzen diese internen Kreuzzüge, diese
Segregation von Minderheiten nach sich zogen, läßt sich am
Beispiel der Verfolgung der Juden am deutlichsten darstellen.
Warum bestehen wir eigentlich selbst heute noch darauf, sie
als eine fremde Volksgruppe einzustufen, sie, die sozusagen
«Gründungsmitglieder» des heutigen Europa sind, die be-
reits viele Jahrhunderte vor den Slawen, den Bulgaren oder
den Madjaren auf europäischem Boden heimisch waren? Sie

waren kein anderes «Volk», sondern eine Gemeinschaft mit ganz spezifischen kulturellen Schattierungen, die am Aufbau der europäischen Kultur aktiv beteiligt waren – nicht nur als «wichtigstes Vehikel des Kontakts zwischen Ost und West», sondern auch und vor allem deswegen, weil sie ihre eigenen Beiträge einbrachten.

Bis ins 11. Jahrhundert waren die Juden voll in die Gesellschaft integriert: «Es waren freie Menschen, die sich der gleichen Sprache wie die einheimische Bevölkerung bedienten, die die gleiche Kleidung trugen, die das Recht hatten, sich bewaffnet zu Pferd zu bewegen und vor Gerichten unter Eid auszusagen.» Selbst nach ihrer Vertreibung waren die Sephardim zum Beispiel stolz darauf, in Spanien geboren worden zu sein, und bis heute haben sie sich das Spanische als ihre Muttersprache erhalten. Einen besseren Beweis für ihre volle Eingliederung in eine sie umgebende pluralistische Gesellschaft dürfte es wohl kaum geben. Es war die Kirche, die die Existenz einer sich möglicherweise ihrer Kontrolle entziehenden Kultur nicht akzeptieren konnte, die es auf sich nahm, sie auszugrenzen – ab dem 4. Laterankonzil von 1215 bestand sie immer wieder darauf, daß die Juden sich anders zu kleiden und sich durch bestimmte Abzeichen als solche kenntlich zu machen hatten –, und die jegliche «Gemeinschaftlichkeit und Familiarität» zwischen Juden und Christen zu verhindern suchte.

Im allgemeinen werden uns die Judenverfolgungen als die Konsequenz eines auf irrationalen Vorurteilen beruhenden Volkshasses dargestellt. Dabei vergißt man jedoch, daß dieser Haß und diese Vorurteile, die es vor dem 11. Jahrhundert offensichtlich nicht gegeben hat, von der Kirche genährt wurden, ja daß es die Kirche war, die den Mythos eines «inneren Feindes» ins Leben rief, dem dann jedes kollektive Unheil ungeniert angelastet werden konnte. «Juden und Mauren sollen andernorts und nicht unter den Christen wohnen ... Sie sollen von einer Mauer umgeben sein, denn größere Feinde kennen wir nicht.» Diese Worte stammen keineswegs von einem fanatischen Ignoranten; sie wurden von einem hochgelobten Geistlichen niedergeschrieben, den die Kirche später heiligsprach.

Wen könnte es da verwundern, daß es bereits vor dem ersten Kreuzzug zur Verfolgung und Ermordung von Juden
gekommen ist. Gewiß, der Reichtum einiger Juden – und
ihre Zusammenarbeit mit diversen Königen, aufgrund dessen sie für die Erhöhung von Steuern verantwortlich gemacht wurden – hatte hierzu den Boden bereitet; bei allem
darf uns dies jedoch nicht vergessen machen, wer vorher den
Samen gelegt hatte. Nach und nach entstand so das Zerr-
und Spottbild des typischen (auf Stichen und Gemälden
leicht ausfindig zu machenden) Juden, welcher Praktiken
beschuldigt wurde, so des Wuchers –, die unter den Christen
gang und gäbe waren – aus dem mittelalterlichen Murcia
kennen wir Prozesse, die von Juden gegen sie mit Wucher-
darlehen prellende Christen angestrengt wurden –, ja dem
man selbst eine Lebensweise zum Vorwurf machte, die der
unseren heute näherzustehen scheint als die der christlichen
Gotik, brieten die Juden ihr Fleisch doch in Öl und nicht in
tierischen Fetten und wuschen sie sich vor dem Essen sogar
die Hände! Vorurteile, die uns zum Schmunzeln verleiten
könnten, wären sie nicht Nährboden für Legenden und ritu-
elle Untaten gewesen. Erinnert sei hier beispielsweise nur an
den «kleinen Märtyrer Simon» aus Trient, dessentwegen
neun Juden 1475 auf dem Scheiterhaufen verbrannt wurden,
oder an den Fall des Santo Niño de la Guardia aus Kastilien,
ein Prozeß, der 1491 fünf Menschen das Leben kostete, obwohl damals niemand ein Kind vermißte und auch keine Lei-
che gefunden werden konnte. Aber um den Juden eine
Schuld zuzuschieben, war dies auch gar nicht nötig; ihnen
wurde die Fratze des Teufels übergestülpt, und diese spiegelt
sich in einem neuen Zerrspiegel.

Fünftes Kapitel

Der Spiegel der Bauern

Das spätere Mittelalter in Europa wird gemeinhin in zwei Abschnitte unterteilt: eine bis Anfang des 14. Jahrhunderts anhaltende Zeit des Aufschwungs und des Wachstums und eine sich hieran anschließende Epoche der Krise und des Niedergangs, die sich weit bis ins 15. Jahrhundert ziehen sollte. Eine für das Jahr 1340 auf 79 Millionen Einwohner geschätzte Gesamtbevölkerung des europäischen Kontinents war 1400 auf 55 Millionen zusammengeschrumpft (was einer vorher nie gekannten Katastrophe gleichkam), stieg dann allerdings gegen 1500 wieder auf annähernd 75 Millionen an und erreichte so erneut das Niveau, auf dem sie sich bereits zweihundert Jahre zuvor bewegt hatte.

Am Anfang dieser Krise steht allein schon das Wachstum der vorausgehenden Epoche: Zur Absicherung eines durch die übermäßige Expansion der europäischen Bevölkerung nach dem Jahr 1000 enorm anwachsenden Bedarfs an Nahrungsmitteln mußten nun auch weniger fruchtbare und bislang vernachlässigte Ländereien für den Ackerbau urbar gemacht werden, so daß das allgemeine Überleben der Gesellschaft von einem äußerst labilen Gleichgewicht abhing, das durch jede klimatische Unbill ohne weiteres zerstört werden konnte. «An die Stelle der glücklichen Tage reicher Ernten trat jetzt eine Zeit der Bitternis, in der die nun bereits ausgemergelten Grenzertragsböden die sie bestellenden Bauern wiederholt mit Überschwemmungen, Trockenzeiten und Sandstürmen straften.» So ein Historiker; ein Dichter jedoch, Ausiàs March, bringt dies im 15. Jahrhundert noch treffender zum Ausdruck, wenn er uns erzählt vom «rüden Landsmann, der guten Samen in schlechte Erde steckt und sich von jener Scholle, die seine Scheunen leert, ertragreiche Ernten erhofft».

Ein vom Hunger biologisch geschwächtes Europa wurde Opfer der Pest, mit der die Mongolen die Genuesen bei der

Belagerung von Kaffa auf der Krim angesteckt hatten. Der
die Festung belagernde mongolische Chan hatte gemäß einer
in jener Zeit durchaus normalen Praxis angeordnet, die Lei-
chen der von der Pest dahingerafften Männer in die Stadt zu
werfen. Die Belagerung brach zwar schießlich zusammen,
der Schwarze Tod jedoch gelangte 1347 an Bord von zwölf
genuesischen Galeeren nach Messina, und innerhalb der
folgenden drei Jahre breitete sich die Seuche dann fast über
ganz Europa aus. Es handelte sich um eine in Zentralasien
endemisch kursierende Krankheit, die auf eine abwehrlose
europäische Bevölkerung traf und diese weitgehend dezi-
mierte.

Die Pest, die vor allem in den Städten wütete, führte in
wenigen Tagen zu Sterblichkeitsraten von bis zu 50 Prozent:
gänzlich ausgerottete Familien, leerstehende Häuser und,
jenseits der Mauern, unbestellte Felder. Sie raffte Arme und
Reiche dahin: Es erlag ihr der König von Kastilien, es starb
an ihr Giovanni Villani (ein Geschäftsmann und gelegent-
licher Chronist, der nur noch «die Seuche endete im Jahr ...»
zu Papier bringen konnte und dann keine Zeit mehr zum
Einsetzen der Jahreszahl hatte), und Petrarca gar verlor mit
seinem Schutzherrn, dem Kardinal Colonna, und seiner ge-
liebten Laura gleich einen «doppelten Schatz». «Rotta è l'alta
colonna è'l verde lauro», schrieb er in seinen Versen. (Laura
war zu jener Zeit bereits eine Dame fortgeschrittenen Alters,
die vermutlich Hugues de Sade elf Kinder geboren hatte und
so als Ahnfrau des «göttlichen Marquis» gesehen werden
darf.) Für den Chronisten Froissart hatte die Pest «ein Drittel
der Welt» dahingerafft.

Nichts vermochten die Heilmittel der Ärzte (an der Universität Montpellier, damals eines der großen Zentren der
europäischen Medizin, starben alle Professoren), und nichts
vermochte eine erneute Frömmigkeit (feierliche Prozessionen und Kampagnen intensiver Verkündigungsarbeit, die in
der Pest eine Strafe für die gemeinsamen Sünden sahen).
Und nutzlos war nicht weniger das blutige Gegenmittel in
Gestalt einer Ausrottung der der Ausbreitung der Krankheit
bezichtigten «Vergifter» (jetzt sind es die Juden; in Mailand
werden es 1630 die «Salber» und bei den Cholera-Epidemien

des 19. Jahrhunderts, örtlich verschieden, entweder die Mönche oder die Ärzte sein).

Die mit der «Schwarzen Pest» einsetzende Katastrophe erklärt die Aufgabe alter Siedlungen und die Umstellungen bei der Landwirtschaft, bei der ein Rückgang des arbeitsintensiven Getreideanbaus zugunsten eines Anstiegs der Viehzucht zu beobachten ist. Tiefe Spuren hinterließ die Krankheit aber auch im menschlichen Denken. Die Schreckensszene der in Florenz wütenden Pest eröffnet die Seiten des *Decamerone*. Petrarca schreibt in einem Brief: «Wird die Nachwelt wohl solche Dinge glauben, wo wir ihnen doch selbst, die wir sie erleben, kaum Glauben schenken können?» In Italien und Mitteleuropa ging die Pest ferner mit einer Reihe von großen Erdbeben und schreckensvollen Vorzeichen einher: «Es sind dies» – so Villani – «Wunder und Zeichen, wie Jesus Christus sie seinen Jüngern als das Ende der Welt verkündend prophezeit hat.»

Unschwer läßt sich diese Sequenz mit der Darstellung eines sozialen Bruchs abschließen, in die sich nahtlos das Aufkommen der milleniaristischen Sekten – so etwa die Flagellanten, die als eine fromme Bußbewegung begannen und am Ende dann die Ausrottung des Klerus und eine Beseitigung jeden Unterschieds zwischen Arm und Reich zu fordern wagten –, die immer häufiger werdenden Unruhen in den Städten und die großen Revolten der Landbevölkerung einfügen.

Daß dieses impressionistische Bild, in dem die sozialen Phänomene als «Auswirkungen» einer im Bereich der Natur erfolgenden Katastrophe in Erscheinung treten, lange Zeit hindurch den Geschichtswissenschaftlern vollauf genügte, darf uns keineswegs verwundern. Gewisse Einzelaspekte sind jedoch durchaus zu bezweifeln, und diskutabel ist vor allem auch die Logik, mit der diese untereinander verbunden werden.

Zweifelhaft ist so etwa die Hypothese der ausgemergelten Böden: Wenn die Felder schon im Jahr 1300 nicht die 79 Millionen Europäer ernähren konnten, wie sollte dies dann plötzlich zwei Jahrhunderte später möglich sein, wo es doch zwischenzeitlich zu keinem höhere Erträge in Aussicht stel-

lenden Umschwung in der Landwirtschaft gekommen war?
Der Niedergang der einst so florierenden Städte Italiens und
ihrer Bankiers muß vor allem im Zusammenhang mit der In-
solvenz der europäischen Herrscher gesehen werden, die die
ihnen von diesen abgetretenen ernormen Darlehen nicht
wieder zurückzahlen konnten. Villani, der sich als Gesell-
schafter des zusammengebrochenen Bankshauses der Bonac-
corsi in diese Krise hineingezogen sah, erblickte hierin die
gerechte Strafe für das «Laster» gewisser Bürger, die aufgrund ihrer «Gier, sich auf Kosten der Herren zu bereichern,
ihr Geld und die Gelder anderer deren Macht und Herrschaft
anvertrauen».

Und was nun die sozialen «Konsequenzen» betrifft (Revolten bei Stadt- und Landbevölkerung, messianische Bewegungen usw.), so scheint klar zu sein, daß deren Ursprünge
bereits in der Zeit unmittelbar vor dem Auftreten der Pest zu
suchen sind: der Konflikt zwischen Mittel- und Oberschicht
im Zusammenhang mit der Verwaltung der Städte in Frankreich, Flandern, Italien und im Reich war viel früheren
Datums.

Statt beharrlich die Pest als Auslöser all dieser Probleme
herauszustellen, sollten die Ereignisse besser im Rahmen
der Entwicklung der mittelalterlichen Gesellschaft gesehen
werden, in deren anfänglicher Wachstumsphase es zu großen Fortschritten bei der Landwirtschaft, zu einem Ausbau
des städtischen Gewerbes und zu einer beachtlichen Ausweitung des Tauschhandels zwischen Stadt und Land gekommen war. Diese Lage nützte einerseits den kleinen und
mittleren Bauern, die ihre überschüssigen Erträge auf den
Märkten der Städte verkaufen konnten; sie führte andererseits aber auch dazu, daß die Feudalherren immer mehr auf
persönlich erbrachte Dienstleistungen verzichteten (ein
zwangsweise arbeitender Bauer aß mehr, als er produzierte)
und sich diese lieber durch Geld ersetzen ließen, das sie zur
Entlohnung der die Felder bestellenden Arbeitskräfte und
zum Unterhalt der herrschaftlichen «Familie» dringend be-
nötigten.

In den Städten kam es aufgrund des zunehmenden Wohlstands zur Ausbildung neuer vermögender Bürgerkreise, die

sich zur Wahrung ihrer Interessen und zur Durchsetzung ihrer Ansprüche gegen den Widerstand der herrschenden Oligarchien zusammenschlossen. Im Italien des 13. Jahrhunderts «entsprang der politische Konflikt aus dem Vorsatz der Mächtigen, ihre Macht zu erhalten, und dem immer stärker werdenden Anspruch der Neuen, die an den das Gemeinwesen betreffenden Entscheidungen stimmenmäßig beteiligt sein wollten».

Solange das wirtschaftliche Wachstum anhielt und das Zusammenspiel von ländlichem Wohlstand und städtischer Blütezeit gewahrt werden konnte, wurden diese Auseinandersetzungen durch Verhandlungen und gegenseitiges Nachgeben beigelegt. Die italienische Gesellschaft bietet sich uns in jener Zeit als relativ offen und beweglich dar, und die despotische Herrschaft des Adels, dem bislang die Regierung der Städte oblag, wurde mehr und mehr abgelöst von republikanischer Freiheit. Auch auf dem Land geht der Abbau der feudalen Abhängigkeit einher mit dem Zerfall einer Wirtschaft, die auf einem vom Grundherrn unmittelbar bestellten Großbesitz beruhte.

Die ersten Anzeichen einer einsetzenden Wende des wirtschaftlichen Fortschritts waren zwar bereits zu Beginn des 14. Jahrhunderts spürbar, wurden dann jedoch ohne Zweifel von der Pest beschleunigt und verstärkt. Für die Bauern bedeutete die Schwächung der städtischen Märkte das Ende ihres bisherigen Wohlstands. Angesichts dieser neuen Sachlage mag nun die Abwendung von der einmal eingeschlagenen Richtung und eine Rückkehr zur Produktion für den Eigenbedarf nur logisch und natürlich erscheinen; gewisse Umstellungen jedoch konnten nicht mehr rückgängig gemacht werden. Die Bauern brauchten Geld, um ihren in konkrete Abgaben umgewandelten Verbindlichkeiten gegenüber den Grundherren, ebenso aber auch der wachsenden Steuerlast seitens des Staates genügen zu können. Viele sahen sich so aufgrund eines anhaltenden Preisverfalls bei allen landwirtschaftlichen Produkten zu einer Aufgabe der Feldwirtschaft gezwungen, und nicht wenigen schien die Revolte die einzige Möglichkeit einer wirksamen Verteidigung zu sein.

Nicht mehr rückgängig zu machen waren ferner auch die
Kräfte, die auf eine Umwandlung der Gesellschaft abzielten.
Der Wunsch nach Freiheit, der sich mittlerweile im Bewußtsein der Bevölkerung niedergeschlagen hatte, ließ sich durch
einen Umschwung der konjunkturellen Lage nicht einfach
wieder beseitigen. Wie der *popolo minuto* um die Wahrung
seines Anteils an der städtischen Verwaltung, so waren auch
die Leibeigenen weiterhin um ihre Freiheit, die Bauern um
die Abschaffung feudalistischer Übergriffe bemüht. Im Zeichen der Wirtschaftskrise verhärtete sich der Widerstand der
Oberschicht, wodurch die für die italienische Gesellschaft
einst so typische Kombination von Gewalt und Geschäft
nicht mehr möglich war. Nach der Schwarzen Pest «verstei-
nert» sich die gesellschaftliche Struktur der großen Städte
Italiens: ihre Mobilität schwindet, die Polarisierung zwischen Arm und Reich verschärft sich, und das soziale Gefüge
wird so von immer größerer Gewalttätigkeit erfaßt.

Zu verfolgen ist dies am Beispiel des Aufstands der Handwerker und Arbeiter des florentinischen Wollgewerbes. Machiavelli weiß zu berichten, wie im Lauf des Konflikts allein
schon die Angst vor der drohenden Repression die bedürftigsten Bevölkerungskreise – die der Lohnarbeiter – zu einer
deutlichen Überziehung ihrer ursprünglichen Forderungen
veranlaßte und ein soziales Bewußtsein nährte, im Zuge
dessen diese «entdeckten», daß die Gesellschaft nicht auf Vernunft, sondern auf reiner Gewalt beruht: «Gott und die
Natur haben alle Reichtümer der Menschen in deren Mitte
gestellt, mehr dem Raub als dem Fleiß, mehr den schlechten
als den guten Kräften ausgesetzt: so kommt es dazu, daß sich
die Menschen gegenseitig auffressen und daß das Schlimmste immer jenen trifft, der hier am wenigsten vermag.» Die
radikale Haltung der Lohnarbeiter lag nicht mehr im Sinn
der mit ihnen anfangs verbündeten Zunfthandwerker, welche ihrerseits schließlich zu einem Kompromiß mit der örtlichen Oligarchie gelangten und die Aufständischen blutig
niederschlugen.

In Italien ergab sich aus diesen Auseinandersetzungen eine
absolute Verherrschaft der Oligarchie, welche durch die
Übernahme der gesetzgeberischen Funktion seitens der

«pars valentior», des mächtigeren Teils der Bevölkerung, all jene kleinen Staaten erneut befriedigen konnte. In den Stadtrepubliken, in denen die Macht in den Händen einer nur kleinen für ein Staatsamt in Frage kommenden Gruppe lag – im allgemeinen etwa ein oder zwei Prozent der Gesamtbevölkerung, in Florenz oder Venedig also 200 bis 600 Personen –, ergab sich somit ein signifikanter Unterschied zwischen diesen *statuali* und der großen Masse des gewöhnlichen Volkes.

Von ihnen konnten Bedrohungen abgefangen werden, wie sie etwa von dem demokratischen Projekt eines Savonarola ausgingen – nach dem «die Befugnis zur Verteilung von Ämtern und Ehren beim ganzen Volk» zu liegen hatte und der in diesem Sinne für den Großen Volksrat auch den beeindruckenden «Saal der Fünfhundert» im Palazzo Vecchio bauen ließ –, und ihnen gelang es, den sozialen Zusammenhalt durch Rückgriff auf die verschiedensten Methoden sicherzustellen. Durch den Bau und die Ausstattung von Kirchen und Palästen verschafften sie dem gemeinen Volk genügend Arbeit (diesbezüglichen Berechnungen zufolge war ein Viertel aller Zunftarbeiter im Baugewerbe tätig), boten aber auch Gelegenheit zu sozialem Aufstieg für all jene, die ihre Verdienste um die Kunst unter Beweis stellen konnten (Fra Filippo Lippi war Sohn eines Metzgers, Botticelli eines Gerbers, Andrea del Sarto eines Schneiders und Pollaiolo eines Geflügelhändlers). Nicht zu Unrecht wurde all dieser repräsentative Aufwand als «eine Form der Neuverteilung des Reichtums» bezeichnet. Aber auch subtilere Ausprägungen kamen hierfür in Betracht: so etwa die gewissen Bürgergruppen (beispielsweise den *potenze* der verschiedenen Stadtviertel von Florenz) erteilte Unterstützung, wodurch diese, ursprünglich aus fürsorglichen Belangen gewidmeten Bruderschaften hervorgegangen, eine entscheidende Bedeutung bei der Veranstaltung von öffentlichen Festen erlangten und sich so soziale Präsenz und Repräsentativität verschaffen konnten.

War Italien jedoch dem übrigen Europa bei der Entdekkung von Formen sozialer Integration voraus – eben dieser Umstand erklärt übrigens, weshalb das Land nach den gewaltsamen Ausschreitungen des 13. und den großen Kon

flikten des 14. Jahrhunderts von der europäischen Krise des
15. und 16. Jahrhunderts weitgehend verschont blieb –, so
erwies es sich gerade durch den fehlenden Anstoß, die Struktur eines großen absolutistischen Staates zu übernehmen, der
militärischen Schlagkraft der europäischen Großmächte gegenüber als unterlegen; Italien wurde von diesen ab 1494 immer wieder besetzt und erobert und war über drei Jahrhunderte hin Anlaß und unbeteiligtes Opfer von deren internen
Auseinandersetzungen.

Italien stellt eine Ausnahme dar. Wir müssen uns anderen
europäischen Schauplätzen zuwenden. In England zum Beispiel ist zu unterscheiden zwischen den Auswirkungen einer
langfristigen Krise, der sich die Bevölkerung nach und nach
anzupassen wußte, und dem unvorhersehbaren Elend als
Folge der Pest, das zu einer plötzlichen Verschlechterung der
Lage beitrug und den Druck der Grundherren auf die Bauern
und die ständigen Steuerforderungen des Staates unerträg-
lich werden ließ. Die Antwort der Landbevölkerung war der
große Aufstand von 1381. Ihren Anfang scheint diese Revolte
in Essex und Kent genommen zu haben, wo sich die Bauern
weigerten, die von ihnen geforderten Abgaben zu leisten.
Dies führte im Mai und Anfang Juni 1381 zu einer offenen
Auseinandersetzung mit den zur Eintreibung der Steuer-
schuld entsandten Staatsbeamten, wobei aus diesen anfänglichen Scharmützeln dann nach und nach eine große, von
Wat Tyler angeführte Protestbewegung entstand, der sich
auch Handwerker und Geistliche wie etwa John Ball («Als
Adam pflügte und Eva spann, wer war da Ritter und Edel-
mann?») anschlossen.

Einerseits beruhte diese Bewegung auf dem Widerstand
der Bauern gegenüber den Ansprüchen ihrer Grundherren,
wobei dieser gemeinhin in der Verweigerung der geforderten Abgaben und verschiedenen (zum größten Teil lokal beschränkten) Angriffen auf die herrschaftliche Autorität zum
Ausdruck kam. Ausschlaggebend war zum anderen aber
auch ein tief im Volk verwurzelter Antiklerikalismus, von
dem die in *Piers the Plowman* erhobene Anklage gegen die
Korruptheit und Habgier des geistlichen Standes und die
Drohung, daß, sollten die Dinge sich nicht ändern, «bald das

schlimmste Unheil der Welt» eintreten würde, mit größter Begeisterung aufgenommen wurde.

Diesmal sollte der Aufstand den Rahmen der auf lokaler Ebene ausgetragenen Kämpfe gegen die Grundherren verlassen und auf die Regierung und das soziale Gefüge als Ganzes übergreifen, denn eine der wesentlichen Forderungen war ja gerade auch die Freistellung von jeder Knechtschaft. (Einige führende Vertreter dieser Bewegung, darunter auch John Ball, sprachen sogar von der Errichtung einer Gesellschaft, in der es nur noch Gemeinbesitz und keinen Unterschied mehr zwischen Nichtadeligen und Herren gibt).

Unterstützt von den Ärmsten der Stadt konnten die Aufständischen in London einmarschieren, und Wat Tyler überreichte dem König eine Bittschrift, in der an erster Stelle gefordert wurde, daß «fortan kein Mensch mehr unter Knechtschaft steht, keinem Herrn mehr Ehre oder Dienste zu erbringen hat, sondern diesem vielmehr für sein Land eine Pacht von vier Pennys zahlt». Während sich die Truppen zur Unterwerfung der Rebellen bereitmachten, akzeptierte der König alles, was man von ihm verlangte. Bis der Londoner Bürgermeister Tyler dann ermorden ließ – man dankte es ihm mit seiner Aufnahme in den Adelsstand –, worauf die Revolte in kurzer Zeit niedergeschlagen werden konnte.

In jenen Jahren gewann auch die Häresie der «Lollarden» an Boden, die sich auf die Anschauungen des Oxforder Theologen John Wycliffe beriefen. Wycliffe sah in der Christenheit eine Gemeinschaft der Auserwählten, ließ keine anderen unfehlbaren Bezüge als die der Heiligen Schrift zu (deshalb auch die von ihm mit dem Ziel einer direkten Lektüre seitens der Gläubigen vorangetriebene Übersetzung der Bibel ins Englische) und prangerte die Verderbnis einer hierarchischen Kirche an, die seiner Meinung nach all ihrer Besitzungen zu entledigen war, um erneut zu ihrer ursprünglichen Reinheit zu finden. Nach seiner Vertreibung aus Oxford und der Verurteilung seiner Doktrin verbreitete Wycliffe seine Gedanken über eine Reihe von «armen Wanderpredigern», die die Tyrannei der Priester und die Heuchelei der Mönche anprangerten. Und obwohl er sich ausdrücklich gegen die Aufständischen des Jahres 1381 wandte, konnte er nicht verhindern, daß die Lollarden der Verbreitung des Gedankenguts beschuldigt wurden, wodurch die Bauern zur Mißachtung des herrschaftlichen «Eigentums» an Wäldern, Parkanlagen und Jagdgebieten veranlaßt worden seien. Sie wurden als Feinde der gesellschaftlichen Ordnung stigmatisiert, und den Bischöfen gelang es denn auch 1401, ein Gesetz durchsetzen, das die Verbrennung der «Ketzer» sanktionierte.

Ruhe kehrte jedoch auch dann noch lange nicht ein. Unter Jack Cade geriet die englische Landbevölkerung Mitte des 15. Jahrhunderts erneut in Aufruhr. In Sussex rebellierten Bauern und Handwerker gegen die zahlreichen Übergriffe, denen sie sich immer wieder ausgesetzt sahen, vor allem aber gegen die von den Grundherren geforderten Abgaben. Zeitgenössischen Beobachtern zufolge hatten sie es sich zum Ziel gesetzt, alle Herren, «die zeitlichen wie die geistigen», zu vernichten. Zunächst forderten sie einen anderen König; später dann, daß zwölf der Ihrigen die ganze Welt beherrschen sollten.

Daß sich diese gesellschaftlichen Erschütterungen aus unabhängig von der demographischen Katastrophe verlaufenden Auseinandersetzungen ergaben, beweist unter anderem schon die Tatsache, daß eine der wohl umfassendsten Bewegungen dieser Art, nämlich die der Hussiten, gerade in Böhmen, einem von der Pest verschont gebliebenen Land, ihren Ursprung hatte. Hier, unter den Armen der Bergsiedlung Tabor, ebenso aber auch bei den Böhmischen Brüdern, äußerten sie die Forderungen des einfachen Volkes in ihrer radikalsten Form. Daß es sich dennoch im Vergleich zu anderen Aufstandsbewegungen keineswegs um eine Ausnahmeerscheinung handelt, ergibt sich schon allein daraus, daß an der Seite der Hussiten auch Waldenser, französische Glaubensflüchtlinge aus der Pikardie oder diverse Anhänger Wycliffes kämpften, so etwa der englische Lollarde Peter Payne, auch er ehemals Professor in Oxford.

Johannes Hus, erzogen im Geiste lokaler Reformbestrebungen zur Erneuerung der Kirche und bestärkt durch die Lektüre der Werke Wycliffes, wandte sich in seinen Predigten ab 1410 gegen den (vom Papst zur Finanzierung seines

Feldzugs gegen Neapel in Gang gesetzten) Verkauf von Ablässen und bediente sich dabei in seinen Schriften der tschechischen Sprache, mit der er Bürger und einfaches Volk besser erreichen konnte. Im Schutz eines Geleitbriefs von König Sigismund folgte er zur Verteidigung seiner Thesen dem Ruf des Konzils von Konstanz, wurde dort jedoch verhaftet und starb 1415 auf dem Scheiterhaufen. Vierhundertzweiundfünfzig böhmische und mährische Adlige unterzeichneten hierauf ein Protestschreiben, während die hussitischen Priester begannen, den Laien das Abendmahl unter beiderlei Gestalt zu reichen – als Zeichen des Aufbegehrens gegen ein den Priestern vorbehaltenes Privileg, so wurde der Kelch zum Symbol einer Kirche, die sich selbst als «utraquistisch» (wegen des Abendmahls unter beiderlei Gestalt) oder «kalixtinisch» (von lat. calix «Kelch») bezeichnete; das ganze Land wurde in der Folge von einem brodelnden Aufwall tschechischen Nationalgeistes erfaßt, so daß das, was einst als eine an den Papst herangetragene Forderung nach einem minimalen Reformprogramm begonnen hatte, plötzlich zu einem von der tschechischen Nationalkirche getragenen und von Adel und Bürgerschaft unterstützten Religionskrieg ausartete.

Die «hussitische Revolution» zeigt uns, welch komplexe und vielgestaltige Ursachen bei einer solchen großen Protestbewegung ineinander verschmelzen können und wie es möglich ist, ein solches Phänomen, je nach persönlichem Standpunkt, ganz unterschiedlich zu interpretieren. In der «hussitischen Revolution» trafen die von Adel und Bürgertum getragenen Reformbestrebungen, die kaum mehr als eine Kontrolle der Kirche und eine Verweltlichung ihres Besitzstandes forderten, und der vom niederen Volk unterstützte Radikalismus der Flügelgruppe aus Tabor zusammen. Während man sich in Prag mit einer Verkündigung der «vier Artikel» – Freiheit der Predigt, Laienkelch, Armut des Klerus und staatliche Kontrolle der Moralität – zufriedengab, erwarteten die Gläubigen in Tabor das bevorstehende Ende der Welt und die Wiederkunft Christi und forderten die Christen dazu auf, die Städte zu verlassen und Zuflucht in den Bergen oder an heiligen Stätten zu suchen. Ihrer Über-

zeugung nach würde es in der sich nahenden Zeit «kein Königreich, keine Herrschaft und keine Knechtung» mehr geben,
und alles wäre im Besitze aller: «Niemand darf mehr Eigenes
haben, denn jeder, der Eigenes hat, macht sich einer Tod-
sünde schuldig.» Es war die Zeit der Rache gekommen, und
die Brüder von Tabor waren die «Vertreter Gottes», die allen
Sündern «mit Waffen und Feuer» ein Ende bereiten sollten.

Sechs gegen die Hussiten angesetzte Kreuzzüge vermochten die kalixtinische Kirche nicht auszumerzen, und wenn
auch die radikalen Vertreter der Bewegung von deren gemä-
ßigten Gruppen selbst niedergemacht wurden, so konnten
deren Gedanken – und hier insbesondere ihre Kritik an der
Ständegesellschaft und ihre Weigerung, ein Recht auf die An-
eigung von Ländereien und die knechtschaftliche Unterwerfung anderer zu akzeptieren – in der Lehre der späteren Brü-
derunitäten eine erneute Auferstehung feiern. Die ersten drei
im Jahre 1467 geweihten Priester dieser Vereinigung waren
ein Bauer, ein Müller und ein Schneider, ihr letzter Bischof im
17. Jahrhundert hingegen war der große Philosoph Comenius.

Es ist nicht einfach, wenn nicht gar unmöglich, die tiefen
Gründe all dieser Aufstandsbewegungen offenzulegen. Er-
schwert wird das Unterfangen vor allem durch den Gebrauch einer religiös eingefärbten Sprache, die Bestandteil
der damaligen Kultur von Menschen war, für die die Umgestaltung der Gesellschaft stets in enger Verbindung mit
den eigenen religiösen Erwartungen stand und konkret in
der Hoffnung auf die Verheißungen der Bibel im Sinne
«neuer Himmel und einer neuen Erde, auf der auf ewig Gerechtigkeit wohnen wird» zum Ausdruck kam.

Solche Episoden nahmen im Europa des 14., 15. und
16. Jahrhunderts ständig an Bedeutung, aber auch an Häufigkeit zu – kein Bauernaufstand hatte zuvor die Ausmaße der
Jacquerie oder der Revolte der englischen Bauern vom Jahr
1381 erreicht. Es begann so ein Zeitalter der sozialen Auseinandersetzungen, das fast übergangslos in die deutschen
Bauernkriege münden sollte und nicht nur von den privilegierten Ständen, sondern auch von weiten Kreisen des Bürgertums als eine ernsthafte Bedrohung empfunden und gefürchtet wurde.

Auch der Klerus selbst war in sich gespalten. Nur die wenigsten derer, die eine Reform der Kirche herbeisehnten, waren tatsächlich auch an einem Umsturz der Gesellschaft interessiert. Weder Wycliffe noch Hus wollten sich an die Spitze eines Volksaufstands gedrängt sehen. Bei den Lollarden aber gab es Geistliche, die Wat Tyler in seinem Kampf für eine Welt der Gleichheit folgten, und auch in Tabor waren es wieder Priester, die aus der Bergsiedlung eine Gemeinschaft ohne Privateigentum gemacht hatten.

Der soziale Aufruhr setzte sich ohne Unterbrechung bis zum großen Schrecken der deutschen Bauernkriege fort. Im Jahre 1476 erschien einem gewissen Hans Behem die Jungfrau Maria und forderte ihn auf, fortan ein Leben in Armut und Frömmigkeit zu predigen. Nachdem die Bauern diesem ehemaligen Schäfer und Handtrommelschläger aus Niklashausen zu Tausenden zuliefen, sah sich die Kirche schließlich zu einem Einschreiten gegen jenen «falschen Propheten» veranlaßt: Man klagte ihn des Aufruhrs gegen Obrigkeit und Klerus an, verhaftete ihn und verbrannte ihn als Ketzer bei lebendigem Leib. Bewegungen wie die des «armen Konrads» oder des Bundschuhs 1517 stellen dann die Verbindung zwischen diesen Vorfällen und dem Ausbruch von 1524 her.

Seinen Ausgang nahm dieser große Aufruhr im Frühjahr 1524 im Schwarzwald, wo sich die Bauern weigerten, dem Kloster St. Blasien weiterhin Pachtabgaben und Feudaldienste zu leisten. Im Juni dann verschärfte sich die Lage um ein weiteres, als eine Gräfin ihre das Heu einfahrenden Bauern zum Einsammeln von Schnecken abkommandieren wollte. Wie Feuer verbreitete sich die Revolte auf Dörfer und Städte und ergriff im Verlauf von nur zwei Jahren ein Gebiet vom Elsaß bis nach Tirol. Im Vergleich zu früheren Bauernaufständen liegt die besondere Bedeutung dieses Aufruhrs gerade in seiner Breite und seiner Allgemeinheit, so daß er ohne weiteres als die größte revolutionäre Initiative gesehen werden kann, die sich je auf deutschem Boden ergeben hat.

Wenngleich als «Bauernkriege» bezeichnet, handelte es sich bei den von den Zeitgenossen als «Landvolk» bezeichneten Aufständischen keineswegs nur um Bauern; beteiligt waren ebenso gewisse Kreise der niederen Stadtbevölkerung.

Einen Eindruck von der Komplexität der dem Aufruhr zugrundeliegenden Ursachen vermitteln uns die verschiedenen
Programme seiner Anführer: Neben einer Reihe von im Zusammenhang mit der Aufhebung der Leibeigenschaft und
den Mißbräuchen seitens der Feudalherren geäußerten Ansprüchen (so deren Aneignung von Gemeindebesitz oder das
Bestehen auf übermäßige Arbeitsleistungen) finden sich hier
auch Forderungen hinsichtlich der städtischen Verwaltung
sowie spezifisch kirchliche Fragen, darunter etwa das Recht
der Gemeinde, ihre Pfarrer selbst zu wählen und abzusetzen,
die allgemeine Aufhebung der Klöster usw. Hinter diesen
Manifesten stand ein ernstliches Unbehagen der Bauern,
eine traditionell antiklerikale Haltung, ebenso aber auch die
Überzeugung, daß dieses Aufbegehren der niederen Klassen
ganz im Sinne der von den Vertretern der Reformation vor-
getragenen Thesen einer Erneuerung des «göttlichen Gesetzes» stand. Mit den zwölf Artikeln von Memmingen zum
Beispiel wurde eine Reihe von Theologen – darunter Luther,
Melanchthon und Zwingli – dazu aufgefordert, «das Wesen
des göttlichen Gesetzes» zu definieren.

Vielerorts begann die Bewegung durchaus friedlich und
beschränkte sich darauf, die Grundherren angesichts der vermeintlichen Billigkeit der vorgebrachten Forderungen zu
Verhandlungen zu zwingen. Und obwohl Luther kaum zögerte, jene «raubend und mordend durchs Land streichenden
Bauernhorden» zu verurteilen und die Landesfürsten zu deren Bestrafung aufzufordern, hatten die Aufständischen wiederum Theologen von der Größe eines Thomas Müntzer an
ihrer Seite, welcher mit seiner Behauptung, Gott habe der
Gemeinschaft der Christen sowohl die Macht des Schwertes
wie die Macht der Vergebung der Sünden gegeben, ihr Auftreten rechtfertigte (und dieses Engagement dann mit dem
Leben bezahlen mußte). Er wurde in Mühlhausen enthauptet.

Die Niederlage der Bauern und ihre blutige Unterdrük-
kung – die Dürer übrigens 1525 zu einem Projekt für ein
Denkmal zu Ehren eines toten Bauern anregte – vermochte
die «radikale Reformation» nicht aufzuhalten. Bereits zehn
Jahre später kam es in Münster zu einem erneuten Auf-

flackern des Kampfes, der sich von dort aus womöglich auch nach Holland ausbreitete. Der Versuch jedoch, in der Stadt das Königreich Christi zu errichten, endete in einem furchtbaren Blutbad, bei dem selbst Frauen und Kinder der Wiedertäufer gemeinsam von Katholiken und Lutheranern ermordet wurden.

Solange es offensichtlich nur um die religiösen Aspekte dieser Protestbewegung ging, konnten die Vertreter des christlichen Humanismus als Nachfolger der «devotio moderna» diese Volksaufstände durchaus begrüßen. Selbst Erasmus nahm die ersten Berichte von gestürmten Klöstern eher gelassen auf und sah hierin den Ausdruck eines Aufbegehrens gegen die Mönche. Als man sich jedoch auch der sozialen Aspekte bewußt werden mußte, als bereits eine Gruppe holländischer Handwerker am Königreich des Neuen Zion in Münster beteiligt war und dieses Beispiel dann auf die Stadt Amsterdam übertragen wollte, da konnte ein schon kurz vor dem Tod stehender Erasmus seinen Schrecken angesichts einer drohenden Kontrolle der Gesellschaft durch die «Plebs» kaum mehr verbergen. Einer seiner Schüler, ein gewisser Luis Vives aus Valencia, vertritt so etwa in seiner *De la comunidad de los bienes* die Ansicht, daß diese missionarischen Ideale keineswegs mit der christlichen Lehre zu vereinbaren seien, da letztere sich ja allein auf die Predigt der freiwilligen Barmherzigkeit beschränkt, und daß ihre Umsetzung ferner auch jeder möglichen Grundlage entbehre, durchbrächen sie doch die gerechte soziale Ordnung und vergäßen sie, daß «das Gesetz Christi zwischen Knecht und Herrn, zwischen Mächtigen und Menschen einfachen Standes» unterscheidet.

Die von Katholiken und Protestanten mit gleichem Eifer verfolgten radikalen Gruppen – Servets tragischer Tod auf dem calvinistischen Scheiterhaufen zeigt, daß «inquisitorische» Schrecken sowohl hier wie dort wüten konnten – überlebten in den in Europa immer seltener werdenden Enklaven religiöser Freiheit. Die Wiedertäufer setzten sich aus Deutschland ab. Einige ließen sich in Mähren nieder, wo sie in einem Klima der Toleranz auch weiterhin ihren Grundsätzen gemäß in gemeinschaftlichen Häusern von gemein-

schaftlich bestrittener Arbeit leben konnten. Welches Schicksal sie allerdings erwartete, wenn sie in die Hände ihrer Ver-
folger fielen, zeigt uns der Fall eines Jakob Hutter, der 1536
in Tirol gefangengenommen, gefoltert und bei lebendigem
Leib verbrannt wurde: «Nachdem man ihn in eiskaltes Wasser gesetzt hatte, brachte man ihn in ein glühend heißes Bad
und peitschte ihn mit Ochsenziemern aus; dann riß man
seine Wunden auf und übergoß sie mit Branntwein, legte
Feuer an ihn und ließ ihn verbrennen.»

Jeder Widerstand gegen die etablierte – politische, wirtschaftliche, soziale wie religiöse – Ordnung erscheint uns im
allgemeinen immer als eine Abweichung vom normalen Verlauf der Geschichte. Dies hängt ganz einfach damit zusammen, daß wir uns eine Erklärung vom Verlauf der Entwicklung der europäischen Gesellschaft zurechtgezimmert haben, nach der alles, was uns zu unserer heutigen Gegenwart
hinführt, als «normal», und alles, was von dieser Regel ab-
weicht, als Verirrung, mit einer gewissen Sympathie besten-
falls noch als aussichtslose Utopie gesehen wird. Aus dieser
Perspektive heraus müssen wir derartige «Abweichungen»
zwangsläufig als punktuelle Geschehnisse betrachten, die
dann im Verhältnis zur «Normalität» ihrer Zeit analysiert
werden. Auf eine Suche nach eventuell vorhandenen Quer-
verbindungen wird hierbei besser verzichtet, sähe man sich
doch so unter Umständen dazu gezwungen, die Existenz einer anderen, nicht mit der «normalen» Entwicklung über-
einstimmenden evolutiven Richtung mit eigener Rationalität und eigener Kohärenz zugeben zu müssen.

Befreien wir uns jedoch bei einer Untersuchung der Geschichte Europas in der Zeit des Übergangs vom Mittelalter
in die Neuzeit von mediatisierenden Trugbildern wie etwa
dem der Pest als Auslöser aller wirtschaftlichen, sozialen, ja
sogar kulturellen Veränderungen, und verzichten wir ferner
auf die parteigebundenen Interpretationen, die uns von den
Siegern über die nach einer neuen Welt strebenden Denker
vermacht wurden, dann werden wir gewahr, daß es vielleicht tatsächlich einen anderen als den eingeschlagenen Weg
gegeben hätte, ein anderes, in sich geschlossenes Konzept als
Grundlage für eine gerechtere und egalitärere Gesellschaft.

Gewisse Züge dieses gescheiterten Alternativprojekts lassen sich im großen Gedankenkomplex dessen erahnen, was wir gemeinhin als die zeitgenössische «Volkskultur» bezeichnen und wohl besser als «Kultur der Kritik» führen sollten, dient doch der semantische Rückgriff auf das Wort «Volk» allein dazu, diese gegenüber der «belesenen Kultur» der «Eliten» auf ein tieferes Niveau abzusenken. Aus dieser Einstellung heraus fänden wir vielleicht zu einer Linie, die all die vermeintlichen «Anomalien» untereinander verbindet und zu einer globalen Interpretation jener schweren gesellschaftlichen Krise führt, die unseren Kontinent damals heimsuchte.

Wir haben weiter oben von der Existenz einer «folkloristischen», volkstümlichen Tradition gesprochen, die ab dem 11. Jahrhundert zeitgleich mit den «großen häretischen Bewegungen» in Erscheinung trat und in gewisser Weise wohl als Alternative zur «Kultur des Klerus» aufgefaßt werden kann. Es handelte sich hierbei keineswegs um ein rein «bäuerlich-rustikales» Phänomen, so wie dies dem heutigen Sinngehalt des Wortes «Folklore» entsprechend vermutet werden könnte. Vielmehr ging es um eine weit ausholende kritische Kulturströmung, an der auch durchaus Vertreter der gebildeten Bevölkerung beteiligt waren.

An den Rändern mittelalterlicher Manuskripte – so etwa Meß- und Stundenbücher, anspruchsvolle Romane usw. – treffen wir auf allerhand burleske Darstellungen: eine Nonne, die als Parodie der gängigen Marienbilder einen Affen säugt, Beischlafs- oder Defäkationsszenen, Fabelwesen, Bäume mit Phallusfrüchten ... Auch in Kirchen und Klöstern sind derb-satirische Bilder in großer Zahl vorhanden (in den Chorgestühlen pflegen uns wahre Ausgeburten obszönen Einfallreichtums entgegenzutreten).

Wir stoßen auf eine Welt der Erzählungen, Bilder und Darstellungen, die sich zum einen aus Sprichwörtern, Mythen und «volkstümlichen» Glaubensüberzeugungen nähren, dabei zum anderen aber auch eine enge Beziehung zu einer alternativen Kultur belesenen Ursprungs wahren, ja mit dieser in einer Art Symbiose zusammenleben, die nur schwer in ihre Einzelelemente zerlegt werden kann. Es ist dies die Welt der Goliarden und der «Carmina burana», der die Bibel

parodierenden aufgeblähten Texte, der Imitation liturgischer
Feiern mit grotesken Gebetstexten, der *Spinnstubenevange-
lien,* der erotischen *fabliaux* oder der Farsen, wie etwa jene
des «Maître Pierre Pathelin», in denen ein «Schäfer vom
Land» einen betrügerischen Anwalt hinters Licht führen
kann.

Mit beißender Ironie wird das idealisierte Rittertum der
alten Heldenlieder travestiert; so etwa bei *Audigier,* einer
Dichtung, in der der feierliche Ritterschlag des Helden
durch ein mitten im Festestrubel defäkierendes altes Weib zunichte gemacht wird, bei *Trubert,* wo ein kecker Bauer einem
Grafen die Hörner aufsetzt und im Bett einen König betrügt,
vor allem aber, und ganz bewußt, in *Aucassin et Nicolette,* in
dessen Mittelpunkt ein trottelhafter, weinerlicher Ritter und
eine entschlossene, voller Energie steckende Heroine stehen,
eingehüllt in ein an eine «verkehrte Welt» erinnerndes Ambiente: das Königreich Torelore, wo der König angesichts
der Geburt seines Sohnes das Bett hütet und die Königin in
einen Krieg zieht, in dem die Kämpfenden mit frischem
Käse, reifen Früchten und großen Pilzen bewaffnet sind, und
wo der König Aucassin von seinen kriegerischen Absichten
mit der Ermahnung abbringt, daß es hierzulande nicht
Brauch sei, sich gegenseitig umzubringen.

Zu dieser Kultur gehört die aus Anlaß von Festen gepflegte Inversion und Parodie. Feste religiösen Ursprungs
wie das der Verrückten, bei denen ein Chorknabe zum
Bischof des Tags der Unschuldigen Kinder ernannt und in
feierlicher Prozession geehrt wird, während die Geistlichkeit, gewöhnlich mit Frauenkleidern angetan und reichlich
mit Wein versorgt, in der Kirche dem Würfelspiel frönt.
Ebenso auch das Fest der Esel, bei dem das Gotteshaus
selbst Schauplatz einer Verballhornung des liturgischen Ab-
laufs wird. Vor allem aber die verschiedenen weltlichen Feste
und Feierlichkeiten, wie etwa der von Bruderschaften, Zünf-
ten und Vereinen veranstaltete Karneval, selbst wenn dieser
sich auf den religiösen Vorwand des Beginns der Fastenzeit
beruft.

Dieses ganze Konglomerat von parodisierenden Festveranstaltungen wurde von Bachtin zu Recht als Gegenstand einer

globalen Interpretation herausgestellt; ihm zufolge bestand die wesentliche Aufgabe dieses «grotesken Realismus» in einer «Degradierung», über die das Erhabene konkretisiert und vulgarisiert werden konnte. Er übersah dabei jedoch die Bedeutung, die diesen Darbietungen im Hinblick auf eine Kritik an der Gesellschaft beikam. Es geht nicht einfach nur darum, gewisse Grundlagen der Ständegesellschaft ins Lächerliche zu ziehen – so etwa die liturgischen Ausdrucksformen der Religion, die Aufnahme in den Ritterstand –; indem Könige und Bischöfe unter Verrichtung der gleichen physiologischen Funktionen wie deren Untertanen und Gläubige dargestellt werden, wird ferner auch an eine essentielle Einheit aller Menschen erinnert.

Zum Verständnis dieses kulturellen Tatbestands muß diesem noch die Dimension der sogenannten «Volksreligion» hinzugefügt werden: jene so spezielle und spezifische Auffassung alles Religiösen, die mit der Verspottung des Zeremoniells und der offiziellen Regeln vereinbar ist, jener Antiklerikalismus, der eine größere Beteiligung der Laien im Bereich der Religion fordert. Es handelt sich hier keineswegs, wie wiederholt behauptet, um eine ihrem Wesen nach «bäuerliche» Kultur. Der Kontrast zwischen dem armen Bürger und dem Bauern ist falsch. Land und Stadt leben in einer viel engeren Beziehung zusammen, als das im allgemeinen zugegeben wird. Die Kritik wendet sich zunächst vor allem gegen die privilegierten Bevölkerungsschichten, die die von ihnen gepflegte Ausbeutung anhand der Lehre von den drei Ständen (oder der noch älteren, dabei aber ihrer Funktion nach ebenbürtigen Theorie eines Vergleichs der Gesellschaft mit dem menschlichen Körper, bei dem bestimmte physiologische Einheiten für andere, edlere Organe arbeiten müssen) rationalisieren will, und greift dann auch über auf die Gelehrten, die ebenfalls diesem Gesellschaftsmodell anhängen. Die Verspottung des Bauern – die ihre Rechtfertigung in seiner angeblichen «Dummheit» suchte, tatsächlich jedoch gegen dessen starre Unbeugsamkeit anging – stammt gerade aus jenen Kreisen der Bevölkerung und beruht dort auf der uneingestandenen Furcht vor einem möglichen Aufruhr. Nicht Verachtung, sondern Haß und Angst sind es, die aus der Szene zwischen Lietard und dem Bären des *Roman de Renart* sprechen, das typische Werk eines Gelehrten, der auf der Seite der Grundherren steht und diesen zu einem harten Vorgehen gegen die Bauern rät, deren Wort man «meiner eigenen Erfahrung nach» nicht trauen könne.

Eine Abtrennung dieses als «volkstümlich» eingestuften kritischen Kulturguts von der «gelehrten Kultur» verfälscht die Tatsachen, da viele ihrer Elemente ja auch in den Werken der damaligen «Gelehrten» zum Vorschein kommen. Der Machiavelli, den wir aus den Betrachtungen über Livius kennen, ist der gleiche, der auch *La mandragola* oder die *Canti carnascialeschi* schrieb und der in *Dell'asino d'oro* das Thema des Streits zwischen Tieren und Mensch aufgreift, um in der Frage, wer edler sei, zur Schlußfolgerung zu kommen, daß der Mensch das einzige Tier ist, das seine eigenen Artgenossen «ermordet, kreuzigt und beraubt»:

> Kein anderes Tier wohl hat zarteres Leben
> und sucht zu leben mit größerem Wahn,
> in größerer Wirrnis oder mit größerer Wut.

Die Verzerrung, mit der uns diese Dinge unter ausdrücklicher Verachtung der «kleinen Tradition» der Ungebildeten dargestellt werden, hindert uns heute an einem vollen Verständnis von Männern wie etwa Machiavelli oder auch Pieter Bruegel, dessen von Vitalität und Lebensfreude überschäumende Darstellungen der Welt der Landbevölkerung immer wieder verallgemeinernd als simple Karikaturen abgestempelt werden: In seinen Stichen und Gemälden – so heißt es – haben die Bauern «vulgäre Züge und ausdruckslose Gesichter», und so schließt man denn, daß Bruegel «möglicherweise die herkömmliche Auffassung von der Dummheit des Bauern teilte». Diese Aussage ist absolut aus der Luft gegriffen. Man muß sich nur seine Wiener *Bauernhochzeit* ansehen, um darin ausgeglichen ernste und kluge Menschen zu entdecken – übrigens auch den Maler selbst, der sich vor der Teilnahme an einem dieser volkstümlichen Feste keineswegs scheute. Bruegels Einnahmen stammten zum größten Teil aus dem Verkauf von solchen sich an ein breites Publikum wendenden Darstellungen, deren künstlerischer Nährboden in Elementen der volkstümlichen Kultur und hier speziell im Bereich der Fabeln, der Sprichwörter und Aussprüche seines Landes zu suchen ist. (In einem seiner Werke konnten Anspielungen auf bis zu 118 verschiedene Redensarten ausgemacht werden.) Was für einen heutigen Betrachter Erfindungsgabe und Phantasie zu sein scheint, war für Bruegels Zeitgenossen nicht mehr und nicht weniger als eine gemeinsame Sprache, die von allen verstanden wurde.

Beredsamstes Zeugnis dessen jedoch, was aus der Vermischung von Volkstum und Bildung mit Neigung zu einer kritischen Sicht entstehen konnte, ist ohne jeden Zweifel das Werk eines Rabelais, der nicht nur von den in der Volkskultur zusammengetragenen Schätzen, sondern auch von einer soliden wissenschaftlichen und humanistischen Bildung profitierte: Er nannte Erasmus seinen «Vater», verspottete das in der Tradition erstarrte, sterile Buchwissen, das in dem großen Katalog der Bibliothek von Saint Victor bewahrt wurde, und feierte die Fortschritte des Neuen – «heute sind alle Gebiete des Wissens neu entstanden» – in jenem Brief, in dem Gargantua einen wahrlich außerordentlichen Studienplan für seinen Sohn erstellt. Dieser Mann, der all jene verachtete, die «von neuem mit toten Steinen bauen», und diesen sein Programm nach dem Motto «ich baue nur mit lebenden Steinen, mit Menschen» entgegensetzte, zögerte nicht im mindesten, halb scherzend halb ernst jegliche religiöse Intoleranz anzuprangern. Seine Ansichten wurden von der Sorbonne mit der Zensur seines «mit verschiedensten Ketzereien beladenen» *Dritten Buches* bestraft, und auch sein *Viertes* wurde verdammt, verboten und brachte ihm vermutlich eine Kerkerhaft ein; es konnte dann erst kurz vor seinem Tod veröffentlicht werden. Die uns von ihm in seinem *Vierten Buch* vorgeschlagene Reise zu jenen wunderbaren Inseln jedoch, die dann auf Grundlage der von ihm hinterlassenen Skizzen in einem von anonymer Hand verfaßten *Fünften Buch* zum Abschluß kommt, war damals bereits unmöglich geworden. Das in Gargantuas Brief aufgezeigte Projekt einer von der Wissenschaft erleuchteten Gesellschaft, die, wie die Abtei von Thélème, vom Gesetz der Toleranz und Aufgeklärtheit gelenkt wird, konnte nicht mehr verwirklicht werden. Das

Fünfte Buch erschien in einer Zeit, in der Ronsard bereits an seinem *Discours des misères de ce temps* schrieb, in dem er das Unheil eines von den Religionskriegen zerstörten Landes beschreibt, eines Frankreichs, «das von seinen eigenen Söhnen eingekerkert, entblößt und voller Niedertracht zu Tode gepeitscht» worden ist.

Die große Angst vor sozialem Aufruhr machte jenes Projekt der Umgestaltung zunichte, das in sich als gemeinsames Ziel die Reformbestrebungen des Humanismus und die Forderungen der breiten Volksmassen Europas nach einer egalitäreren, den Idealen des Evangeliums näherstehenden Gesellschaft hätte vereinen können, in der die Bauern ihren Herren (wie von den englischen Rebellen 1381 gefordert) nur noch eine angemessene Pacht zahlen, die Geschicke der Städte (wie von Savonarola postuliert) von Kommunalräten mit weitestgehender Beteiligung der Bevölkerung gelenkt werden und die Religion nicht mehr unter der Kontrolle einer hierarisch aufgebauten Kirche steht, sondern eine aktive Beteiligung der Laien impliziert. Ein Projekt, mit dem es zum Aufbau einer Gesellschaft hätte kommen können, die Wissenschaft und philosophischem Denken volle Freiheit gewährt, in der es keine Zensur, keine Inquisition gibt, in der abweichende Auffassungen schließlich nicht wie bei Hus oder Servet mit dem Tode geahndet werden.

Mitte des 16. Jahrhunderts sind diese Träume praktisch ausgeträumt. Ein neues Gespenst hatte die Europäer plötzlich in Schrecken versetzt: das Gespenst des «vulgären, dummen und bösen» Bauern, der die bestehende gesellschaftliche Ordnung in Frage stellt. Das Bild des Feindes, den es jetzt zu bekämpfen galt, war das des Bauern, dem als solchen alle Züge der Barbarei, der Ignoranz eigen waren und der die Niedrigkeit des «gemeinen Volks» im Gegensatz zur Erhabenheit des «Adels» verkörperte.

Sechstes Kapitel

Der Spiegel des Hofes

Anfang des 16. Jahrhunderts schien die gegebene Ordnung in Europa in Frage gestellt zu sein. Der alte Druck des Adels und ein erneut aufkommender Druck seitens der Landesfürsten, die zunehmend mehr Steuern und mehr Soldaten forderten, lastete schwer auf den breiten Volksmassen und insbesondere auf der Bauernschaft, deren Unmut sich in immer häufiger werdenden Aufständen Ausdruck verschaffte. Während sich so im 14. Jahrhundert für den deutschen Raum rechnerisch etwa ein Aufruhr pro Generation ergibt (etwa alle 25 Jahre), sind es zu Beginn des 16. Jahrhunderts bereits 18 (nahezu eine Revolte pro Jahr). Diese Aufstände verliefen zudem immer bewußter und radikaler. Sie konnten sich als Folge eines konkreten Übergriffs ergeben; viel öfter jedoch hatten sie ganz präzise Forderungen nach einer gesellschaftlichen Reform zum Ziel. Ob sie nun aber nach einer illusorischen, von den Grundherren angeblich verletzten «moral economy» strebten oder sich im Sinne einer egalitären Auslegung der Heiligen Schrift auf das göttliche Gesetz beriefen und ihrem Diskurs so einen deutlich «traditionalistischen» Charakter beigaben – stets verbarg sich hinter diesen Haltungen die Hoffnung auf eine neue Gesellschaft, in der allen Menschen die gleichen Rechte zustehen, in der die Vertreter der öffentlichen Macht aus Wahlen hervorgehen und in der die Religion nicht mehr ein Instrument sozialer Kontrolle in den Händen des Klerus ist.

Seit Ende des 15. Jahrhunderts säte die «rustica seditio» Schrecken «in Burgen, Klöstern und Bürgerheimen». Schrecken, die der deutsche Bauernkrieg, und dann vor allem die Geschehnisse in Münster, zum Höhepunkt steigerten und die noch lange Jahre anhalten sollten, begannen die Aufstände doch erst gegen Mitte des 17. Jahrhunderts allmählich wieder abzuflauen. Wie konnte dieser Bedrohung nun Einhalt geboten werden? «Um der wie das Unkraut

wuchernden Anmaßung der Bauernschaft ein Ende zu bereiten», schlug ein Züricher Geistlicher vor, deren Haus und
Gut alle fünfzig Jahre einmal zu zerstören. Sicher ein allzu
kostspieliges Unterfangen, denn letzten Endes waren ja die
mutmaßlichen Zerstörer auf den Ertrag der von den Opfern
der Zerstörung geleisteten Arbeit angewiesen.

Mit der gewaltsamen Unterdrückung einer jeden neuen
Bewegung war es nicht getan; vielmehr galt es, die breiten
Volksmassen über eine zu einem neuen Konsensus führende
moralische Rückeroberung wieder unter Kontrolle zu bringen. Im 16. und 17. Jahrhundert steht die Geschichte Europas ganz im Zeichen dieses nach innen gerichteten Feldzugs,
der auf die Schaffung einer einheitlichen Gesellschaft und die
Durchsetzung der von den führenden Schichten beanspruch-
ten Vormachtstellung abzielte. Im Kampf gegen jegliche abweichende Meinung – gegen Hexen, Häretiker und Ungläubige, gegen alle die gegebene Moral untergrabenden Kräfte
und gegen die Juden –, aber auch zur Verbreitung einer die
soziale Kontrolle über Pfarrer und Priester unterstützenden
orthodoxen Religiosität boten Reformation und Gegenrefor-
mation gleichermaßen all ihre Kräfte auf.

Die Hexerei war nichts Neues. Worauf sich die Menschen
des Mittelalters unter dieser Bezeichnung bezogen, war eine
Mischung aus heidnischen Elementen, volkstümlicher Tradition und «niedriger Magie», der zur Rechtfertigung ihrer
Verfolgung die Vorstellung eines Pakts mit dem Teufel beigegeben wurde. Magie – nach Bodin die «Wissenschaft von
den göttlichen und den natürlichen Dingen» – und Hexen-
wesen – «Hexer ist jener, der sich bewußt darum bemüht,
etwas durch teuflische Macht zu erreichen» – dürfen nicht
miteinander verwechselt werden. Die Hexerei wurde gemeinhin im Zusammenhang mit gesellschaftlichen Randper-
sönlichkeiten gesehen – so etwa Juden, Ketzern und vor allem
Frauen –, und, wie auch die Häresie, mit Unzucht und Un-
sittlichkeit in Verbindung gebracht: «Alle Hexerei ist Ausge-
burt der Lust des Fleisches, die beim Weibe unersättlich ist.»

Die ersten öffentlichen Verfolgungswellen setzten im
14. Jahrhundert in den Niederlanden, in Deutschland und in
Nordfrankreich ein, wobei sich diese jedoch im Vergleich zu

späteren Hexenjagden gleichen Vorzeichens eher bescheiden ausnahmen. Bei der «Hexenjagd» des 16. und 17. Jahrhunderts kam es zu Tausenden von Prozessen und zu einer schier endlosen Reihe von Todesurteilen, deren Zahl zwischen mindestens 50000 und maximal 200000 schwanken dürfte. 80 Prozent der Angeklagten waren Frauen – nach Meinung einiger Autoren wurden damals in Europa im Durchschnitt zwei Frauen pro Tag hingerichtet –, und von diesen wiederum war die Mehrzahl über vierzig Jahre alt. Die Exekutionen hielten bis ins 18. Jahrhundert an: In Europa fand die letzte 1782 in Glarus in der Schweiz statt; aber selbst fünf Jahre später noch, etwa zeitgleich mit der Niederschrift der Verfassung der Vereinigten Staaten, trieb eine dem Hexenwahn verfallene Volksmenge in Philadelphia eine Frau zu Tode.

Was ursprünglich eine bäuerliche Interpretation von Beschwörungen und Verwünschungen war, änderte seinen Charakter, als die Kirche sich damit zu befassen begann. Im Jahre 1487 veröffentlichten zwei deutsche Dominikaner den *Malleus maleficarum,* in dem die Hexerei zu einer «zum Sturze des Christentums angelegten teuflischen Verschwörung» wurde. Die Kirche ließ diese Gelegenheit, auf die bäuerliche Gesellschaft einwirken zu können, nicht ungenützt verstreichen. Die assoziative Verknüpfung von Sabbat und Nacht wurde mit einem in der Landbevölkerung üblichen regen nächtlichen Leben (Schlägerei, Vergnügen, Liebeswerben) in Verbindung gebracht, und die Anschuldigung der Frau hing eng mit ihrer Rolle als Vermittlerin der Volkskultur und mit ihrem Auftreten als Heilkundige und Hebamme zusammen («die weiße Frau» als Eingeweihte in die Künste der Magie, die von ihr zum Wohle der Mitmenschen und speziell zur Heilung von Krankheiten eingesetzt wird), wodurch der von ihr ausgeübte Einfluß zwangsläufig in Konflikt mit dem des Ortsgeistlichen geraten mußte. Diese Intervention wurde jedoch gleichermaßen auch im Sinne einer «Dämonisierung» der ländlichen Sexualität genutzt, die sich im allgemeinen allzu frei zu entwickeln schien.

In seiner ganzen Tragweite kann das Phänomen des Hexenwahns nur im entsprechenden historischen Zusammenhang verstanden werden. In Frankreich setzte die Hexenjagd mit dem Abklingen des Vorgehens gegen die Ketzer ein (obwohl ein Priester noch im Jahre 1748 vom Bischof von Nîmes dazu angehalten wurde, in seiner Predigt «gegen die Hexer, Hexen, Zauberer und Hellseherinnen des Ortes» anzugehen), und gewissen Thesen zufolge zeigte sie sich dann im allgemeinen um so intensiver, je schwächer die Position der örtlichen Machtinstanzen war, die sich aus ihrer eigenen Unsicherheit heraus nur allzu eilfertig bereit zeigten, ihre potentiellen Feinde als Abgesandte des Teufels zu identifizieren. In Holland hingegen, mit einer in sich gefestigten Gesellschaft, war der Hexenwahn viel weniger ausgeprägt.

Auch in Spanien, Portugal und Italien waren Hexenjagden weniger häufig, jedoch nicht, so wie dies im allgemeinen begründet wird, als Folge von «Weisheit und Stärke» der Inquisition, sondern ganz einfach deshalb, weil diese mit der nicht minder grausam vorangetriebenen Verfolgung und Verbrennung von Protestanten, Morisken und Juden ausgelastet war. (Mit wahrem Ergötzen schildert so ein Pater Garau die Szene, bei der ein mallorquinischer Jude – «fett wie ein Zuchtschwein und von innen her ausbrennend» – auf dem Scheiterhaufen den Tod fand.) Unter Mißachtung der mit den islamischen Herrschern von Granada unterzeichneten Verträge versuchte man so, die Mauren mit Gewalt zum Christentum zu bekehren, worauf sich diese erbittert zu einer Reihe von immer wieder niedergeschlagenen Aufständen herausgefordert sahen. Dieser anhaltende Konflikt endete schließlich mit der durch Waffengewalt herbeigeführten Konversion, der Versklavung von ungefähr 25 000 granadinischen Morisken und der (mit einer Sterbeziffer von 20 bis 30 Prozent vorangetriebenen) Deportation weiterer 80 000, die sich dann, über die gesamte Iberische Halbinsel verteilt, einer wahren Schreckensherrschaft unter Aufsicht der Inquisition ausgesetzt sahen. In diesem Zusammenhang möchte ich hier nur kurz auf einen ganz alltäglichen, sozusagen «normalen» Fall eingehen, mit dem das Klima des allgemeinen Terrors sicher besser beschrieben werden kann als mit den aufsehenerregendsten Prozessen: Auf dem 1579 in der Stadt Mallorca abgehaltenen Ketzergericht wurde eine ursprünglich aus Granada stammende und später dann versklavte Maurin schuldig gesprochen, «weil sie sich des maurischen Namens Fatima bediente und nicht auf den Namen Isabel, sondern nur auf Fatima hörte», weil sie verdächtigt wurde, andere Morisken zu einem Leben «nach Art der Mauren» aufgefordert zu haben, und weil sie während ihrer siebenjährigen Sklaven- und Christenzeit nicht ein einziges Mal gebeichtet hatte. Nachdem es sich nun um eine über siebzig Jahre alte Greisin handelte, die bereitwillig allem abschwur, was von ihr verlangt wurde (und dies, obwohl ihr kein Vergehen nachgewiesen werden konnte), «beschränkte» sich ihre Strafe auf eine beschämende Zurschaustellung auf dem Autodafé, auf hundert Streiche und auf lebenslänglichen Kerker.

Weder Überwachung noch politische Gewaltanwendung reichten jedoch aus. Die Morisken hielten nach wie vor an ihrem eigenen kulturellen Vermächtnis fest, hinter dem ein Fortbestehen des Islams vermutet wurde. Im Jahre 1609 entschied man sich so für eine massenhafte Vertreibung dieser zum Christentum übergegangenen Moslems, wobei zehn- bis zwölftausend von ihnen starben, weil sie sich widersetzten oder die Qualen bei Deportationen und Verschiffung nicht überlebten; weiteren 300 000 Menschen drohte die Todesstrafe, da sie nach dem Gesetz des Islams als Abtrünnige vom wahren Glauben galten.

Schwerlich nur konnten sie von einer Gesellschaft assimiliert werden, die sie nicht nur wegen der ihnen vorgeworfenen geheimen Beibehaltung ihrer Religion, sondern ganz einfach auch deshalb haßte, weil sie anders waren: weil sie hart arbeiteten, geringe Ansprüche hatten und sparten. Es müssen hier keine der so zahlreich vorhandenen Zeugnisse fanatischer Verständnislosigkeit zitiert werden; es genügt allein schon das Wort von Miguel de Cervantes, der uns als einer der größten Vertreter der spanischen Literatur des Goldenen Zeitalters ein wüstes Bild von jenem «maurischen Gesindel» hinterlassen hat, das er dann mit folgender Überlegung tröstend zum Abschluß bringt: «Allerklügste Hüter hat unser Gemeinwesen, welche in Anbetracht dessen, daß Spanien an seinem Busen eben so viel Schlangen wie Moris-

ken hegt, mit Gottes Hilfe all diesem Schaden eine gewiß-
liche, rasche und sichere Lösung beigeben werden.» Als dieser Text in Druck ging, war die «Endlösung» des Morisken-
problems durch die Vertreibung bereits in Gang gesetzt
worden.

In den Mittelpunkt der spanischen Inquisition rückten nun
die getauften Juden. Ihre nicht zum Christentum übergetretenen Volks- und Glaubensgenossen waren bereits 1492
aus Spanien vertrieben worden. Diese Vertreibung bedeutete
jedoch keineswegs das Ende von Argwohn und Verfolgung.
(Ein Beamter der Inquisition in Aragonien stellte so einen
Stammbaum aller christlich gewordenen Familien auf, um
auf diese Weise eine Vermischung von Spaniern «sauberen
Blutes» mit jenen «Neuchristen» zu vermeiden.) Zwischen
1660 und 1720, in einer Zeit also, zu der uns genaue Angaben
bezüglich der von der Inquisition ausgeübten Repression
vorliegen, betrafen 71 Prozent aller verhandelten Fälle
«Kryptojudaismus» (die geheimen Ausübung der jüdischen
Religion).

Der zweite Teil des Programms, die Durchsetzung einer
orthodoxen Religiosität und Moral, verlangte vor allem
nach einer Kontrolle der «volkstümlichen» Glaubensvorstellungen, aus der es alle eigenständigen Praktiken, als «Aberglaube» verurteilt, zu verbannen galt. Daß das entscheidende Kriterium hierbei gerade eben diese Eigenständigkeit
war – was «innerhalb» der Kirche geschah, war kein «Aberglaube» –, zeigen Beispiele wie etwa jener «orthodoxe» Exorzismus, der Mitte des 17. Jahrhunderts aus dem Leib eines
Madrider Bürgermeisters nicht weniger als fünfzehn Millionen Teufel austrieb.

Endergebnis war eine strikte «Konfessionalisierung» der
Gesellschaft: ein kultureller Wandel, der das Leben der führenden Kreise vollkommen veränderte und die Möglichkeit
eröffnete, für diese Gesellschaft gesetzliche Normen aufzu-
stellen, deren Durchsetzung je nach Ort und Situation unterschiedlich ausfiel.

In Deutschland sah sich die bäuerliche Gesellschaft einem
von demographischem Wachstum, zunehmender wirtschaftlicher Ungleichheit und allgemeiner Verarmung gezeichne-

ten Prozeß ausgesetzt. «Der Kampf um die Schaffung einer gesellschaftlichen Ordnung inmitten der Unordnung, der Versuch, eine soziale Disziplin, eine hierarchische Rangordnung durchzusetzen, mußte unweigerlich mit der Suche nach einer politischen wie religiösen Ordnung für das Reich als Ganzes einhergehen.» Landesfürsten, protestantische Geistliche und Großgrundbesitzer arbeiteten mit vereinten Kräften am Aufbau dieser neuen Ordnung, die vor allem auf einer Stärkung der Familie, und hier wiederum der patriarchalischen Autorität, und der Einführung einer engen Verbindung zwischen Familie und Eigentum beruhte (und hierbei durch die parallel verlaufende Schaffung von Katasterämtern zur leichteren Einziehung der anfallenden Steuern ergänzt wurde). Die Zerstörung des ländlichen Gemeinschaftslebens wurde durch das Aufkommen einer Schicht reicher Bauern gefördert, die auf seiten der Grundherren und der Geistlichkeit an diesem Bemühen um die Durchsetzung einer neuen sozialen Ordnung teilhatten.

In England stand der kulturelle Wandel vor allem im Zeichen der anfangs im wesentlichen politisch geprägten Reform Heinrichs VIII. (zwischen 1532 und 1540 wurden insgesamt 883 Personen vor Gericht gestellt und über dreihundert hingerichtet; davon dreiundsechzig aufgrund kritischer Äußerungen im Zusammenhang mit der königlichen Politik) und deren mit neuer Gewalt, neuen Hinrichtungen und neuen Märtyrern verbundenen vorübergehenden Aufhebung unter der Herrschaft Marias I.

Mit politischer Gewalt konnte diese Erneuerungsbewegung jedoch schrittweise vorangetrieben werden. Sie fand vor allem in jenen Bereichen des Landes ganz besonders schnelle Aufnahme, in denen vorher bereits der Einfluß der Lollarden zu verzeichnen war. Unter diesen neuen Voraussetzungen gelang es der Monarchie nun, die gesamte religiöse Maschinerie unter Kontrolle zu halten, und über die durch Sonderkommissionen ergänzten kirchlichen Gerichte wurde es ihr ferner möglich, die tatsächliche Umsetzung der offiziellen Religionspolitik und eine noch stärkere Überwachung der moralischen und sozialen Haltung sicherzustellen.

In Frankreich wurde die Lage von den gewaltsamen Ausschreitungen im Zusammenhang mit den Religionskriegen des 16. Jahrhunderts bestimmt: ein Zeitabschnitt, der im Zeichen von «Unglück und Schrecken» stand, geprägt von üblen Vorzeichen, finsteren Prophezeiungen (man denke nur an Nostradamus!), blutigen Kämpfen zwischen Katholiken und Hugenotten und einer schrittweisen Verschärfung der politischen Gewalt (während es so vor 1510 kaum Gesetze gab, die die Gotteslästerung unter Strafe stellten, jagten sich in den folgenden 84 Jahren allein vierzehn entsprechende Edikte, und im Laufe des 17. Jahrhunderts wurden die Strafen dann mit aller Strenge zur Anwendung gebracht). Die Vielschichtigkeit der religiösen Auseinandersetzungen, die zu den erstaunlichsten Bündnissen zwischen allen nur möglichen Bevölkerungsschichten führte, schob den großen Ausbruch der sozialen Krise bis auf das ausgehende 16. Jahrhundert hinaus, als diese dann mit den Tumulten der *croquants* ihren Anfang nahm und erst unter der Herrschaft von Ludwig XIV. wieder überwunden werden konnte. Nach Robin Briggs war diese Zeit, in der Bauernaufstände und Hexenverfolgung nebeneinander her verliefen, «die Epoche der ‹großen Repression›, in der Monarchie und Kirche ihre Kräfte vereinten, um die breite Masse der Bevölkerung zu Ordnung und Gehorsamkeit zu zwingen».

Andernorts, so etwa in Spanien, verlief der Prozeß zwar langsamer und unmerklicher, hatte jedoch kaum weniger durchschlagenden Erfolg. Hier sah sich die Kirche zum Kampf gegen die «religiöse Ignoranz» der breiten Volksmassen, besonders aber der Bauern, gezwungen, welche der Geistlichkeit zufolge «Indianern glichen». Als sich die Jesuiten im 16. Jahrhundert in Galicien niederließen, fanden sie dort eine Bevölkerung vor, die ein recht laxes, mit viel «Aberglauben» durchsetztes Christentum praktizierte und zu allem Überfluß auch noch fest davon überzeugt war, daß der Geschlechtsverkehr zwischen Ledigen keine Sünde sei. Auch der ländliche Klerus war ein getreues Spiegelbild jener Gesellschaft: «Zwischen 1561 und 1700 ging die Inquisition gegen 161 Ortsgeistliche vor, die der Gotteslästerung, des Mißbrauchs des Beichtstuhls zur Jagd auf junge Mädchen

und der sogar von der Kanzel aus erfolgenden Verteidigung
der Sündlosigkeit des ‹einfachen Beischlafs› unter Ledigen
angeklagt waren.»

Die auf diesem Gebiet eingesetzten Gegenmittel waren
Predigt, die Gründung von Bruderschaften (allen voran die
des Rosenkranzes) und die sogenannten «Missionen»: wahre
religiöse «Stoßtrupps», die das ganze Leben eines Dorfes
aufrüttelten und durcheinanderbrachten, bis bei den Gläubigen schließlich angesichts der höllischen Strafen ein Klima
des Schreckens entstanden war, das später dann durch öffentliche Veranstaltungen verstärkt wurde und seinen Gipfel
in einer mehr oder weniger allgemeinen Beichte fand. Daß
eine derart traktierte Bevölkerung viel leichter der Aufsicht
durch die örtliche Kirche unterworfen werden konnte, liegt
auf der Hand.

Verschiedenen Untersuchungen auf lokaler Ebene läßt
sich entnehmen, daß es im Verlauf des 17. Jahrhunderts auf
der Iberischen Halbinsel tatsächlich zu einer langsamen, dabei aber stetig fortschreitenden Ausbreitung einer von der
Kirche gut kontrollierten orthodoxen Religiosität kam, die
die führenden Bevölkerungsschichten zur Annahme einer
neuen Kultur des Todes veranlaßte. Gerade sie war ja ein we-
sentliches Element bei der Durchsetzung des Glaubens an
das Fegefeuer und an die Wirksamkeit einer Vermittlung seitens der Kirche im Jenseits und konnte sich so auch zu einem
allgemein akzeptierten Gesellschaftskonzept weiterentwik-
keln. Das Phänomen als solches zeigt sich uns sowohl in
einer wachsenden Präsenz des Todes in allen mit der Religion
im Zusammenhang stehenden Bereichen, als auch im Anstieg der Einnahmen, die die Kirche mit der Feier von «See-
lenmessen» verzeichnen konnte, die von den Gläubigen bestellt wurden. Unter Philipp II. zahlten so etwa die Stadträte
von Madrid mindestens tausend Messen (einer von ihnen be-
stellte gleich volle 5000, verteilt auf 50 Tage, um auf diese
Weise nicht allzu lange im Fegefeuer schmachten zu müssen), und Philipp IV. brachte es auf nicht weniger als 100000.

In den katholischen Ländern konnte das Privatleben mit
großer Wirksamkeit über die Beichte gesteuert werden. Jean
Delumeau stellt eindrucksvoll dar, wie eine Kampagne zur

Weckung eines Selbstbewußtseins im europäischen Abendland im 13. Jahrhundert mit der vom 4. Laterankonzil als ver-
bindlich eingeführten jährlichen Ohrenbeichte einsetzte. Auf
dem Land scheint es allerdings zu einem gewissen Widerstand gekommen zu sein, denn die Ortsgeistlichen fürchte-
ten wohl nur allzu sehr, das Wissen um die persönlichen Ge-
heimnisse ihrer Gläubigen mit dem Ausschluß aus der dörf-
lichen Gemeinschaft bezahlen zu müssen.

Das Konzil von Trient fühlte sich zu einer Regulierung
und Ausweitung des «Sakraments der Buße» berufen, wobei
diese, von den Jesuiten in einer entschärften Form zur Anwendung gebrachte «Erweiterung» jedoch schließlich zu einem offenen Konflikt führte. Auf theologischer Ebene wird
dies gewöhnlich als die Auseinandersetzung zwischen dem
«Probabilismus» der Jesuiten und dem «Jansenismus» des
Klosters Port-Royal dargestellt, jener Zisterzienserabtei, die
von der Äbtissin Angélique Arnauld Anfang des 17. Jahrhunderts im Geiste Franz' von Sales in rigoristischer Weise
reformiert wurde und die später dann unter dem Einfluß von
Antoine Arnauld, ihrem Bruder, und Blaise Pascal stand.
Hinter dieser Kontroverse versteckt sich jedoch auch das
Aufeinanderprallen einer rigoristischen Patrizierethik (An-
toine Arnaulds berühmtestes Buch entstand aus Anlaß einer
Diskussion zwischen der Prinzessin Guemené und der Mar-
quise de Sablé, in der es um die Frage ging, ob man am Tag
der Beichte einem Ball beiwohnen könne oder nicht) und der
Forderung nach einem leichteren Zugang zur Buße für weite
Kreise der Bevölkerung, um so erneut die breiten Massen
des Volks erfassen zu können.

In seinen 1677 erschienenen *Noticias singularísimas* berichtet
José Gavarri – ein Franziskaner mit achtzehnjähriger Mis-
sionserfahrung, der vielen Tausenden von bescheidenen
Menschen und vor allem Bauern immer wieder die Beichte
abgenommen hatte –, wie die einfachen Leute und speziell
«das Bauernvolk und die einfältigen Weiber» voller Angst
zur Beichte gehen, befürchten sie doch, Sünden zuzugeben,
zu deren Absolution sie sich aufgrund alleiniger Zuständig-
keit des Papstes nach Rom begeben müssen, oder die womöglich der Inquisition unterliegen, mit der sie noch weni-

ger in Konflikt geraten wollen. In diesem Sinne zeigt sich Gavarri davon überzeugt, «daß von den drei Vierteln von Katholiken, die der Verdammung anheimfallen, dies ein ganzes Drittel fast des böswilligen oder schamhaften Verschweigens von Todsünden bei der Beichte wegen verdienen».

Einer der grundlegendsten Aspekte dieser religiösen Rückeroberung bestand in der Normierung der Sexualität zum Zwecke einer Stärkung der Familie als Grundstock der sozialen Eingliederung. (So ist ab jetzt zum Beispiel die einzige beim Geschlechtsverkehr der Ehegatten erlaubte Stellung das unter der Bezeichnung «Missionarsstellung» bekannt gewordene Vis-à-vis.) Religion und Moral wurden miteinander verknüpft, so daß folglich auch die Freiheit des Denkens mit der Freiheit der Sitten gleichzusetzen war; die Homosexualität zum Beispiel galt als «Sünde der Philosophen».

Um die mit dieser Aufgabe verbundenen Schwierigkeiten entsprechend verstehen zu können, müssen wir uns zunächst einmal der alten Wunschvorstellungen von der naiven Reinheit der Bauern entledigen und auch das wirkliche Ausmaß erkennen, in dem diese die «christliche» Moral tatsächlich in sich aufgenommen hatten. Die französischen Bauern führten ein äußerst kompliziertes Liebesleben, und ihre englischen Berufsgenossen – darf man die Zustände von Somerset als repräsentativ ansehen – praktizierten nicht selten eine auf Gegenseitigkeit beruhende heterosexuelle Masturbation; die verheirateten Frauen pflegten darüber hinaus auch außereheliche Beziehungen zu unterhalten, und dies vielfach sogar mit ihren eigenen Dienstboten. Gleiches gilt für das südliche Deutschland, wo der wirksamste Einhalt gegen außereheliche Geburten nicht etwa die kirchliche Predigt, sondern wohl eher die von der bäuerlichen Gemeinschaft selbst ausgeübte Kontrolle war, nach der uneheliche Kinder ohne eine sich ihrer annehmenden Familie nicht erwünscht waren. In Schweden wurde erst 1778 der letzte der Sodomie angeklagte Mann enthauptet und verbrannt; ab 1635 jedoch waren aus dem gleichen Grund bereits zwischen sechs- und siebenhundert meist junge «Sünder» – mit den entsprechenden Kühen, Pferden, Schweinen, Schafen und Ziegen – hingerichtet und eine noch größere Zahl zu Peitschenhieben und

Zwangsarbeit verurteilt worden. Die Tatsache, daß gerade die Sodomie Anlaß für ungefähr ein Drittel aller Hinrichtungen des Landes war, kann nur durch die große Bedeutung erklärt werden, die Kirche und Staat der sozialen Überwachung des Bauerntums über den Weg der Moralität beimaßen.

In Spanien stellt uns José Gavarri aufgrund seiner umfassenden Erfahrung als Beichtvater ein überraschend komplexes sexuelles Leben der einfachen Leute und speziell der Bauernschaft dar. Die Sodomie mit «Schafen, Hunden, Ziegen, Hühnern, Truthennen, Schweinen, Pferden, Kühen, Mauleseln usw. sowie mit anderem Federvieh» ist weit verbreitet; mit aller Natürlichkeit wird von Analverkehr, Inzest und von Männern gesprochen, die zwei- bis dreimal am Tag masturbieren. Und auch die weibliche Sexualität spielt eine nicht weniger wichtige Rolle. Gavarris Ausführungen zufolge geben die Frauen nur «in Gedanken vollzogene» Sünden zu, verschweigen dabei aber, daß sie diese unter «schamloser Berührung des eigenen Körpers» begehen. Nach entsprechender Befragung gestehen die Bußfertigen ein, sich mit außerordentlicher Häufigkeit der Selbstbefriedigung hinzugeben. Um eine Beruhigung seiner Beichtkinder bemüht, fragt sie Gavarri zunächst: «‹Und diese Eure Berührungen nun, waren es vielleicht fünfzig am Tag?› Anfänger im Beichtwesen mögen hierob nicht erstaunt sein, denn zu meinen Füßen lagen viele Weiber, bei denen es deren vierzig, bei dreien fünfzig und bei einer sechzig am Tage waren.»

Der im wesentlichen soziale Charakter dieser Kampagne erklärt, daß sie sich sowohl im katholischen wie im reformierten Europa abspielte, daß sie in ihrer harten Bestrafung jeder «Abweichung» von der Norm mit einer soliden politischen Unterstützung rechnen durfte und daß ein im 18. Jahrhundert schwindender Einfluß der Kirchen alsbald durch das Einschreiten der «medizinischen Wissenschaft» wieder ausgeglichen wurde. (Ein gutes Beispiel «wissenschaftlicher» Repressivmaßnahmen ist etwa die im Zusammenhang mit der Masturbation entfachte Terrorkampagne, mit der die Jugendlichen gepeinigt, ja bis zur Selbstverstümmelung getrieben wurden.)

Inwieweit war diese «sexuelle Restauration» nun tatsächlich effektiv? – Untersuchungen zur Entwicklung der außerehelichen Geburten zeigen während des 17. Jahrhunderts zunächst einen Rückgang auf, der dann Mitte des 18. Jahrhunderts abbricht; im weiteren steigt die Tendenz wieder an und erreicht heute vorher nie gekannte Ausmaße. Muß die Schlacht also als verloren gelten? – Im Gegenteil, das wichtigste Ziel konnte ohne jeden Zweifel erreicht werden: die Durchsetzung einer formellen Anerkennung der Normen in bezug auf Sexualität und Familie, und zwar auf Grundlage einer in der Praxis tolerierten nichtkonformen Sexualität im privaten oder behördlicherseits diskret geregelten Bereich, so wie dies etwa bei der Prostitution der Fall ist. (Im Paris des 18. Jahrhunderts gab es an die 20000 von der Polizei überwachte und als Informantinnen benutzte Dirnen.) Es gelang also keineswegs das sexuelle Verhalten der Christen von Grund auf zu verändern; immerhin aber fühlten sie sich von nun an von einem schlechten Gewissen geplagt; die ihnen auferlegte Situation war zwar schizophren, doch die etablierte soziale Ordnung war damit gerettet.

Nicht alles beschränkte sich nun allerdings auf den religiösen Bereich. Die Unterdrückung der alternativen Kultur machte sich auch als ein Kampf gegen die «Bäuerlichkeit» bemerkbar. Dieses Märchen wurde vor einigen Jahrzehnten erneut von Norbert Elias aufgegriffen. Ihm zufolge ging das Entstehen der modernen Staaten mit einem «Prozeß der Zivilisation» einher, in dessen Zuge sich eine «höfische Gesellschaft» herausbildete, die das «Benehmen» der Menschen veränderte und sie den heute von uns akzeptabel erachteten Verhaltensmustern anglich.

Das Konzept einer «höfischen Kultur» jedoch war in Europa bereits im 12. Jahrhundert aufgekommen und charakterisierte damals das «Benehmen» der Ritter: die Art, sich zu kleiden, die Ernährung (es gab «edle» und «bäuerliche» Speisen), das Benehmen bei Tisch ... Der Ritter «hatte nicht nur edel, wohlgestaltet und im Gebrauch der Waffen erfahren zu sein, er mußte ferner auch die feinen Sitten bei Hofe, die Regeln des Anstands und der Etikette beherrschen» – Voraus-

setzungen, die weitgehend mit jenen Forderungen überein-
stimmen, die Castiglione dann Anfang des 16. Jahrhunderts
für einen «Höfling» aufstellte.

Neu ist nun allerdings die Absicht der «Kultivierten»,
diesbezüglich auch die Haltung und die Wertvorstellungen
der restlichen Bevölkerung zu verändern. Was einst einem
beschränkten Kreis von Privilegierten zu eigen war, das
sollte jetzt zur Lebensnorm für einen weiten Bereich der Gesellschaft umgeformt werden, und dies erklärt dann auch,
weshalb man nicht mehr von «höfischer Kultur», sondern
von «Zivilisiertheit» oder «Urbanität» sprach, sich also
zweier Termini bediente, die eindeutig im Gegensatz zum
«Bäuerlichen», der neuen Bezeichnung für die Barbarei,
standen. Voltaire hielt dafür, daß die europäischen Bauern,
«die ein in den Städten nicht verstandenes Kauderwelsch
sprechen, wenig Gedanken und somit auch wenig Aus-
drücke haben», und daß sie «niedereren» Niveaus als die afrikanischen Kaffern seien.

Diese Anspielung auf das «Kauderwelsch» der Bauern ist
bezeichnend, war doch gerade die Übernahme der jeweiligen Landessprachen durch die Gebildeten eine der Methoden, mit der die Marginalisierung der «bäuerlichen» Kultur
weithin gefördert wurde. Bis ins 17. Jahrhundert galt das
«gehobene» Latein als die Sprache der Kultur. Es handelte
sich hierbei keineswegs um das mehr oder weniger fortent-
wickelte Latein des Mittelalters, sondern um eine tote, dem
Schrifttum des klassischen Altertums entlehnte Sprache. Der
Kampf gegen eine untergeordnete Kultur jedoch, die sich
nach anfänglichem Gebrauch des Vulgärlateins im wesentlichen in den verschiedenen Landessprachen weiterentwickelt
hatte, mußte auf deren eigenem Territorium ausgetragen
werden – ein Umstand, der verstärkt wurde dadurch, daß in
Ländern, in denen die Reformation triumphierte, eine Übersetzung der Heiligen Schrift in die Landessprachen notwen-
dig wurde. Als Folge ergab sich, daß sich die Gebildeten zu
einer Aneignung jener Volkssprache entschieden, um diese –
wie bereits von Dante vorgeschlagen – auf das Niveau einer
«gehobenen» Sprache emporzuheben und ihr eine dem Lateinischen nahestehende Grammatik mit deutlicher Abgren-

zung des zulässigen und nicht zulässigen Gebrauchs beizu-
geben.

In Kastilien erschien die erste spanische Grammatik im
Jahr 1492, in zeitlicher Übereinstimmung also mit der Eroberung von Granada, der letzten Zuflucht des Islam auf der
Iberischen Halbinsel, und der Vertreibung der Juden. Die
Schwäche der angesichts der allgegenwärtigen Inquisition in
die Defensive gedrängten gebildeten Kreise jedoch – der
von Juan de Valdés 1535 verfaßte *Diálogo de la lengua* konnte
erst zweihundert Jahre später erscheinen – schmälerte die
Schlagkraft dieses Aneignungsprozesses, und eine eng mit
der volkstümlichen Tradition der Geschichten und Sprichwörter verbundene Literatur konnte sich so in der Prosa
des 17. Jahrhunderts, speziell aber im Schelmenroman,
ihre ganze Vitalität und ihre geistige Nähe zu einem volkstümlichen Leserpublikum bewahren. Dem umgekehrten
Ziel, nämlich sich von der der Volkskultur abzuheben,
diente die Einführung der latinisierenden «Kultur», deren
Grundprinzip in der Maxime «man hat nicht gemein zu
sprechen, denn dies ist platte Niedrigkeit» seinen Ausdruck fand.

Den Konflikt zwischen beiden Sprachen löste die 1713 von
Philipp V. geschaffene Königliche Akademie, deren Zweck
in der «Läuterung und Festigung» des Sprachgebrauchs (einer Fossilisierung der Modelle des 16. und 17. Jahrhunderts)
und der Ausarbeitung einer normalisierenden Grammatik
bestand, um so ein für allemal mit dem Wunschtraum auf-
zuräumen, wonach man die Sprache «bestens ganz einfach
durch ihren Gebrauch» erlernen könne, und um die Sprache
auf eine Reihe von Regeln festzulegen, von denen «niemand
abgehen kann, ohne sich der allgemeinen Verachtung preis-
zugeben». (Begleitet wurde dieses Vorhaben darüber hinaus
von gezielten Maßnahmen gegen die übrigen Sprachen der
Iberischen Halbinsel, und hierbei insbesondere gegen das
Katalanische.)

In Frankreich, wie auch in anderen europäischen Ländern,
setzten die Grammatikalisierungsbestrebungen in der ersten
Hälfte des 16. Jahrhunderts ein. Gegen 1530 wurde der Ruf
nach einer Fixierung des «bon usage» und der Läuterung

eines «verdorbenen» Französischen laut. Die Grammatiker
machten sich an die Einbalsamierung der Sprache eines
Chrétien de Troyes, eines François Villon – in der Rabelais
immer noch Werke von erstaunlicher Frische und unver-
gleichlichem lexikalischen Reichtum schrieb – und reformierten sie nach dem Vorbild des klassischen Latein, des
klassischen Griechisch. Im «gehobenen Stil» verbot Malherbe den Gebrauch von «niedrigen und gemeinen» Wör-
tern, und seine die Académie beherrschenden Erben führten
die von ihm in Angriff genommene Mumifizierung des
Französischen zu ihrem endgültigen Abschluß. Im 18. Jahrhundert hatte sich so «jener von Diplomaten, Jesuiten und
euklidischen Landvermessern gesprochene Jargon» heraus-
gebildet, der sich vollkommen losgelöst von der lebendigen
Sprache hielt.

Als «Modell» legte man den Studenten so jene langweilige
Ode vor, in der Malherbe sich 1610 pries, einer der «drei
oder vier» Privilegierten zu sein, die imstande sind, unver-
gängliche Verse zu schreiben, während das im gleichen Jahr
erschienene *Le moyen de parvenir* – ein von Béroalde de Verville verfaßtes und in bestem Sinne rabelaissches Werk, das
im 17. und 18. Jahrhundert, als «wahre Werkstatt der Sprache» gerühmt, mindestens dreißig Auflagen erzielen konnte
– als «gemein» und «tölpelhaft» (und als in religiöser Hinsicht allzu lau und tolerant) aus der «hohen» Literatur ver-
bannt wurde.

Was über diese Reglementierung der Sprache und der mit
dieser verbundenen Ahndung jeglicher Abweichung von der
grammatikalischen und orthographischen Norm nun be-
zweckt werden sollte, war, deren Gebrauch unter Kontrolle
zu halten, das «plebejische» Vokabular als ungeziemend auszuschalten und damit der «Plebs» die Möglichkeit zu nehmen, die an dieses Vokabular gebundenen Ideen auszu-
drücken.

Als Kinder der aus diesem weltlichen Kreuzzug geborenen Kultur haben wir uns daran gewöhnt, all die damit
einhergehenden Mythen als volle Wahrheit hinzunehmen.
Mythen, die dem «modernen» Glanz der Renaissance das
Dunkel des Mittelalters, der Reformation (und Gegenrefor-

mation) einen volkstümlichen Aberglauben und die Hexerei, einer Rationalität der Wissenschaft die Verworrenheit der Magie und der höfischen Feinheit eine «bäuerliche» Ungeschliffenheit entgegenhalten.

Unser Bild von der Renaissance stammt aus der Zeit des 19. Jahrhunderts, in der man diese Epoche entweder als Paradebeispiel eines im Zeichen ihrer innovativen Aspekte gesehenen Fortschrittsdenkens oder aber als Vorläufer eines «zur geistigen Führung unserer Zeit» heranzuziehenden Konservativismus zu interpretieren suchte. In der Folge wurde diese Auffassung dann durch gewisse Abschattierungen und Nuancen bereichert, so daß wir heute zum einen die Kontinuität vieler mittelalterlicher Elemente, zum anderen aber auch all das erkennen können, was die Reformprojekte der italienischen Humanisten beinhalteten, die in letzter Instanz von der Kirche zerstört wurden.

Auch im Hinblick auf die Geschichte der Wissenschaft haben wir uns auf eine gerade Linie festgelegt, die von der Rationalität der Griechen über die «wissenschaftliche Revolution» der Neuzeit bis in unsere Gegenwart reicht und Magie, Astrologie und Alchemie geflissentlich beiseite läßt. Die von der natürlichen Magie und der hermetischen Philosophie zur wissenschaftlichen Erneuerung geleisteten Beiträge dürfen wir jedoch nicht übersehen. Bei den Magiern der Renaissance handelte es sich um «Menschen, die ihrer Zeit in Wissen und Wissenschaft um Generationen voraus waren», die jedoch gleichzeitig versuchten, «eine Verbindung zwischen exakten Wissenschaften und magischem Denken» herzustellen: ein Wunschtraum, der seine Auswirkungen selbst noch bei Newton, dem «Ersten des Zeitalters der Vernunft» und dem «Letzten der Magier» fand. (Ernstlich interessiert an Alchemie und Prophetie, widmete er diesen Bereichen ein Werk, in dem er den unmittelbar bevorstehenden Sturz des Papsttums und das Ende der Welt für das Jahr 1867 ankündigte.)

Es waren diese Menschen, die den Empirimus und die Beobachtung gegen die Verteidiger der Auffassung durchsetzten, daß alles Wissenswerte bereits in der Summe von klassischer und christlicher Kultur enthalten sei: im «großen

thomistischen ‹Kompromiß›», der das Christentum in aristotelische Termini übersetzt hatte. Für Cornelius Agrippa war
die natürliche Magie das Studium der Kräfte der Natur – «aller
natürlichen und himmlischen Dinge», dank derer es zu «natürlichen Wundern» kommen konnte. Auch die Astrologie
versuchte, die verschiedenen Geschehnisse mit «materiellen»
Erklärungen zu unterbauen, weshalb sich ihr Einfluß auf bestimmte Bereiche der Wissenschaft selbst bis ins ausgehende
18. Jahrhundert halten konnte. (Es darf dabei ferner nicht
vergessen werden, daß Magier, Astrologen und Alchemi-
sten von den damaligen Herrschern durchaus geschätzt
wurden. Philipp II. von Spanien war an diesem Fragen-
kreis außerordentlich interessiert, und Francesco I. de
Medici unterhielt ein «studiolo» für eigene alchemistische
Experimente.)

Der große Feind des wissenschaftlichen Fortschritts waren
nicht die Spekulationen und Experimente der «natürlichen
Magie», sondern das alte, fossil gewordene Buchwissen. Galileo fühlte sich der Kultur der Universität fremd und stand
«dem aus konkreter Erfahrung entstehenden Wissen» nahe,
das seine Verbreitung über die florentinischen Straßen,
Plätze und Läden fand. Er gab sich nicht mit der logischen
Begründung zufrieden, sondern griff auf die Beobachtung
zurück, «um mit eigenem Sinne jenes wahrzunehmen, woran
der Geist nicht zweifelt».

Diese auf Experimenten und dem Einsatz der Mathematik
beruhende wissenschaftliche Revolution war anfangs von
einem gewissen Animismus, einem an ihre magischen Ursprünge erinnernden Pantheismus geprägt. Nicht dieser
Umstand wurde von der Kirche jedoch als gefährlich angesehen, sondern vielmehr die Tatsache, daß sich hierdurch die
Macht und die Gültigkeit einer Tradition in Frage gestellt
sah, die nicht nur die Grundlage der Wissenschaft, sondern
gleichzeitig auch der ganzen Gesellschaft war.

«All diese Erkenntnisse von alten Wahrheiten, neuen
Welten, neuen Sternen, neuen Systemen, neuen Nationen
usw.» – so Campanello 1632 in einem Brief an Galileo – «sind
die Ankündigung eines neuen Zeitalters.» Die Bedrohung
lag offen zutage. Die katholische Kirche stellte sich ihr entge-

gen und unterband so, daß die Wissenschaft auf diesem Wege fortschreiten konnte. (Ein Beispiel hierfür genügt: Die Verurteilung Galileos versetzte Descartes in solche Schrecken, daß er von einer Veröffentlichung seiner Studien über «die Welt» Abstand nahm.) Auf Kosten des Fortschritts der Wissenschaft entschied man sich an den Universitäten, die alte scholastische Tradition beizubehalten. «Anstatt sich mit Geduld einer Beobachtung der Tatsachen zu widmen, ergingen sich ihre sogenannten Wissenschaftler lieber in spitzfindigen, rechthaberischen und streitsüchtigen Diskussionen, die jedes aristotelische, jedes thomistische Prinzip bis ins Unendliche vorantrieben.»

Im Protestantismus hingegen versuchte man, Wissenschaft und Religion miteinander zu verbinden, um so der Gesellschaft zu einer neuen Grundlage zu verhelfen. Dies ist zum Beispiel das Verdienst des Newtonschen Systems. Das in der Magie durchaus traditionelle Bild einer Entsprechung zwischen Makrokosmos und Mikrokosmos, zwischen Universum und Mensch, sollte sich jetzt zu einer Auffassung umwandeln, die den Kosmos mit der menschlichen Gesellschaft identifiziert. Isaac Barrow zufolge liefert uns die natürliche Welt ein Modell zum Verständnis der politischen Welt. Und Newton, sein Schüler, baute dieses kosmologisch-soziale Modell dann weiter aus: «Die gesamte natürliche Welt, bestehend aus Himmeln und Erde, entspricht der gesamten politischen Welt, bestehend aus Thronsesseln und Volk.»

Uns kritisch mit der etablierten Geschichtsauffassung auseinanderzusetzen genügt nicht, um ihrer Falle zu entkommen. Das Wahre ist nicht immer die Negation des Falschen; es kann etwas ganz anderes sein, etwas, was erst durch ein vollkommen neues Überdenken aller in sich greifenden Angaben erarbeitet werden muß. Der Weg von der Renaissance zur Aufklärung führt keineswegs durch die von uns hier in Augenschein genommene historische Landschaft; vielmehr verläuft er fernab von ihr. In der Folge will ich mich darauf beschränken, einige Meilensteine dieses alternativen Panoramas aufzuzeigen, die als solche im Verbund mit anderen, weitaus bekannteren Tatsachen im Zusammenhang mit der hermetischen Philosophie, dem Libertinismus oder der Kontinuität einer in Machiavelli begründeten republikanischen Tradition gesehen werden müssen.

Wir sprechen so zwar von Volksreligion, dürfen dabei aber nicht verkennen, daß es in dieser Alternativkultur durchaus auch Strömungen gebildeten Ursprungs gibt. Wenn wir nicht mehr von ihnen wissen, so nur deshalb, weil eine stete Kontrolle zu verschleierndem Verschweigen zwang. Und dieser gebildeten Dissidenz begegnen wir nicht nur auf rein persönlicher Ebene; vielmehr kann von einer in sich geschlossenen Alternativtradition gesprochen werden, die auf einer europaweiten Kommunikation beruht. Englische Lollarden finden sich so in den Reihen der tschechischen Hussiten, Hussiten und Wiedertäufer bei den holländischen «collegianten», und die sozinianische Kirche Polens entstand aus dem Gedankengut eines von Servet beeinflußten Humanisten aus Siena.

Gerade in Holland zum Beispiel zeigten sich diese gegenseitigen Kontakte am fruchtbarsten. Den Anfang machten hierbei die aus Spanien und Portugal vertriebenen «Sephardim», die sich im 17. Jahrhundert in einer der Geschäftswelt verbundenen Gemeinschaft zusammenfanden und Träger einer oft in spanischer Sprache zum Ausdruck kommenden Kultur waren. Wie der größte Teil der Judenheit im allgemeinen, so sah sich auch diese Gemeinschaft 1665 durch die Lehren des Sabbatai Zwi erschüttert, eines in Smyrna geborenen Juden prekären Geisteszustandes – mit zwei nicht vollzogenen Ehen und einer mit einer Prostituierten eingegangenen dritten –, den der Kabbalist Nathan von Gaza als Messias ausrief. Die Nachricht von seiner «Ankunft» erfaßte ganz Europa, und nur die durch den Krieg zwischen England und Holland erschwerte Schiffahrt auf dem Mittelmeer verhinderte einen massenhaften Auswanderungsprozeß der Juden ins Heilige Land. Von den Osmanen vor die Wahl zwischen dem Tod und einem Übertritt zum Islam gestellt, fiel Sabbatai im September 1666 vom Glauben seiner Väter ab, was unter den Juden große Enttäuschung auslöste. (Einige seiner Anhänger interpretierten seine Apostasie allerdings als Mysterium und blieben ihm weiterhin treu.)

Im Zeichen der Eklipsen des Jahres 1652, des Kometen von 1653 und der kabbalistischen Bedeutung der Jahreszahl 1666 fiel der Sabbatianismus mit einer Einstellung millenaristischer Hoffnung zusammen, die in dieser Zeit auch unter den Christen weit verbreitet war. Menasseh ben Israel veröffentlichte 1650 seine *Esperança de Israel*, in welcher er darlegte, daß sich die verlorenen Stämme Israels unter den Eingeborenen Amerikas befänden. Angeblich warteten sie dort auf den Augenblick, an dem sie sich «der ganzen Erde bemächtigen werden, so wie diese bereits vorher die ihre war», und die Zeichen der Zeit würden hinreichend unter Beweis stellen, daß jene Stunde bald kommen werde. Diesen Themenkreis hatte er 1647 mit dem portugiesischen Jesuiten António Vieira diskutiert, welcher in seiner *História do futuro* ankündigte, daß 1666 das von der Heiligen Schrift prophezeite fünfte Reich beginnen würde, in dem unter der weltweiten Obermacht eines portugiesischen Herrschers alle Ketzer, Heiden und Juden zum rechten Glauben finden würden und das den Anfang eines tausendjährigen Friedens darstellen sollte.

Die allgemeine Enttäuschung angesichts des Ausbleibens all dieser Verheißungen und die Schwierigkeiten, die sich für die Bekehrten aus einer Rückkehr zur alten jüdischen Tradition ergaben, machen es verständlich, daß es innerhalb dieser in Holland ansässigen Gemeinschaften nun plötzlich Männer gab, denen es trotz ihrer engen Verbundenheit zum jüdischen Glauben schwerfiel, ihre wahre Religion zuzugeben: Deisten wie etwa Uriel da Costa (der sich als Folge seiner Auseinandersetzung mit der Synagoge schließlich das Leben nahm) oder mögliche Atheisten wie Juan de Prado (dem zufolge «die Welt nicht geschaffen wurde, sondern immer in der gleichen Form existiert hat und auf immer existieren wird», und der nicht an das Jenseits glaubte), neben anderen nicht klassifizierbaren Persönlichkeiten wie etwa Isaac de La Peyrère, einen französischen Calvinisten, vermutlich jüdischen Ursprungs, der Anhänger – darunter möglicherweise sogar Spinoza – für seine Lehre der «Präadamiten» fand, nach der die Bibel sich irrte und es bereits vor Adam einfach nur den Gesetzen der Natur unterworfene Menschen gab.

In dieser Krisenkultur der «Marranen» – so die Bezeichnung für die portugiesischen Neuchristen – wuchs Baruch Spinoza als Schüler von Menasseh ben Israel heran. Aufgrund seiner philosophischen Anschauungen aus der jüdischen Gemeinschaft ausgestoßen, nahm er diesen Ausschluß ohne weiteres hin und legte seine Überzeugungen in dem 1670 erschienen *Tractatus theologico-politicus* dar. Für ihn reduzierte sich das «göttliche Gesetz» auf ein angeborenes, dem Geist aller Menschen innewohnendes «natürliches Gesetz», während alle anderen Aspekte der Religion, «das Zeremoniell», einfach nur einem politischen Zweck dienten. Es habe keinen Sinn, «die Vernunft, welche die beste aller Gaben und ein göttliches Licht ist, gewissen Buchstaben – der Heiligen Schrift – zu unterwerfen, welche tot sind und von menschlicher Arglist verdorben sein können». Das wahre Fundament der Politik sei außerhalb des Bereichs der Theologie zu suchen. Die Grundlage des Staates ergebe sich so etwa aus dem Bedürfnis der Menschen, gemeinsam und «nach dem Diktat der Vernunft» den Gebrauch ihrer individuellen Rechte zu regeln, um zwischenmenschliche Konflikte zu vermeiden. Zweck des Staates sei es, «den Menschen die sichere Entfaltung ihrer geistigen und körperlichen Fähigkeiten zu ermöglichen, ihre Vernunft ohne jede Einschränkung zur Anwendung zu bringen und jeden Zwist und Hader, jeden gegenseitigen Mißbrauch, ausgelöst von Haß, Zorn oder Betrug, zu zügeln. Zweck des Staats ist im Grunde genommen die Freiheit.»

Einen Weg wie diesen, vom Millenarismus zur Säkularisierung, sind offensichtlich auch die holländischen «collegianten» gegangen. Ausgehend von einer Tradition, die auf die radikalen Strömungen des religiösen Reformismus zurückzuführen ist, vor allem auf das Täufertum, dessen holländische Variante die jede Gewalt ablehnenden Mennoniten sind, unternahmen die «collegianten» im Laufe des 17. Jahrhunderts eine «stürmische Seereise des Geistes vom Glauben zur Vernunft». Während sie sich eingangs fast ausschließlich damit begnügten, die Bibel zu lesen und zu diskutieren und fromme Lieder zu singen, luden sie später so prominente Persönlichkeiten wie etwa Comenius (den aus Mähren verwiesenen Bischof der Brüderunität) oder Spinoza (es war ein dieser Glaubensgemeinschaft angehörender Buchhändler, der dessen *Tractatus* veröffentlichte) zu ihren Zusammenkünften ein. Beeinflußt wurden sie ferner auch von den vom Jesuitenkönig Jan Kazimierz verfolgten und aus Polen vertriebenen Sozinianern, der einzigen damals in Holland nicht zugelassenen Kirche, da sie aufgrund ihrer extremen Einstellung (Ablehnung der Dreifaltigkeit, der Göttlichkeit Christi, der Vorsehung) als Atheisten eingestuft wurden. Die Entwicklung der «collegianten» in Richtung auf eine Art religiösen Rationalismus ist typisch für diese «zweite Reformation» des 17. Jahrhunderts, die durch ihre Kritik an der von den reformierten Kirchen mit der bestehenden gesellschaftlichen Ordnung eingegangenen Allianz die verschiedensten Tendenzen zum Erblühen brachte und neben dem Auftauchen pietistischer und millenaristischer Glaubensbewegungen auch zur Ausbildung von Positionen der Toleranz und der Rationalität verhalf, die ihrerseits wieder der ersten Aufklärung den Weg bahnten. Nicht zufällig wurde Holland so zum Zufluchtsort aller Verfolgten und zur zentralen Druckstätte für von Inquisition und Zensur verbotene Schriften. In dem von dieser Bürgerrepublik geschaffenen Klima der Toleranz und der Freiheit, in dem der Calvinismus keine Chance hatte, auf die Politik Einfluß zu nehmen, nahm die europäische Aufklärung ihren Anfang.

Siebtes Kapitel

Der Spiegel der Wilden

Zwischen 1664 und 1666 malte der aus Antwerpen stammende Jan van Kessel eine Reihe von Allegorien, in denen
die vier damals bekannten Erdteile von Frauen dargestellt
werden, die der Künstler in eine jeweils typische, von diversen Objekten, Büchern und Abbildungen von Vögeln und
Insekten überladene Atmosphäre stellt. Derartige Themen
waren in der europäischen Malerei des 17. Jahrhunderts äußerst beliebt, und die sie auszeichnende Ähnlichkeit ergibt
sich vor allem aus dem Rückgriff auf eine gemeinsame
Quelle: die 1593 erschienene *Iconologia* von Cesare Ripa. Die
in diesem Werk aufgezeigten Typen waren für zahlreiche
Künstler des 17. und 18. Jahrhunderts immer wieder Anlaß
zu kreativer Inspiration, und in Ripas Ausführungen finden
wir dann auch die Erklärung der Attribute, die van Kessel
den verschiedenen Personen seiner allegorischen Darstellungen zuordnete. Die Europa charakterisierende Krone ist
Symbol der Vorherrschaft dieses Kontinents über alle anderen Erdteile, «denn in Europa residieren doch die größten
und mächtigsten Herrscher der Welt»; Waffen, Bücher und
Musikinstrumente «zeigen seine ewige und fortwährende
Überlegenheit ..., sowohl bezüglich der Waffen wie der
Wissenschaften und der freien Künste».

Die bildlichen Darstellungen der «vier Erdteile» setzen
Mitte des 16. Jahrhunderts ein und finden dann im 17. und
18. Jahrhundert eine beträchtliche Verbreitung. Anders als in
der Vergangenheit stellen die Kontinente nun nicht mehr
bloße Hinweise auf einen geographischen Raum dar; mehr
und mehr zeichnen sie sich jetzt durch die Vielfalt der Tier-
und Pflanzenwelt aus, der die Weltreisenden dort begegnet
waren und deren faszinierende Einmaligkeit die Europäer
des *cinquecento* in ihren Bann schlug. Der Elefant, den der
portugiesische König Manuel I. 1514 Papst Leo X. zum Ge-
schenk gemacht hatte – und der zur allgemeinen Belustigung

die seinem feierlichen Einzug in Rom beiwohnenden Prälaten und Kardinäle aus seinem Rüssel mit Wasser besprengte –, wurde von Raffael gemalt, das zwei Jahre später folgende Nashorn von Dürer; allerdings mußte der Maler, nachdem das Tier bei einem Schiffbruch vor der genuesischen Küste ertrunken war, sich auf eine vorher in Lissabon angefertigte Skizze verlassen.

Van Kessels Darstellungen jedoch bringen viel mehr zum Ausdruck. Bei den die verschiedenen Kontinente symbolisierenden Gestalten handelt es sich keineswegs um abstrakte Typisierungen; vielmehr sind es menschliche Wesen mit wohldifferenzierten körperlichen Merkmalen. Europa ist weißhäutig, Afrika schwarz. Bei Amerika begegnen sich (in einer vom Künstler in Brasilien angesiedelten Szene) eine rothäutige Indianerin und ein schwarzer Afrikaner. Und Asien schließlich zeigt uns im Vordergrund ein türkisches Paar, dem etwas abgesetzt in zweiter Reihe eine Gruppe von Gestalten beigegeben ist, die wohl die ferneren Welten der Mongolen, Chinesen und Japaner darstellen sollen. Hatte man im 16. Jahrhundert entdeckt, daß die verschiedenen «Teile der Welt» eigene Tiere und Pflanzen kannten, so fügte das 17. Jahrhundert dieser Erkenntnis die Überzeugung hinzu, daß auch die sie bevölkernden Menschen anders und «charakteristisch» sind.

Alle Menschen suchen ihre Selbstdarstellung im Spiegel «der anderen», von denen sie sich abheben wollen. Was jedoch für Volksgruppen mit gleicher Sprache und gleichen Sitten und Lebensformen kaum Probleme aufwirft, war für die Europäer, vor allem ab dem 16. Jahrhundert mit dem Verlust der religiösen Einheit und der zunehmenden literarischen Bedeutung der verschiedenen Landessprachen, mit erheblichen Schwierigkeiten verbunden. Der 1714 geschlossene Vertrag von Rastatt stellt so die erste europäische Urkunde dar, die nicht mehr in der lateinischen Sprache der «respublica Christiana» abgefaßt ist. Die pluralische Völkergemeinschaft mußte sich nun in einem ganzen Satz von Spiegeln betrachten, um ihre charakteristischen Wesenszüge, die sie von allen anderen unterschied, zu erkennen. Das neue Selbstverständnis der Europäer entwuchs einem Bewußtsein, das nichts mehr mit der Religion zu tun hatte, sondern sich vielmehr auf den Glauben an eine moralische und intellektuelle Überlegenheit stützte. Der neue Bezugspunkt, auf dem dieses Bild nun aufbaut, ist der von der minderwertigen Natur aller Nichteuropäer. Der Spiegel jedoch, in dem man sich zur Definition seiner selbst betrachtete, hatte zwei Seiten: Zum einen «sah» man in ihm die Rassenunterschiede und das Antlitz des «Wilden»; auf der anderen Seite jedoch erschien aus eurozentrischer Geschichtsauffassung heraus das Abbild des «Primitiven». Aus ersterem ergaben sich Völkermord und Sklavenhandel, aus dem zweiten der Imperialismus.

Der wilde Mann, haarig wie ein Bär und mit einem Knüppel bewaffnet, ist eine typische Figur der Mythologie des europäischen Mittelalters. Wir begegnen ihm nicht nur in frommen Legenden um Heilige und Büßer; als Bärensohn tritt er uns auch in vielen Märchen entgegen und gibt Anlaß zu volkstümlichen Festen, von denen Pieter Bruegel in einem seiner berühmten Gemälde zu berichten weiß. War der Wilde nun für die Religion der Bußfertige und für das Volkswissen die Kraft und die Einfalt der Natur, so erscheint er in den Ritterromanen als unbändiger, böser Riese, als Symbol der gefürchteten Bäuerlichkeit der Landbevölkerung, so wie etwa jener Ochsenhirte in Chrétien de Troyes' *Yvain, der Löwenritter*, der als ein «mohrenhafter, großer und über die Maßen häßlicher gemeiner Landmann» geschildert wird. In einigen spätmittelalterlichen Darstellungen erscheint er als ein Zeitgenosse, der in harmonischer Eintracht mit der Natur lebt, ja sich sogar in das bäuerliche Leben einordnet. Wir befinden uns hier in einer Zeit, in der sich die vom Patriziat geprägte Einstellung der Gesellschaft noch nicht voll durchgesetzt hat. Ende des 16. Jahrhunderts jedoch stellte Giovanni Battista Della Porta den als «ungebildeten, schwermütigen» Bauern definierten Wilden dem «Städter» gegenüber, der von Natur aus «friedfertig und menschlich, warmherzig und umgänglich» ist.

Die «Entdeckung» Amerikas und seiner Bewohner setzte diesbezüglich eine «wissenschaftliche» Debatte in Gang. Die ersten von Kolumbus gelieferten Berichte sprachen noch von nackten, friedvollen Menschen – «sie kennen weder Ei-

sen noch Stahl oder Waffen und sind diesen Dingen auch nicht
zugetan» –, die in einem Zustand naiver Unschuld lebten. Gemäß der Bulle, mit der Papst Alexander VI. diese Länder dem
spanischen und portugiesischen Königshaus übereignete,
glaubten sie auch an einen Schöpfergott und schienen somit
zur Bekehrung zum Katholizismus geeignet. Dieses idyllische
Bild sollte jedoch von kurzer Dauer sein. In einer Übergangsphase gab es nun plötzlich «gutartige» und «böswillige» Eingeborene – karibische Menschenfresser, die die unschuldigen
Aruaks überfielen –, bis dann schließlich alle zu wilden Barbaren wurden, denen man die verschiedensten Laster und insbesondere den Kannibalismus nachsagen konnte (wohingegen
verschiedene Indianerstämme fest davon überzeugt waren,
daß die Anthropophagie ein typischer Wesenszug der Europäer sei), und auch der anfängliche «Deismus» war nunmehr
zu bloßer Götzenverehrung geworden.

Während die amerikanischen Ureinwohner nun dem
Theologen Juan Ginés de Sepúlveda zufolge ohne weiteres
mit Waffengewalt unterjocht werden konnten, waren sie
doch «alle ihren Sitten und die meisten ihrer Natur nach Barbaren, ohne Wissen und Verstand und vergiftet mit vielen
barbarischen Lastern», so sah dies der Indianerapostel Las
Casas keineswegs gerechtfertigt, und zwar weder aufgrund
der von den Eingeborenen an den Tag gelegten Haltung –
eher passe die Bezeichnung Barbar «auf gewisse Spanier, die
die Indianer, ein wahrhaft unschuldiges und allerfriedlichstes
Volk, mit solch furchtbaren Greueltaten, solch schrecklichen
Morden und mehr als höllischen Qualen peinigten» –, noch
aufgrund ihrer geistigen oder moralischen Kapazität.

Bei aller religiösen Motivation hatten die damals von Kolumbus unternommenen Fahrten sicher auch wirtschaftliche
Gründe; dies ergibt sich allein schon aus seinen Vereinbarungen mit dem spanischen Königshaus, das ihm – selbst von
Geldsorgen geplagt – wohl kaum die erforderlichen Mittel
zur Verfügung gestellt hätte, wären die Aussichten auf
spätere Gewinne nicht lukrativ genug gewesen. Nachdem es
in jenen neu entdeckten Ländern keine Gewürze gab, mit denen man hätte Handel betreiben können, und die Indianer
auch nicht als Sklaven verkauft werden konnten – sie starben

schnell «aufgrund des widrigen Wechsels von Land, Luft
und Ernährung» –, mußte zumindest in ausreichender
Menge Gold und Silber gefunden werden. Auf seiner zweiten Reise, die zu einem gut Teil aus dem eingezogenen Vermögen der 1492 aus Spanien vertriebenen Juden finanziert
wurde, führte Kolumbus siebzehn Schiffe und 1300 «Kamp-
fesmänner» mit sich, um «vom Golde Gewißheit zu erlan-
gen und dies, sei es mit Zustimmung der Einwohner, sei es
mit Gewalt, für den König und die Königin zu erwerben».
Und das geschah dann notwendigerweise «mit Gewalt», da
die einzige Möglichkeit, Gold und Silber zu gewinnen, darin
bestand, die Eingeborenen zum Abbau der Edelmetalle zu
zwingen.

Silber fanden die Spanier so nach ihrer Niederlassung auf
dem amerikanischen Kontinent tatsächlich. Viel wichtiger
waren aber noch die schier unerschöpflichen menschlichen
Ressourcen, die man, organisiert in Unternehmen, zur
Zwangsarbeit heranziehen konnte. Die amerikanischen Sil-
berminen als solche stellten im Grunde genommen keinen be-
sonderen Reichtum dar; vielmehr war es ihre Ausbeutung, die
dort wesentlich billiger kam als in Europa. Hierzu mußten die
Eingeborenen allerdings erst unterworfen, d. h. «bekehrt»
werden, denn nach Auffassung der *conquistadores* bedeutete
diese Bekehrung, daß die Indianer «wie alle anderen Untertanen, die sie – die spanischen Könige – in ihren übrigen Reichen haben und besitzen, nach christlichem Glauben und in
Unterwerfung, Gehorsam und Geziemtheit» zu leben hatten.

Mit synkretistischen Glaubensvorstellungen vertraute Gesellschaften – so etwa die Mayas – mochten anfangs wohl
glauben, daß es mit einer Einbeziehung des Gottes und der
Riten der Christen in ihre Kultur getan sei. In einem Inquisi-
tionsverfahren von 1562 belehrten die Missionare sie jedoch
eines anderen: mehr als 4500 Indianer wurden damals gefoltert, 158 starben aufgrund der erlittenen Verletzungen. Ähnlich ging man später dann auch in den Anden vor im Zuge
der «Ausrottung der Götzenverehrung».

Religiöse Motivation und persönliches Bereicherungsstreben sollen hier nicht gegeneinander abgesetzt werden. V. M.
Godinho merkt an, daß die Entdecker im Zeichen einer viel-

schichtigen Überlappung «von Kreuzzugsmentalität und Händlergeist, von Piraterie und Evangelisation» standen. Und diese Vermischung des ideologischen Hintergrunds ist sowohl bei Kolumbus wie bei Vasco da Gama zu beobachten. In *Die Lusiaden,* dem großen portugiesischen Entdeckerepos, ist die Verwechslung beider Ebenen konstant durchgehalten. Nachdem das Einlaufen der Portugiesen in den Hafen von Calicut zunächst spontan mit dem Ausruf «Ihr habt es erreicht! Das Land überquellenden Reichtums liegt vor Euch!» gefeiert wird, ergeht hierauf sogleich der Aufruf an die christlichen Könige Europas, sich zu einem Kreuzzug gegen die Osmanen zusammenzuschließen, was Camões veranlaßte, die portugiesische Expansion in Übersee als eine Abfolge von kreuzfahrerischen Unternehmungen von «waghalsigen Christen» herauszustellen.

Persönliches Bereicherungsstreben und religiöse Legitimation standen Seite an Seite im alltäglichen Leben der spanischen Eroberer. Ein Aspekt darf hierbei den anderen nicht überdecken. Es trifft sicher zu, daß sich die Gouverneure um das Schicksal der Eingeborenen sorgten und auch Maßnahmen zu deren Schutz vor mißbräuchlichen Übergriffen erließen. Die Eroberung und Ausbeutung der neu entdeckten Länder jedoch war im wesentlichen ein Privatunternehmen, bei dem dem König, wie bei den Beutezügen des Mittelalters, nur ein gewisser Anteil am erworbenen Gewinn vorbehalten war. Aufgrund einer Forschungsarbeit zum Leben und Wirken von mehr als fünfhundert mexikanischen Kommendeninhabern werden diese von einem Historiker als «wirtschaftliche Ziele verfolgende Unternehmer» definiert. Und so übernahmen es diese «Unternehmer» denn auch im ureigensten Interesse, die Indianer zunächst zu versklaven und wenig später schon in jeder nur möglichen Weise direkt oder indirekt auszubeuten.

Sich hierob entsetzen zu wollen, wäre reine Heuchelei, denn die gesamte europäische Kolonialpolitik, die zwischen 1650 und 1850 zum Heranwachsen der großen Handelsmächte beitrug und die Grundlage für das wirtschaftliche Wachstum der Neuzeit schuf, beruhte auf eben den gleichen Überlegungen, und man wendete auch die gleichen

Methoden an. Als sich andere europäische Völker in der
Karibik niederließen und dort mit der Plantagenwirtschaft
begannen, beriefen auch sie sich auf den vermeintlichen Kannibalismus und die Böswilligkeit der Eingeborenen und setzten diesen so lange zu, bis sie durch Krankheit, Selbstmord
oder Flucht auf eine kleine Randgruppe zusammengeschrumpft waren.

In den englischen Kolonien des Nordens waren zunächst
Krankheiten und Seuchen verantwortlich für die «Entvölke-
rung» der ursprünglich von den Eingeborenen bewohnten
Landstriche. Später aber beteiligten sich europäische Siedler
begeistert an der Jagd auf den «Wilden». Der Konflikt war
keineswegs unvermeidlich, denn es gab durchaus auch Fälle
einer friedlichen Zusammenarbeit. Als Beispiel sei hier nur
der sogenannte Irokesenbund angeführt: Fünf Irokesen-
stämme hatten ein Abkommen mit den englischen Kolonien
geschlossen, das zwischen 1677 und 1755 die gegenseitigen
Beziehungen und den Handel regelte. (Die englische Krone
wies den Abschluß von Verträgen mit Untertanen allerdings
stets zurück, und Untertanen waren die Indianer allein schon
aufgrund der Tatsache, daß die Monarchie – wie übrigens
später auch die amerikanische Republik – die einzelnen
Stämme nie als Nationen anerkannte.)

Das gemeinschaftliche Miteinander war jedoch stets die
Ausnahme. Es entsprach auch kaum der Mentalität der puri-
tanischen Siedler, die sich den Ungläubigen gegenüber überlegen fühlten und den Himmel auf ihrer Seite wähnten.
Ende des 17., Anfang des 18. Jahrhunderts wurden in den
amerikanischen Kolonien Englands eine Reihe von religiös
aufgebauschten Erzählungen populär, die um Erlebnisse in
«indianischer» Gefangenschaft kreisten. Hatte man schon
den Aufbruch nach Amerika als eine Flucht vor der «europäischen Verderbnis» besungen, so erinnerten diese Geschichten von Indianern und Gefangenen nun an den Kampf des
Sünders um die Erlösung seiner Seele: «Der Gefangene
kämpft mit Gottes Hilfe gegen die Abgesandten des Teufels.» Cotton Mather etwa, ein puritanischer Geistlicher,
schmückte seine *Magnalia Christi Americana* mit haarsträu-
benden Berichten von Indianern aus, die die weinenden Kin-

der ihrer Gefangenen zum Beispiel dadurch zur Ruhe brachten, daß sie ihnen den Kopf am nächstbesten Baumstamm aufschlugen. (Daß es zu diesen Vorkommnissen als Folge eines Krieges gekommen war und daß die Greueltaten, die die christlichen Eroberer an den Indianern verübten, nicht minder schrecklich waren, das verschwieg er allerdings.)

Um 1685, nachdem Seuchen und Krankheiten die Zahl der Eingeborenen schon weitgehend dezimiert hatten, lebten in Virginia und North und South Carolina noch an die vierzigtausend Indianer. Der anhaltende Druck der europäischen Siedler, die den Indianern ihr Land zu entreißen suchten, um Tabakplantagen anzulegen, und die damit verbundenen kriegerischen Auseinandersetzungen taten dann das ihrige. Hundert Jahre später brachte es die indianische Urbevölkerung hier kaum mehr auf tausend Einwohner.

Zu einer ähnlichen Entwicklung kam es später dann auch in den weiter westlich gelegenen Kolonien. Die neu ankommenden Siedler wurden in Gebieten im Inneren des Landes abgedrängt, Gebiete, die ebenfalls den Indianern weggenommen worden waren. Mit ihren Niederlassungen in diesen fernab der Küste gelegenen Landstrichen bildeten sie für die Großgrundbesitzer an der Atlantikküste eine Art lebendigen Schutz- und Verteidigungswall. Die Verhältnisse, denen sich diese Neuankömmlinge während ihrer Überfahrt aus Europa ausgesetzt sahen, waren kaum besser als die eines Sklaventransports. 1741 starb so fast die Hälfte der 106 Passagiere eines aus Belfast kommenden Schiffes an Hunger – sechs davon wurden von ihren eigenen Leidensgefährten verzehrt –, und dies, obwohl sie ihre Schiffspassagen mit Arbeitsverträgen bezahlt hatten, die sie für fünf bis sieben Jahre wie Leibeigene an ein und denselben Herren banden. Wie soll es da wundernehmen, daß es gerade sie waren, die Bedürftigsten und die den Auseinandersetzungen mit den Indianern am unmittelbarsten Ausgesetzten, die sich als deren erbittertste Feinde erwiesen?

Im Laufe der Zeit wurden die Argumente, mit denen man die Ausraubung der Indianer zu rechtfertigen suchte, immer mehr aus ihrem kirchlich-religiösen Kontext herausgelöst. Die nordamerikanische Gesellschaft des 19. Jahrhunderts er-

ging sich in einem wahrhaft schizophrenen Spiel, das den
idealisierten Indianer zum «edlen Wilden» machte, die wirklichen Indianer jedoch zu Barbaren stempelte, die dem Vordringen der Zivilisation nach Westen im Wege standen. Jenen abstrakt verstandenen Indianer gab es aber gar nicht,
denn die eingeborene Bevölkerung untergliederte sich in
sehr verschiedene Stammesgruppen, unter denen es sogar
seßhafte Bauernvölker gab. Um sie jedoch als «Barbaren»
bekämpfen zu können, mußte man ihnen zunächst einmal
ihre kulturelle Identität absprechen. Der Indianer war minderwertig und hatte einfach kein Recht darauf, sich «den offensichtlichen Zielen der Vorsehung» entgegenzustellen.
Sein Überleben war so lange gesichert, als es noch versteckte
Winkel gab, in die er sich vor dem «Vormarsch der Zivilisation» flüchten konnte; langfristig gesehen jedoch war sein
Schicksal die Ausrottung.

Ab Mitte des 19. Jahrhunderts etwa, im Anschluß an die
auf Kosten Mexikos vorgenommenen Gebietsannexionen,
begannen die «weißen» Nordamerikaner damit, ihr Recht
auf eine Herrschaft über die gesamte Breite des Kontinents
anzumelden, und nach Beilegung des Bürgerkriegs zögerten
sie dann nur wenig, sich dessen zu bemächtigen, was sie als
ihr Eigentum betrachteten. Auf diese Weise entstand das
große Epos vom «Wilden Westen», der Traum von einer
freieren, gerechteren Gesellschaft, die die «Pioniere» in den
neu erschlossenen Gebieten des amerikanischen Westens aufbauen würden: eine auf der kostenlosen Zuteilung von Land
an alle Siedler beruhende Agrarutopie. Und die sich so her-
ausbildende neue Zivilisation würde dann auch auf die Inselwelt des Pazifik übergreifen und dergestalt zum Ausgangspunkt einer Erneuerung des Orients werden. Walt Whitman
bringt diese Sehnsucht mit allem Nachdruck zur Sprache:

«Mein Lied gilt dem neuen Reich, das mich, größer denn
je zuvor, gleich einer Vision überkommt. Mein Lied gilt der
Macht Amerikas, einer obersten Herrschergewalt. Mein
Lied gilt dem Plan von tausend Städten, die mit der Zeit auf
jenen Inseln erblühen werden. Meine Segler und Dampfer
zwischen Eiland und Eiland, mein wogendes Sternenbanner

im Brausen des Winds. Neu auflebender Handel, ein Erwachen aus dem Schlaf der Zeit, wiedergeborene Rassen ... Gebotene Erneuerung des Alten, des Urasiatischen.»

Angesichts eines solch großartigen Traums, der den von Kolumbus begonnenen «Weg nach Indien» auf grandiose Weise beschließt – was bedeutete da schon das Leben einer Bande von blutrünstigen Wilden? Denn paradoxerweise stellten sich die Ausrotter selbst als deren Opfer dar: In der Western-Literatur kommt der Rothaut die Rolle des Bösen zu, des grausamen Mörders der Siedler, der diesen die Kopfhaut abzieht (dabei war das Skalpieren eine Erfindung der «Weißen», weil man das Kopfgeld, das die Indianerjäger pro erlegten Indianer erhielten, so leichter abrechnen konnte). Die zwischen 1860 und dem großen Sioux-Massaker von Wounded Knee im Jahr 1890 gegen die Indianer geführten Kriege erzählen nicht nur eine Geschichte von Verbrechen und Betrug, sondern vor allem die Geschichte einer systematischen Ausrottung ganzer Stämme und deren Kultur; mit bitterem Nachgeschmack zudem, weil all jene egalitären Utopien an den Eisenbahngesellschaften, den Bodenspekulanten und vor allem auch an einer investitionsintensiven mechanisierten Landwirtschaft gescheitert waren. Was sich weiter behauptete, war das Großmachtstreben und das Überzeugtsein von einer rassischen und moralischen Überlegenheit, die immer wieder – von Wounded Knee über die an den Negern verübte Lynchjustiz (zwischen 1882 und 1930 war im Durchschnitt wöchentlich ein Fall zu verzeichnen) bis nach Irak und Somalia – zur Rechtfertigung einer Ausrottung der «bösen Wilden» – in Anspruch genommen wurde.

Interessant ist der zeitlich später liegende Fall Brasiliens, da man dort bereits im Namen der «Wissenschaft» argumentierte. Die idyllischen Berichte von brasilianischen Stammesgemeinschaften, die in einem natürlichen Paradies, eingebettet in einer weder von Habgier noch von Krieg gestörten gesellschaftlichen Harmonie lebten (und das Rousseausche Denken nicht unwesentlich beeinflußten), gerieten Anfang des 19. Jahrhunderts in Vergessenheit und wichen dem Bestreben, all diese Menschen und Gebiete in einen Prozeß der

«Zivilisierung» einzubinden. Die beiden bayerischen Natur-
wissenschaftler, Martius und Spix, die die Erzherzogin Leo-
poldine damals auf ihrer Brautreise begleiteten, kamen 1818
zur Schlußfolgerung, daß die Indianer außerstande seien, die
hohe Kultur der Europäer zu übernehmen, und deshalb –
wie bereits viele andere Spezies in der Geschichte der Natur –
dazu bestimmt seien, zu «verschwinden», will heißen «die
Reihen der Lebenden zu verlassen». Die wissenschaftliche
Qualität dieser Aussage mag fraglich sein, ihre Prophezei-
ung hingegen stellt sich zunehmend als wahr heraus. Von
den drei bis vier Millionen Eingeborenen, die im 16. Jahrhundert noch auf brasilianischem Boden gelebt hatten und
die im ausgehenden 18. Jahrhundert bereits auf zwei Millionen zusammengeschrumpft waren, war im Jahr 1910 kaum
noch eine Million übriggeblieben. Und im Namen der Ge-
bote des Fortschritts ging und geht ihre Ausrottung immer
weiter.

Mit Worten, die bis heute nichts an ihrer Gültigkeit verloren haben, war Montaigne es, der jene kritisierte, die die Unterwerfung mit der angeblichen Barbarei der Unterworfenen zu rechtfertigen glaubten. Hierbei relativierte er nicht
nur den Begriff als solchen – «jeder nennt Barbarei das, was
ihm nicht geläufig ist» –, sondern ging auch gezielt gegen
das große Argument des Kannibalismus an: «Meiner Auffassung nach ist mehr Barbarei im Verzehr eines lebendigen
Menschen als im Verzehr eines toten; mehr darin, einen noch
voll im Besitz seiner Sinne befindlichen Leib qualvoll zugrunde zu richten, diesen langsam zu braten, ihn von Hunden und Schweinen anbeißen und zerreißen zu lassen (so wie
wir das nicht nur gelesen, sondern vor nicht allzu langer Zeit
auch gesehen haben, und nicht etwa zwischen alten Feinden,
sondern zwischen Nachbarn und Mitbürgern, und zudem –
und das ist das Schlimmste – unter dem Vorwand von Glauben und Religion), als ihn nach seinem Tod zu braten und
ihn dann zu verzehren.» Wer Gefallen am Tode von Hexen,
Ketzern und Juden fand, oder wer, wie die Griechen des Altertums, sich an der Folterung von Sklaven ergötzte, der
hatte kein Recht darauf, sich den amerikanischen «Kanni-
balen» gegenüber überlegen zu fühlen.

Was aber war in der Zwischenzeit aus den «edlen Wilden» geworden? Lange Zeit hindurch suchten die Entdecker sie in irdischen Paradiesgärten und Eldorados, die sie irgendwo versteckt im amerikanischen Hinterland wähnten. Nachdem sich diese Hoffnungen dann aber nicht erfüllt hatten, glaubte man, sie in der Inselwelt des Pazifiks anzutreffen, in der Bacon sein *Neues Atlantis* ansiedelte.

In Ozeanien schließlich hielt sich das Bild der in einer paradiesischen Umgebung lebenden glücklichen, unschuldigen Eingeborenen am längsten, und zwar nur deshalb, weil hier im Prinzip kein Interesse an einer Ausbeutung gegeben war. Weltreisende wie Bougainville oder Cook verbreiteten ein idyllisches Bild dieser Inseln. Als dann jedoch im 19. Jahrhundert die ersten Missionare auftauchten, begannen sich die Dinge zu ändern. Für diese Gottesmänner waren die «edlen Wilden» mit ihrem natürlichen Leben einfach nur «verkommene Wesen, die ihrer Verdammung nicht entgehen konnten». Bougainville hatte Tahiti einst als die Insel der Nacktheit und der Liebe beschrieben; Cook seinerseits konnte sich davon überzeugen, daß die Dinge auf Hawaii nicht viel anders waren; und die Franzosen schließlich, die 1772 die Küsten Neuseelands erreichten, sahen sich zu der Feststellung veranlaßt, daß die dortigen Frauen «äußerst liebevoll» seien. Die Folge war, daß die europäischen Matrosen sehr schnell die Syphilis und andere Geschlechtskrankheiten auf den Inseln verbreiteten. Als Gauguin Ende des 19. Jahrhunderts auf Tahiti eintraf, gingen die Ärzte davon aus, daß die meisten Frauen dort an dieser Krankheit litten, «die ihnen die zivilisierten Europäer als Dank für ihre großmütige Gastfreundschaft hinterlassen hatten». Abgesehen von ihrer erotischen Gier galten die Eingeborenen zudem als Diebe (was vor allen Dingen hieß, daß sie die Vorstellungen vom Privateigentum ihrer Besucher nicht teilten). Joseph Banks, ein junger Naturforscher im Gefolge der Cookschen Expedition, mußte nach einer Liebesnacht mit der Königin Oberea feststellen, daß tags darauf seine Kleider verschwunden waren.

Dies alles waren jedoch nur Kleinigkeiten, ohne weitere Bedeutung. Literaten und Maler – Melville, Stevenson, Gauguin, Jack London – wußten jenes paradiesische Bild einem breiten Publikum zu bewahren, das es im Film dann in lebendiger Wirklichkeit sah. In *Noa Noa* beschreibt uns Gauguin eine unschuldige Welt, die von freundlichen, gutmütigen Menschen bewohnt wird: «Jene schwarzen Wesen, jene Kannibalenzähne» – daß es in Tahiti niemals Kannibalismus gegeben hat, spielt hier keine Rolle; definitionsgemäß ist ja jeder Wilde ein Menschenfresser – «gaben mir das Wort ‹Wilde› in den Mund. Für sie jedoch war ich der Wilde. Zu Recht. Vielleicht.»

Schließlich mußte man sich eingestehen, daß es dieses, sich vor allem durch Sanftmut auszeichnende Fabelwesen des «edlen Wilden» nicht gab. Der Kontakt mit den wirklichen Eingeborenen war vielschichtig und widersprüchlich: Es war eine Auseinandersetzung zwischen zwei Kulturbereichen, die einander nicht verstanden – die Europäer suchten zum Beispiel nach Königen, wie sie ihnen aus der ihnen vertrauten Umgebung bekannt waren und sie vermochten sich nicht vorzustellen, daß eine Gesellschaft auch anders organisiert sein könnte – und über den Austausch von Objekten kaum hinauskamen. Bisweilen erkannten die Häuptlinge der Eingeborenen, daß das neue System der weniger egalitären europäischen Zivilisationen für sie persönlich von Nutzen sein konnte, und unterstützten daher aus eigenem Interesse heraus die «Europäisierung» ihrer Inseln.

Aber selbst in Australien, dem einzigen Fall, wo es ziemlich bald eine zahlenmäßig starke europäische Bevölkerung gab, wiederholte sich das, was sich vorher schon in Nordamerika abgespielt hatte. Die Eingeborenen waren im Wege. Die australischen «Neger», die man unter dem Vorwand einer «besseren» Bewirtschaftung ihres Landes beraubte, galten als eine barbarische, geistlose und dem Verschwinden preisgegebene Rasse, wobei die europäischen Siedler diesem vermeintlichen Schicksal bereitwillig nachhalfen und die Eingeborenen skrupellos umbrachten. Später dann, wehrlos geworden und in ihrer Zahl bereits beträchtlich reduziert, wurden sie einfach vergessen: weder grausame Menschenfresser, noch edle Wilde – nur noch «Aborigenes».

Die Plantagenwirtschaft – so wie sie in der Karibik, in Brasilien und in den Vereinigten Staaten gehandhabt wurde

– war mit einem großen Problem verbunden: sie setzte eine beträchtliche Zahl von billigen Arbeitskräften voraus. Gerade hier aber gab es keine «menschlichen Ressourcen», die zur Zwangsarbeit hätten herangezogen werden können, wie beispielsweise in Mexiko und in Peru.. Folglich mußten also Sklaven aus Afrika importiert werden. Die Sklaverei stellte ein Jahrtausende altes Phänomen dar, an das alle Zivilisationen gewohnt waren. Nichts jedoch, was die Menschheit früher erlebt hatte, war dem Menschenhandel von dieser enormen Größenordnung vergleichbar: Zwischen 1600 und 1800 überquerten acht Millionen Sklaven aus Schwarzafrika den Atlantik.

Immer, wenn versucht werden soll, Unterwerfungen zu rechtfertigen, bedient man sich sogleich jener Theorien, die die Minderwertigkeit der Unterworfenen zu «beweisen» vorgeben. Das gilt gleichermaßen für die spanischen Theologen als auch für die französischen Philosophen des 18. Jahrhunderts. «Die Rasse der Neger» – so Voltaire – «ist ein Menschenschlag, der sich von der unseren derart unterscheidet, wie dies die Rasse der Vorstehhunde von der der Windhunde tut.» Und mit gleicher Unverblümtheit fährt er fort: «Es kann wohl behauptet werden, daß ihre Intelligenz, wenn schon nicht von anderer Art als unser Verstand, so doch äußerst gering ist.» Und deutlicher noch bringt es Montesquieu zum Ausdruck. Er, der davon ausging, daß «die Sklaverei gegen das natürliche Recht verstößt, aufgrund dessen alle Menschen frei und unabhängig geboren werden», verteidigte paradoxerweise gerade den Menschenhandel mit den Negern, denn: «Man kann sich kaum vorstellen, daß Gott als ein Wesen voller Weisheit einen vollkommen schwarzen Körper mit einer Seele und vor allem mit einer guten Seele ausgestattet hat.» Diese offensichtliche Ungereimtheit findet ihre Erklärung in einem äußerst praktischen Argument: «Der Zucker wäre zu teuer, würde man die Pflanze, die ihn hervorbringt, nicht von Sklaven bearbeiten lassen.»

Tatsächlich ist dies ein ausgezeichnetes Argument, um den Aufschwung des Sklavenhandels in der Zeit der Aufklärung verständlich zu machen: Der Expansion der Plantagenwirt-

schaft war es zu verdanken, daß Europa zu weithin annehm-
baren Preisen mit großen Mengen von Tabak, Kaffee, Zuk-
ker und Baumwolle versorgt werden konnte, daß der Handelsverkehr neuen Aufschwung nahm und damit der Grundstock für das «moderne» wirtschaftliche Wachstum gelegt
wurde – all das wäre ohne die Zwangsarbeit der «anderen»
nicht möglich gewesen. Und um diese andererseits wieder
rechtfertigen zu können, mußte man herausstellen, daß es
sich bei diesen Sklaven nicht eigentlich um menschliche Wesen handelte oder daß es zumindest nur «Barbaren» waren,
die es durch diese Unterwerfung zu zivilisieren galt. Als es
Anfang des 19. Jahrhunderts zur Abschaffung der Sklaven-
haltung kam, rechtfertigte die spanische Regierung noch
rückwirkend die Sklaverei mit dem Argument, sie sei zur
Christianisierung der Afrikaner unumgänglich gewesen.

Die Verachtung der Kultur der «anderen» beruhte auf der
Ignoranz und der Unfähigkeit der Europäer, Dinge zu verstehen, die abseits ihres geistigen Horizonts lagen. Obwohl
gerade im Zeitalter der Aufklärung die Zahl der Reisebe-
richte und Beschreibungen von exotischen Ländern und Völkern enorm anstieg, hatte der damalige Durchschnittseuropäer nicht die geringste Vorstellung, wie unterschiedlich die
Menschheit war. So wie Montesquieu in einer Satire einen
Franzosen, der einem Perser begegnet, erstaunt sagen läßt –
«Der Herr ist Perser? Welch außerordentlicher Umstand!
Wie kann man Perser sein?» –, so erstaunten die Pariser Jahre
später tatsächlich, als Bougainville dort mit einem Tahitianer
auftauchte. Auch ihm wurden Fragen wie etwa die folgende
gestellt: «Wie nun, man sagte mir, daß in der Heimat dieses
Mannes weder Französisch noch Englisch oder Spanisch gesprochen wird?» (Man bedenke in diesem Zusammenhang
allerdings, daß es selbst heute noch Nordamerikaner gibt,
die davon überzeugt sind, daß sich Jesus Christus auf Englisch ausdrückte.) Nicht geringer war die Unkenntnis der
Bevölkerung Madrids, die im ausgehenden 18. Jahrhundert
über die Religion des dort 1787 akkreditierten osmanischen
Botschafters und seiner Angehörigen rätselte: «Für die einen
beteten sie als Gott ein Pferd an; für die anderen den Mond;
für wieder andere waren es Atheisten; und schließlich hörte

man auch sagen, daß sie um soundsoviel Uhr ihre Messe fei-
erten und um soundsoviel Uhr zur Beichte gingen.»

Wenn dies schon in bezug auf die islamische Kultur der
Fall war, der einzigen, die der englische Universalgelehrte
Dr. Johnson an der Seite der europäischen zu akzeptieren bereit war, so stelle man sich vor, wie die Dinge hinsichtlich
anderer Kulturkreise gestanden haben mußten: hinsichtlich
jenes «wilden» oder «primitiven» Denkens, dessen Studium
man den Anthropologen zuwies, war es doch aufgrund seiner
«prälogischen», elementaren Natur kaum einer Analyse anhand jener Methoden und Grundlagen würdig, die gemeinhin
auf die «zivilisierten» Kulturen zur Anwendung kamen.

Legitimiert wurde die «natürliche» Minderwertigkeit der
Wilden von den europäischen Naturwissenschaftlern des
18. Jahrhunderts, die die Gattung Mensch mehr oder weniger
den gleichen Prinzipien unterwarfen, mit denen sie sich an die
Klassifizierung des Tierreichs machten. Linné, der große Sy-
stematiker der Natur, beschränkte sich auf eine Untergliederung in vier große, den einzelnen Kontinenten entsprechende
menschliche Gruppen, die er auf höchst elementare Weise beschrieb: die Europäer leiten sich nach Gesetzen, die Amerikaner nach Sitten und Gebräuchen; die Asiaten gehorchen der
öffentlichen Meinung, und die Afrikaner handeln aus Willkür.
Buffon, ein Kenner und Bewunderer Montesquieus, machte
seinerseits die Unterschiede zwischen den Menschen vom
Einfluß der Umwelt abhängig:

«Alles scheint zu bestätigen, daß sich die Menschheit keineswegs aus untereinander wesentlich verschiedenen Gattun-
gen zusammensetzt, sondern daß es ursprünglich nur eine einzige Spezies Mensch gegeben hat, die sich dann vermehrte
und über die gesamte Erdoberfläche ausweitete und sich so
durch den Einfluß des Klimas, der unterschiedlichen Ernäh-
rungs- und Lebensweisen, aufgrund von Epidemien und auch
durch eine sich bis ins Unendliche steigernde Kreuzung zwischen mehr oder weniger ähnlichen Individuen verschiedenen
Veränderungen ausgesetzt sah.»

Dies führte ihn zu der Schlußfolgerung, daß die amerikanische Urbevölkerung letztendlich auf Grund einer ihrer

Entwicklung feindlich gegenüberstehenden Umgebung den
Bewohnern der Alten Welt unterlegen sei; das gelte im allgemeinen auch für die Tierwelt jenes Kontinents – womit er
letzten Endes jene Gleichheit negierte, die er angeblich verteidigen wollte.

Tatsächlich standen die ersten Theoretiker der Rassenlehre
zunächst in der aufgeklärten Tradition eines Montesquieu,
eines Buffon oder eines Voltaire; später sahen sie sich dann
durch verschiedene, von der Medizin vorgelegte Erkenntnisse unterstützt, die zu einer Objektivierung des Anspruchs
auf eine unterschiedliche Herkunft und Natur der einzelnen
Rassen herangezogen werden. (Erinnert sei diesbezüglich an
den von Retzius entwickelten Schädelindex, über den dieser
unter anderem zwischen dolichozephalen und brachyzepha-
len Rassen unterschied, eine Unterscheidung, die später
dazu beitrug, Methoden zur Reinhaltung der Rasse – von der
Eugenik bis hin zur Ausrottung – zu erarbeiten.)

Dies alles spielte sich zeitgleich mit dem Kampf um eine
Abschaffung der Sklaverei und des Menschenhandels ab.
Neben dem Humanitarismus der Abolitionisten tauchte jedoch eine neue, sich auf wissenschaftliche Grundlagen beru-
fende Rassenlehre auf, und auch die europäischen Regierungen holten zu einer zweiten und diesmal weitaus gezielteren
Phase imperialistischer Expansion aus, mit der eine bislang
unbekannte Form menschlicher Ausbeutung – die der «Kulis» im östlichen und südöstlichen Asien – einsetzte, die ein
wesentlich größeres Ausmaß als die schwarze Sklaverei an-
nehmen sollte. Vorurteile und politische Interessen gingen
Hand in Hand. Die Haltung der Französischen Revolution
gegenüber der schwarzen Sklaverei, so Napoleon, sei das Ergebnis ihrer Verkennung der Wirklichkeit gewesen. Seine
eigene Einstellung hingegen zeichnete sich durch eine recht
seltsam anmutende Mischung aus Rationalität und Vorurteil
aus: «Wie konnte man den Afrikanern, Menschen ohne jegliche Zivilisation, die Freiheit gewähren? . . . Nachdem ich ein
Weißer bin, stehe ich auf der Seite der Weißen; einen anderen
Grund habe ich nicht, und dieser ist der einzig richtige.»

So überzeugend und nützlich war der Rassenmythos, daß
er sogar innerhalb der europäischen Gesellschaften selbst zur

Anwendung kam. Frankreich, zum Beispiel, sah sich als eine aus zwei Volksgruppen bestehende Nation: zum einen die der Sieger (die Franken, die Adligen und die Krieger), zum anderen die der Besiegten (die Gallier, die Bauern und die einfachen Bürger). Die Revolution hatte diese beiden Völker gegeneinander gestellt, und ihr paradoxes Ergebnis war dann eine Gesellschaft, in der auch weiterhin die «Franken» das Sagen hatten, während der Reichtum jedoch in den Händen der «Gallier» lag, aus deren Reihen sich die Vertreter von Handel und Gewerbe rekrutierten. Jene, die ihre Herkunft lieber bei den Franken suchten, verlegten sich auf einen pseudoaristokratischen Diskurs wie etwa Gobineau, der behauptete, daß alles Große und Erhabene in der Geschichte der Menschheit Werk der Arier sei und daß der Niedergang bestimmter Gesellschaften seinen Grund in der Vermischung ihres Blutes mit dem niedrigerer Rassen habe. (Preußens Sieg 1870 über Frankreich schien ihm hierfür der beste Beweis.) Die anderen jedoch, die Frankreich eher mit einem «gallischen» Ursprung in Verbindung brachten, gaben sich volkstümlicher und demokratischer und bemühten die Mythen der keltischen Kultur – die sich Cäsar entgegenstellenden alten Kriegshelden bis hin zu Asterix.

Obgleich von der wissenschaftlichen Forschung jeder Legitimation entledigt, hat sich der Rassismus in unseren Gesellschaften ungeschmälert halten können. Wir verurteilen ihn zwar, wenn er allzu scharfe Züge annimmt und sich uns in seiner ganzen Grausamkeit offenbart – die Brandstiftung in Immigrantenwohnheimen in Deutschland, die Ausrottung der Urbevölkerung in Brasilien, die «ethnische Säuberung» auf dem Balkan –, übersehen dabei jedoch seine alltägliche Präsenz, die sich in Diskriminierung und Voreingenommenheit äußert. Und wir sind uns nicht einmal bewußt, inwieweit er sogar unsere Kultur und damit unser geistiges Instrumentarium prägt. Im Grunde genommen ist es aber gar nicht so wichtig, ob es denn eine wissenschaftliche Begründung dafür gibt oder nicht – denn der Rassismus basiert ja nicht auf wohlüberlegten Gedankengängen, sondern auf uneingestandenen Ängsten. Er ist nichts anderes als das Antlitz, das die irrationale Angst vor dem «anderen» annimmt.

Achtes Kapitel

Der Spiegel des Fortschritts

Die großen geographischen Entdeckungen machten eine Konfrontation des alten Schrifttums mit der tatsächlich beobachteten Wirklichkeit unumgänglich, was angesichts der Falschheit vieler gemeinhin als wahr erachteten Aussagen ein allgemeines Mißtrauen gegenüber der traditionellen Wissenschaft und ein allmähliches Abkommen vom ererbten Buchwissen zugunsten einer auf unmittelbarer Wahrnehmung beruhenden Erkenntnis zur Folge hatte. «Alle Philosophie ist in jenem so großartigen Buche niedergeschrieben, das jederzeit offen vor unseren Augen liegt: das Universum.» So Galilei. Aber auch Descartes forderte seine Zeitgenossen dazu auf, aus dem «großen Buch der Welt» zu lernen.

Mit wahrer Leidenschaft nahmen die Europäer alle Nachrichten aus den neu entdeckten Ländern in sich auf und spürten ihrer Geographie, ihrer Tier- und Pflanzenwelt, ihren Menschen und all ihren so seltsamen Dingen in illustrierten Büchern, Sammlungen und *Wunderkammern* auf. Das erste, was sich änderte, war die Darstellung der Erde auf den neuen Karten; später veränderten sich unsere Kenntnisse von der Natur und schließlich auch das Bild des Menschen und seiner Kulturen.

Das neue Wissen um das menschliche Dasein ging in geordnete Zusammenstellungen ein. Zunächst statisch, als reine Klassifizierung der Verschiedenheit und ohne wertmäßige Einstufung. «Das Vermögen zu einer rechten Einschätzung und einer Unterscheidung des Wahren vom Falschen, das also, was wir zu Recht als Geist oder Vernunft bezeichnen, ist bei allen Menschen von Natur aus gleich», sagte Descartes. Unterschiedliche Auffassungen ergäben sich als Folge der jeweiligen Gepflogenheiten: «All jene, deren Anschauungen von den unseren abweichen, sind deshalb keineswegs Wilde oder Barbaren.» Montesquieu seinerseits steuerte eine Erklärung der menschlichen Vielgestaltigkeit bei: «Die Gesetze stehen in enger Beziehung zur Art und Weise, wie die verschiedenen Völker sich ihren Lebensunterhalt verdienen.»

Alternativ hierzu konnten diese verschiedenen Daten jedoch auch anhand ihrer Eingliederung in ein bestimmtes Zeitsystem auf der Grundlage einer evolutiven Dynamik geordnet werden: «Wer in die entlegensten Gebiete unserer Erde segelt» – so ein Weltreisender um 1800 –, «der bewegt sich fürwahr längs der Route der Zeit und erlebt eine Reise in die Vergangenheit.» Die Menschen, auf die man bei einem solchen Unternehmen stieß, waren lebende Zeugnisse der Ursprünge menschlicher Zivilisation. Und anhand einer Konfrontation von Sitten und Gebräuchen der verschiedenen neu entdeckten Völker mit denen der europäischen Vergangenheit – so die amerikanischen Rothäute etwa im Vergleich zu den Germanen – konnten diese entsprechend dem Entwicklungsstand ihrer Zivilisation eingeordnet werden.

Ausgehend von dieser historischen Perspektive verlieh eine Gruppe schottischer Philosophen, Historiker und Volkswirtschaftler den Aussagen Montesquieus eine neue Dimension: Wohl seien Gesetze und Gebräuche abhängig von der jeweiligen Absicherung des Lebensunterhalts, die Erklärung dieser Wechselbeziehung sei jedoch nicht in der Geographie (im Einfluß des Klimas, der natürlichen Bedingungen der Umwelt), sondern vielmehr im jeweiligen geschichtlichen Werden zu suchen. Jeder Abschnitt der menschlichen Entwicklung entspreche so einer ganz konkreten wirtschaftlichen Erwerbsphase, und die Unterschiede, die diesbezüglich zu einem bestimmten Zeitpunkt unter verschiedenen Völkern auszumachen seien, markierten ihre Stellung auf der Leiter des menschlichen Fortschritts. David Hume war es, der als erster die Leitlinien jenes Entwicklungsmodells aufzeigte, bei dem der Mensch von der Jagd und der Fischerei zum Akkerbau übergeht und von diesem dann zu einer vor allem im Zeichen des Handels stehenden Phase kommt, zu der jedoch offensichtlich nur Europa Zugang gefunden hatte, und dies zu einem gut Teil aufgrund der Einflüsse der großen Entdeckungen. Einer jeden dieser einzelnen Produktionsphasen

entsprach seiner Theorie nach ferner eine bestimmte gesellschaftliche Organisation und ein bestimmtes, den Anliegen
und Möglichkeiten der Menschen entsprechendes kulturel-
les Beiwerk.

Diese Anschauung, die später dann von Adam Smith mit
seiner Lehre von den «vier Stufen» der menschlichen Geschichte – Jagd, Weidewirtschaft, Ackerbau und Handel –
weiter ausgebaut werden sollte, erlaubte eine evolutive Ein-
ordnung der verschiedenen bekannten Gesellschaften: Die
wilden Jäger und Sammler in Schwarzafrika und Nordamerika entsprachen so der ersten Stufe, die Nomadenvölker Innerasiens der zweiten, der weitaus größte Teil des Orients
der Stufe des Ackerbaus (auch «Feudalstufe» genannt), und
nur Westeuropa hatte sich voll bis zur vierten, im Zeichen
des Handels stehenden Stufe weiterentwickeln können, mit
der der Wohlstand seiner verschiedenen Nationen und innerhalb dieser wiederum der gesamten Gesellschaft – bis hin zu
den «niedrigsten Rängen des Volkes» – gesichert war.

Mit der Umwandlung der «Wilden» in «Primitive» und
der damit einhergehenden «potentiellen» Gleichheit aller
Menschen bot sich bei einsetzender Ablehnung des Sklavenhandels ein stichhaltiges Argument zur Rechtfertigung der
Ausbeutung der «zurückgebliebenen» Völker. Die Vertreter
der schottischen Schule werden gemeinhin als die «Erfinder
des Fortschritts» bezeichnet. Zutreffender wäre jedoch wohl
die Aussage, daß sie den «Rückschritt der anderen» erfanden, um so in dessen Spiegelbild ihren eigenen Fortschritt zu
definieren.

Dieses Modell, das die gesellschaftliche Entwicklung der
Menschheit in verschiedene Abschnitte unterteilt, die von
allen Völkern nacheinander durchlaufen werden müssen, bot
eine Reihe von Vorzügen, anhand derer sich sein durchschla-
gender Erfolg leicht erklären läßt. Es erlaubte so, die Geschichte als ganzes auf ein einziges, universell gültiges
Schema zu reduzieren, versetzte die europäischen «Handels-
gesellschaften» – die sich bald schon als «Industriegesell-
schaften» definieren sollten – an die Spitze der Zivilisation
(wodurch die Weltgeschichte schließlich zur Geschichte Europas wurde) und vermittelte dem Überlegenheitsanspruch

der Europäer und ihren Eingriffen in das Leben und die Geschichte der anderen eine «wissenschaftliche» Grundlage: Der Kolonialherr wurde zu einem Missionar der neuen Zeiten, der den primitiven Völkern den «wahren Weg» zu intellektuellem und materiellem Fortschritt zeigen wollte.

Die Primitiven wurden als «ein Volk von Kindern» gesehen, die es zu erziehen galt. Ihr weltgeschichtliches Wissen gab den Kolonialherren die Möglichkeit, die Entwicklung der zurückgebliebenen Länder zu gängeln und zu steuern. Die für den Orient erfundene Feudalstufe erlaubte es so beispielsweise den Engländern, die Vergangenheit – und mit ihr die Gegenwart – des indischen Subkontinents unter Kontrolle zu halten. Nachdem sie den Feudalismus bereits überwunden hatten, zeigten sie den Indern nun, wie diese Überwindung zu verlaufen habe. «Über ihre eigene Geschichte waren sie in der Lage, den zukünftigen Weg Indiens zu lenken.»

Im Verlauf des 19. Jahrhunderts wurde dieses Denkmodell durch Parallelerkenntnisse in anderen Bereichen der Wissenschaft untermauert und entwickelte sich schließlich zu einer weltweit anerkannten Geschichtsauffassung. Am Anfang stand hierbei der kosmische Determinismus von Laplace, der davon ausging, daß das Universum nach Aufdeckung aller ihm zugrundeliegenden Gesetze «exakt» erfaßt und im Verhalten seiner einzelnen Komponenten – von den kleinsten Elementarteilchen bis hin zu den Sternen – ohne weiteres «vorherbestimmt» werden kann. Durch den Einsatz der Sozialstatistik und deren Erkenntnis, daß auch auf gesellschaftlicher Ebene gewisse Regelmäßigkeiten zu beobachten sind, die mehr oder weniger nach der Art von Naturgesetzen wirken, fand diese Gewißheit später ihren Niederschlag auch im menschlichen Bereich: Du Bois-Reymond schrieb im Jahre 1872, daß der, dem, wenn auch nur kurz, Lage, Richtung und Geschwindigkeit aller Atome des Universums bekannt seien, die zukünftigen Ereignisse der Geschichte der Menschheit voraussagen könne.

Im gleichen Jahr veröffentlichte Auguste Blanqui in Paris seine «wissenschaftlichen» Spekulationen unter dem Titel *L'éternité par les astres*. Davon ausgehend, daß die Natur mit

einer kleinen Zahl von Elementen unendlich viele Kombina-
tionen schafft, folgerte er, daß sich diese zwangsläufig immer wieder wiederholen müßten, und dies wiederum
brachte ihn zum Schluß, daß alles, was sich zu einem bestimmten Zeitpunkt irgendwo abspielt, bereits viele Male
vorher dagewesen sei und auch ebenso wieder in aller Ewig-
keit erneut in Erscheinung treten werde. Bedenkt man, daß
dies aus der Feder eines Revolutionärs stammt, der Zeit seines Lebens für einen Wandel der Gesellschaft gekämpft
hatte, dann ist diese Theorie einer «ewigen Rückkehr» nach
Walter Benjamin tatsächlich «eine rückhaltlose Unterwerfung, ebenso aber auch die schrecklichste Anklage, die einer
dieses kosmische Bild ihrer selbst in den Himmel projizie-
renden Gesellschaft gemacht werden kann».

Stärker noch war der Einfluß der evolutionistischen Denkmodelle, die von Leuten wie etwa Darwin, Huxley, Wallace
und Spencer entwickelt wurden (wobei gerade letzterer im
Kampf ums Überleben einen wesenseigenen Mechanismus
des Fortschritts sah und damit sagar die krassesten Ausschreitungen des Kapitalismus rechtfertigen konnte). Der
Evolutionismus griff auf die von den Naturwissenschaftlern
des 18. Jahrhunderts erstellte Systematisierung der Lebewesen zurück und ordnete dieser eine erklärende Dynamik bei.
Die Geschichte – die ursprünglich von der schottischen
Schule entworfene Lehre von der sozialen Evolution – hatte
den Wissenschaftlern den Schlüssel in die Hand gegeben, mit
dem sie die «Natursysteme» ihrer Vorväter in Bewegung
setzen konnten. Im Gegenzug bestätigten nun «die Wissenschaften» jene von Sozialphilosophen und Historikern vorgebrachten Vermutungen und lieferten die Grundlage für
neue Spezialgebiete im gesellschaftlichen Bereich – so etwa
die Anthropologie oder die Soziologie –, die sich ersteren
gleichgestellt sehen wollten. (Radcliffe-Brown sah in der So-
zialanthropologie «einen Zweig der Naturwissenschaft».)

Daß diesem globalen Modell, in dessen Mittelpunkt eine
vom Fortschrittsglauben geprägte lineare Auffassung der
Geschichte von Natur und Menschheit stand, viel von einer
Projektion der Gesellschaft auf die Wissenschaft inne-
wohnte, will nicht heißen, daß es sich allein um die Recht-

fertigung bestimmter Klasseninteressen innerhalb der kapitalistischen Gesellschaftsordnung und im Bereich einer weltweit vorangetriebenen kolonialen Unterwerfung anderer Völker durch die Europäer handelte. Es war vielmehr ein weitgespannter ideologischer Rahmen, in dem sich sowohl zustimmende wie abweichende Denkströmungen entwickeln konnten. Trotz seiner Einstufung als «eine Art kosmische Genealogie der bürgerlichen Zivilisation» ließ der Sozialevolutionismus sehr wohl auch kritische Stimmen zu. Als Alfred Russell Wallace 1869 seinen abschließenden Bericht über einen achtjährigen Studienaufenthalt auf den Malaiischen Inseln schrieb, der einen Vergleich zwischen der Solidarität und Gerechtigkeit, denen er bei jenen Eingeborenen begegnet war, und den Mißständen, die in der britischen Gesellschaft vorherrschten, enthielt, fühlte er sich zu der Aussage veranlaßt, daß wir uns hinsichtlich einer wirklichen Sozialwissenschaft noch in einer Etappe der Barbarei befänden.

Um diese Theorie einer kritischen Anwendung zuzuführen, galt es einfach nur, die Gegenwart nicht als «das Ende der Geschichte», sondern vielmehr als eine Übergangsphase des menschlichen Fortschritts zu sehen, in der die diesem anhaftenden negativen Aspekte durch eine Weiterführung der Entwicklung überwunden werden mußten. Dies war ursprünglich die von Marx vertretene Auffassung. Im Geiste der für das damalige Deutschland so typischen Griechenlandverehrung erzogen, begann er, seine Interpretation von Gesellschaft und Geschichte als eine Kritik an der schottischen Schule aufzubauen, und verwandelte so die durch die jeweilige Beherrschung der Technik definierten «Arten des Lebensunterhalts» in von der Natur der zwischenmenschlichen Beziehungen geprägte «Produktionsweisen». Auf diese Weise akzeptierte er also das Prinzip eines einzigen, linearen Fortschrittsmodells, von dem er sich erst gegen Ende seines Lebens lösen sollte (eine Tatsache, die bei seinen Nachfolgern zur dramatischen Konsequenz führte, daß diese in den doktrinärsten Formulierungen der frühen Jahre steckenblieben und nicht dazu fähig waren, diese im Licht der im reiferen Alter geäußerten Zweifel und Berichtigungen zu revidieren).

So wie der sogenannte «wissenschaftliche Sozialismus» scheiterte, weil er die die bürgerliche Sozialwissenschaft tragenden Grundlagen akzeptierte und infolgedessen davon überzeugt war, den Kapitalismus durch eine «Superindustrialisierung» überwinden zu können, so scheiterten auch die außereuropäischen Völker, die glaubten, ihrer habhaft zu werden, soweit sie sie nur ihrer legitimierenden Funktion entledigten.

Die auf der Grundlage dieser Theorie erarbeitete «Weltgeschichte» beruht auf einer Reihe von Verfälschungen, an deren Anfang allein schon die Auffassung vom «Motor» des Fortschritts steht. Unsere Interpretation der europäischen Überlegenheit basiert auf einer verzerrten Darstellung des technischen Fortschritts, der in der Regel auf zwei Schlüsselelemente – Energie und Maschine – reduziert wird. «Allein die von der Technik gezähmte Energie bringt kulturellen Fortschritt.» Zur Definition der sogenannten «industriellen Revolution» pflegt man im allgemeinen auf die Schlagwörter Dampf und Mechanisierung zurückzugreifen. Und versucht man, sie in Abhängigkeit von den verschiedenen Organisationsweisen menschlicher Arbeit zu untersuchen, so wird immer wieder betont, daß ihr Hauptmerkmal im Übergang von einer auf menschlicher und tierischer Arbeitskraft beruhenden Wirtschaft auf eine vor allem im Zeichen der Ausnutzung fester Brennstoffe stehende Wirtschaft zu suchen sei.

Es waren die Maschinen, die den Europäern ihre entscheidende Überlegenheit auf dem Gebiet der Schiffahrt und der Kriegstechnik verliehen und so ein rasches imperialistisches Vordringen in Afrika und Asien möglich machten. Es darf uns deshalb nicht verwundern, daß man gerade in ihnen die eigentliche Ursache für die gegebene Vormachtstellung Europas sah und davon ausging, daß die Fähigkeit des Menschen, Maschinen zu bauen, als sicheres Maß zur Bestimmung seines Zivilisationsgrades herangezogen werden kann.

Die uns vorliegenden Darstellungen der Geschichte der Technologie sind im allgemeinen kaum mehr als eine Beschreibung der Geschichte der Mechanisierung, bei der andere Aspekte weitgehend unter den Tisch fallen. Eine beiläu-

fige Erwähnung finden zwar die Beiträge der islamischen
Welt, in Erscheinung treten hie und da auch die aus China
stammenden technischen Errungenschaften – ohne dabei
allerdings das Argument der Sinologen gelten zu lassen, wonach «die großen Entdeckungen, die in der westlichen Welt
den Beginn der Neuzeit ermöglichten», ganz wesentlich auf
chinesisches Wissen zurückzuführen sind –; die maschinen-
losen Gesellschaften der Urbevölkerung Amerikas und
Schwarzafrikas jedoch werden voll übergangen oder besten-
falls noch der «Frühgeschichte» zugewiesen.

So bescheidene und dabei so überaus bedeutsame Errungenschaften wie etwa die Schubkarre, mit der ein Mann
ohne weiteres allein beachtliche Lasten transportieren kann
und die in Europa bis ins frühe Mittelalter vollkommen un-
bekannt war, haben bei solcherart Darstellungen keinen
Platz. Die schamloseste Verzerrung der Tatsachen jedoch ergibt sich im Zusammenhang mit der Beziehung des Menschen zu seiner natürlichen Umwelt. Der enorme Energie-
und Rohstoffverbrauch der Zivilisation der Maschine hat
uns dazu geführt, die Raubwirtschaft an den natürlichen Re-
serven – als «Beherrschung der Natur» getauft – zu einem
Kriterium des Fortschritts zu machen.

Hierin liegt der Grund für unser Unverständnis angesichts
jeder ökologisch vorangetriebenen Technologie. Ist so zum
Beispiel vom kulturellen Austausch zwischen Amerika und
Europa die Rede, so erscheinen Mais und Kartoffel als zwei
«natürliche Produkte», die die Entdecker in der Neuen Welt
«vorfanden». Nicht erwähnt wird hingegen der lange kulturelle Prozeß, durch den die Kultivierung und Nutzung dieser
beiden Pflanzengattungen seitens der amerikanischen Urbevölkerung erst möglich geworden war und der im Rahmen
einer komplizierten Agrarstrategie zu deutlich umweltge-
bundenen Betriebsformen geführt hatte: so etwa zur kombi-
nierten Bewirtschaftung der verschiedenen ökologischen
Schichten in den Anden oder zu der typischen Feldwirtschaft
der Mayas, die in ihren Bewässerungskanälen gleichzeitig
auch Fische aufzogen und so zum einen über ein zusätzliches
Nahrungsangebot, zum anderen aber auch über eine natürliche Fäkaldüngung ihrer Anbauflächen verfügten. (Verschie-

dene Autoren haben in diesem Zusammenhang darauf hin-
gewiesen, daß dieses System auch einer gewissermaßen «sozialen Technik» bedurfte, welche ihrerseits in der Erfindung
«politischer Symbole» zum Ausdruck kam, «die im Rahmen
eines geordneten Zusammenlebens zu einer Umwandlung
und Koordination traditioneller Institutionen wie etwa der
Großfamilie, der Dorfgemeinschaft, des Schamanen oder
des Patriarchen führten».)

Derart verzerrte Kriterien haben uns zu einer die Dinge
verfälschenden historischen Auffassung gebracht. Man
denke diesbezüglich nur an das Bild des Europäers, der die
Länder des südlichen und südöstlichen Asiens aus ihrer Le-
thargie erweckt und sie zur «Modernität» führt. (Zu diesem
Begriff verzichte ich hier bewußt auf alle weiteren Ausführungen, handelt es sich doch im Grunde genommen nur um
eine Rechtfertigung all dessen, was sich unseres Beifalls allein aufgrund seiner Endstellung im Rahmen einer evolutiv
verstandenen zeitlichen Abfolge erfreut.) Aus dem Blickwinkel der Eigendynamik jener Länder bieten sich die Dinge
vollkommen anders dar. Bezeichnend ist allein schon die
Tatsache, daß Vasco da Gama bei seiner Ankunft in Calicut
in der Stadt auf einen Spanisch sprechenden Tunesier traf –
ein Umstand, der sicher mehr als eine bloße Anekdote ist.

In Wirklichkeit gehörten diese Länder nämlich schon seit
langer Zeit zu einem großen, von der chinesischen Wirtschaft und der islamischen Kultur getragenen «Weltmarkt»,
der sich von Nordafrika bis nach Indonesien erstreckte, von
den Karawanenstädten Zentralasiens bis hin an die ostafrika-
nische Küste. Als die Portugiesen Ende des 15. Jahrhunderts
in diesen Teil der Welt vordrangen, war der Hafen von Malakka als ständiger Treffpunkt von Kaufleuten aus Arabien,
Persien, Indien, Indonesien und China bereits eines der größten Handelszentren der Erde, in dem zeitweise bis zu vier-
undachtzig verschiedene Sprachen gesprochen wurden. Auf
diesem so aktiven, expansionsfreudigen asiatischen Markt
traten die Europäer zunächst vor allem als Frachtführer längs
der örtlichen Geschäftsrouten auf, denn ihre plumpen Han-
delswaren interessierten die Asiaten reichlich wenig. «Sie
vermengten, schlugen und drängten sich mit den übrigen

Kaufleuten, zu denen sie in Konkurrenz standen und unter denen sie lebten» und konnten dann schließlich vor allem dank ihrer militärischen Überlegenheit die Oberhand gewinnen und «den bereits vor ihnen bestehenden mohammedanischen und indischen Handel» zerstören.

Was sich damals zutrug, war viel komplexer, als allgemein angenommen. Im Zusammenspiel mit einer lokalen Krisensituation und dem Rückgang der Silberreserven, aus denen der internationale Handel finanziert wurde, führte die bedrohliche Gegenwart der Europäer dazu, daß sich viele Völker dieses Raums auf sich selbst zurückzogen und ihre für den Export bestimmte Produktion einstellten. Auf diese Weise setzten sie ihrer aktiven Teilnahme an dieser ersten «Zeit des Handels» ein Ende. Die Europäer wirkten diesem Rückzug, wo immer sie konnten, mit Waffengewalt entgegen, setzten ihre militärische Vormachtstellung durch (so etwa die Holländer in Indonesien und später dann auch die Engländer in Indien und die Franzosen in Vietnam) und unterwarfen den Handel ihren eigenen Konditionen. Als Beispiel hierfür sei etwa an das Vorgehen der Engländer in China erinnert, wo diese Mitte des 19. Jahrhunderts die Einführung des Opiums als Handelsware erzwangen (und damit das Entsetzen der höheren chinesischen Beamten hervorriefen, die sich nicht vorstellen konnten, daß Opium auch in Großbritannien gefragt war, ja daß es dort, entsprechend aufbereitet, von werktätigen Müttern zum Einschläfern ihrer Kinder während des langen Arbeitstags in der Fabrik herangezogen wurde).

Wo sich die Europäer nicht durchsetzen konnten – so etwa in Japan –, bereitete dieser Rückzug den Weg für einen Abschnitt wirtschaftlichen Binnenwachstums, das dann im Rahmen einer zweiten «Zeit des Handels», der unseren nämlich, eine erneute Präsenz auf dem Weltmarkt möglich machte. Nur geschah dies jetzt unabhängig, ohne Unterwerfung unter ausländische Zwischenhändler. Dieser Prozeß, der in Japan Ende des 19. Jahrhunderts seinen Anfang nahm, setzte sich nach dem Zweiten Weltkrieg in den neuen asiatischen Industriestaaten fort und mag heute auch bereits auf China übergegriffen haben. Nach dem Zusammenbruch der

Kolonialreiche und dem Niedergang der alten Industriestaaten scheint diese zweihundertjährige Zeit der Ebbe aus der Sicht des 20. Jahrhunderts weniger dem in unseren Geschichtsbüchern so gepriesenen Sieg Europas über den Orient, als vielmehr einem vorübergehenden Rückzug zur gebotenen Vorbereitung auf die neuen Gegebenheiten und Gesetze der Weltwirtschaft zu entsprechen.

Ein Teil der Fehlinterpretationen, denen wir in dieser Beziehung anheimfallen, leitet sich von unseren falschen Vorstellungen von den anderen her, die diese überraschenderweise sogar selbst akzeptieren. Zum Aufbau eines Konzepts des Europäischen «erfanden» wir angesichts der Diversität von Menschen und Kulturen die Asiaten, die Afrikaner und die Amerikaner und maßen ihnen eine kollektive Identität bei, die diese in Wirklichkeit gar nicht hatten. Im Vorwort einer UNESCO-Erklärung heißt es so zum Beispiel, daß sich der Begriff Rasse den Sinnen dann erschließe, wenn man «einen Afrikaner, einen Europäer, einen Asiaten und einen amerikanischen Indianer» nebeneinander sehe (Fabelwesen wie etwa das Einhorn oder die Sirenen).

Diesen auf kontinentaler Ebene «vereinheitlichten» Darstellungen der Menschen entsprechen nicht weniger stereotypisierte Auffassungen im Bereich der Geschichte. Geht man in diesem Sinne davon aus, daß Schwarzafrika nie über die Form einer Stammesorganisation hinausgekommen ist, so verkennt man nicht nur die erhebliche Bedeutung, die in der Vergangenheit auch hier den Städten zukam – um 1600 gab es auf afrikanischem Boden an die dreißig Städte mit mehr als 20000 Einwohnern –, sondern vergißt ebenso die großen historischen Staatsgebilde dieses Kontinents wie etwa die Königreiche Aksum oder Mali.

Am subtilsten wird dieser Erfindungsgeist im Falle Asiens, wo eine rein geographische Bezeichnung zu einer historisch-kulturellen Einheit – die des Orients – wurde, über die wir dann unserer linear ausgerichteten Geschichtsauffassung kulturell fortgeschrittene Gesellschaften eingliedern konnten, die sich, anders als in Afrika, Amerika oder Ozeanien, einer Preisgabe an die Vorgeschichte entzogen.

Der Begriff des «Orients» bildete sich parallel zu unserer Überzeugung einer vermeintlichen Unterlegenheit der asiatischen Gesellschaften heraus und sollte Ende des 18., Anfang des 19. Jahrhunderts seine endgültige Festigung finden. In dieser Zeit kam es zur «Orientalisierung» der Türken, die bis dahin dank eines außerordentlich gut funktionierenden Verwaltungs- und Kriegsapparats ganz Europa in Schrecken gehalten hatten. (Lepanto war nur ein Zwischenfall; «die beiden größten Mächte, die es heute auf der Welt gibt – so Anthony Sherley im Jahre 1622 –, sind diese – die spanische – Monarchie und das Reich der Türken».)

Die gleiche Behandlung erfuhr Nordafrika, das gemeinhin mit den «berberischen» Piraten in Verbindung gebracht wurde, ebenso aber auch mit einer uneingestandenen Furcht vor der Anziehungskraft des Islams. (Die große Zahl «abtrünniger» Christen steht in einem krassen Mißverhältnis zu den wenigen Moslems, die sich zum Christentum «bekehrten»). Frankreich erklärte Algerien den Krieg, weil man angeblich die drei Fächerstreiche rächen mußte, die der Bey dort dem französischen Gesandten versetzt hatte. (Ob dies nun mit dem Griff oder mit den Federn erfolgte, ist bislang noch ungeklärt; fest steht allerdings, daß der Diplomat diese Strafe aufgrund seiner Impertinenz voll verdient hatte.) Dieser Schachzug der französischen Bourbonen wird im allgemeinen mit deren Streben nach militärischem Prestige in Verbindung gebracht; daß Paris dabei jedoch gleichermaßen auch auf eine Plünderung der algerischen Staatskasse aus war – und dies auch sogleich in die Tat umsetzte –, wird wohlweislich verschwiegen.

Jener Orientalisierung fiel Ende des 18. Jahrhunderts auch China anheim, dessen Kultur bis dahin in hohem Ansehen gestanden hatte. Denn trotz ihrer vermeintlichen Unterlegenheit im Bereich der spekulativen Wissenschaften sahen sich die Europäer von den Chinesen in zahlreichen anderen Aspekten übertroffen: «Nicht zu sagen vermag ich, wie sie sich im Studium der Politik hervortun und auf welch wunderbare Weise sie ihr Reich ordnen, wie sie dieses frei von Aufständen halten und welche Aufmerksamkeit sie der Verwaltung ihres Staates schenken.» Noch am Vorabend der französischen Revolution meinten die Physiokraten, die «chinesische Despotie» als ein politisches Modell nachahmen zu müssen.

In jener Zeit allerdings begannen sich die Dinge zu ändern. Zunächst schon allein dadurch, daß man Chinesen und Japanern eine neue Hautfarbe zuordnete: eine einfache, dabei aber höchst wirksame Art und Weise, sie zu «orientalisieren». Bis Ende des 18. Jahrhunderts wurden beide Völker von Weltreisenden und Naturwissenschaftlern durchweg als Weiße gesehen. Dann jedoch, verbunden mit dem Aufkommen eines herablassenden, im Zeichen des Verfalls stehenden China-Bildes, waren sie plötzlich gelb und entsprachen so der angeblichen Unterteilung der Menschheit in fünf verschiedenfarbige Rassen.

Dieser Wandel ist auch in der *Encyclopédie* zu verfolgen. Diderot schreibt den Chinesen zwar eine bewundernswerte Kultur zu, fährt dann aber einschränkend fort: «Im allgemeinen ist der orientalische Geist von größerer Ruhe und Faulheit, zeigt sich mehr von den alltäglichen Bedürfnissen eingefangen, lebt in größerer Beschränkung auf das Bestehende und ist Neuem weniger zugetan als der Geist des Westens.»

Das Wort vom «orientalischen Geist» richtete viel Unheil an. Zum einen führte es zur Verbreitung einer verzerrten Darstellung jener Kulturbereiche: Die «Chinoiserie» hatte nicht das Mindeste mit der großen chinesischen Kunst zu tun, die die Europäer erst auf der Zweiten Londoner Weltausstellung von 1862 zu Gesicht bekamen, nach dem dort die beim Sturm und der Zerstörung des kaiserlichen Sommerpalastes nahe Peking vom Militär geraubten Werke gezeigt wurden (wobei man das Eigentum an den einzelnen Stücken «aus Gründen der Diskretion» lieber den jeweiligen Gattinnen zuschrieb). Ebensowenig wurde das von einer gewissen europäischen Literatur verbreitete Bild eines «exotischen» Japan der von der Volkskultur genährten, heldenhaft-kraftvollen Welt eines Hokusai gerecht (den die französischen Maler über die Stiche entdeckten, die in den Teegeschäften, den Warenballen als Füllsel beigepackt, zu einem Spottpreis gehandelt wurden).

Die Karikatur des Orientalischen machte schließlich ihre eigenen Schöpfer dermaßen blind, daß sie die sich dahinter

verbergende Wirklichkeit nicht mehr zur Kenntnis nehmen
konnten. Sie sahen so beispielsweise nicht, daß die japani-
sche Industrialisierung (die die Auffassung widerlegte, wonach «primitive Völker» nur unter Anleitung der Kolonialherren Zugang zum «Fortschritt» haben konnten) zwar auf
europäische Technologie zurückgriff, dabei jedoch nicht das
als universell herausgestellte Modell der Engländer wiederholte: In Japan vollzog sich diese Umwandlung ohne eine
Ausuferung der Städte und aufgrund einer wohlüberlegten
Anpassung des importierten Know-Hows an die lokalen Gegebenheiten. Als dieser Prozeß nach dem Zweiten Weltkrieg
in seiner ganzen Stärke zum Ausdruck kam, riefen die
Schwierigkeiten, ihn in die bekannten Schemata einzuordnen,
zwar eine ganze Reihe von Spekulationen über den «japani-
schen Geist» hervor; einigermaßen kongruente Aussagen waren dabei jedoch – wie zu erwarten – nicht zu verzeichnen.

Auch die Europa im Schwange der Romantik erfassende
Begeisterung für den Islam war Folge des gleichen Unver-
ständnisses. Zahlreiche Zeitgenossen machten sich damals
auf in den «Orient» und durchstreiften die Türkei, das Heilige Land, Ägypten, Syrien, den Kaukasus (den Orient der
Russen) ... Es handelte sich hierbei nicht um Forscher und
Wissenschaftler, sondern um Schriftsteller – Chateaubriand,
Flaubert, Puschkin –, nach exotischem Ambiente dürstende
Maler, die mit ihren Werken zu einem neuen Bild jener Länder beitrugen – so die Haremsszenen eines Lewis, die von
David Roberts dargestellten Baudenkmäler, ebenso aber
auch Delacroix –, saint-simonistische Sozialutopisten («jedem sein eigener Orient, gemäß seinen jeweiligen Bedürf-
nissen») und eine große Zahl von Frauen: Lady Hester Stan-
hope, Isabel Burton, Florence Nightingale, Jane Digby,
Aimée Dubucq de Rivery, Isabelle Eberhardt ...

Der von ihnen gesuchte Orient war eine europäische Erfindung: ein von ihnen selbst in ihren Träumen erbauter Ort
der Zuflucht angesichts der armseligen Häßlichkeit des industriellen Westens, den sie mit all jenem ausschmückten, was
ihnen in ihrer heimatlichen Umgebung fehlte. Kaum in
Alexandria angekommen, erging sich so Florence Nightingale
1849 bereits in Lobgesängen auf eine «neue Welt alter Poesie,

biblischer Bilder, Licht, Leben und Schönheit». Jene Welt
brachte dies mit sich und bedurfte nur einer entsprechenden
Bühne, um alles greifbar darzustellen. Die wahren Umstände dieser Länder interessierten die europäischen Besucher kaum. Der Orient war eine Flucht – schon Goethe
wollte sich in den «reinen Orient» zurückziehen, wollte dort
«mit Schäfern leben, in Oasen Erfrischung finden, im Gefolge der Karawanen reisen, mit Seide, Kaffee und Moschus
handeln» –, ein Traumgebilde, eine Attrappe.

Das Schlimmste allerdings war, daß die nichteuropäischen
Völker mit den uns von ihnen zugedachten falschen Identi-
täten schließlich auch die Fiktion akzeptierten, für die diese
geschaffen worden waren: die Auffassung von einem linearen Ablauf der Geschichte. Sie verzichteten so auf ihre
eigene Geschichte, ersetzten diese durch eine Revision dessen, was die Europäer für sie entwickelt hatten, und wurden sich dabei nicht gewahr, daß sie dergestalt kaum mehr
die wahre Natur ihrer ureigenen Probleme erfassen konnten. Es war durchaus nicht damit getan, das alte Epos des
Fortschritts in die Geschichte einer schamlosen Ausbeutung umzugestalten. Wohl führte dies zu einer neuen Cha-
rakterisierung der Protagonisten; der äußere Rahmen jedoch
und auch der eigentliche Inhalt des Dramas blieben hiervon
unberührt.

Die Ursachen des europäischen Wachstums konnten nicht
allein nur mit der kolonialistischen Ausbeutung erklärt werden. Gewiß, der Aufbau eines Weltmarktes war der Impuls,
der diese europäische Expansion der Neuzeit in Schwung gebracht hatte; nachdem der Prozeß jedoch einmal in Gang gekommen war, hing er zunehmend von einer anderen, weit
komplexeren Dynamik ab. Die Tatsache, daß sich der internationale Handel bereits seit Ende des 19. Jahrhunderts immer mehr in Richtung auf einen bloßen Austausch zwischen
Industrienationen hin entwickelt, macht dies nur allzu deutlich.

Überschätzt werden dürfen ebenso wenig die sich aus dem
Kolonialismus herleitenden finanziellen Erträge. Die Vorstellung, wonach der Imperialismus mit enormen Gewinnen
verbunden war – eine Vorstellung, die von jenen Europäern

geteilt worden sein mag, die unter großen persönlichen
Opfern zur Eroberung und Aufrechterhaltung der einzelnen
Kolonialreiche beitrugen –, stellte sich letzten Endes als ein
jeder Grundlage entbehrendes Wunschbild heraus, das auf
einer falschen Einschätzung des Reichtums der kolonialisier-
ten Tropengebiete fußte. Bester Beweis hierfür ist die Bilanz,
mit der Engländer und Franzosen als Herren der größten
Kolonialreiche ihre diesbezügliche Politik zum Abschluß
bringen mußten: global gesehen lagen die erzielten Gewinne
bei beiden unterhalb der verzeichneten Kosten. Die Tatsache,
daß sich gewisse Gesellschaftskreise in den jeweiligen Mut-
terländern zu Lasten der von der Nation als ganzen getragenen Ausgaben persönlich enorm bereicherten, zeigt einfach
nur, daß die Grenze der Ausbeutung nicht so sehr zwischen
dem Mutterland und der Kolonie als vielmehr zwischen einer zahlenmäßig beschränkten Gruppe von Nutznießern im
Mutterland – und wohlgemerkt auch in den überseeischen
Gebieten – und der großen Masse der sowohl hier wie dort
ansässigen Bevölkerung verläuft.

Dies will nun nicht heißen, daß man das apologetische
Bild der Kolonialisierung zu akzeptieren hat – «die Bürde
des weißen Mannes», der sich großherzig der Wohlfahrt
des «Farbigen» verschreibt und von diesem nur Undank er-
fährt –; unterstrichen werden soll einfach nur, wie gefährlich
es im Zusammenhang mit einem derart komplexen Phänomen sein kann, sich in ein allzu einschichtiges und allzu vereinfachendes Konzept zu verbohren, ein Konzept, das
schließlich zur Auffassung führte, daß alle Mißstände in den
Entwicklungsländern mit deren Unabhängigkeit plötzlich
vom Tisch gefegt werden könnten.

Die Geschichte Afrikas zum Beispiel, wie Walter Rodney
es tat, auf einen Tatsachenbericht unter dem Motto «Wie Europa Afrika unterentwickelte» reduzieren zu wollen und hierin alles anhand von Ausbeutung und Sklaverei zu erklären,
bringt uns ab von der Wirklichkeit. Die europäischen Men-
schenhändler als Aufkäufer der angebotenen Sklaven waren
damals bei den örtlichen Machthabern durchaus gern gesehen. An der afrikanischen Atlantikküste war die Sklaverei
tief verwurzelt und stellte dort die allgemeinste Form pro-

duktiven Privateigentums dar (in etwa vergleichbar mit dem
Grundbesitz in Europa). Das enorme Anwachsen des Menschenhandels ist vor allem darauf zurückzuführen, daß die
afrikanischen Lieferanten der wachsenden Nachfrage des at-
lantischen Marktes voll entsprachen. Beide Seiten müssen
also als Komplizen mit einem ähnlich hohen Grad an Schuld
gesehen werden, wobei das Auftreten der Europäer allerdings weit zynischer ist, waren sie es doch, die das Argument der Sklaverei zur Abwertung der Afrikaner als Barbaren heranzogen und die ihre Eroberungen als Grundvoraus-
setzung für jede zivilisatorische Bemühung deklarierten.
Nach dieser Klarstellung des moralischen Aspekts muß nun
aber untersucht werden, wie der Menschenhandel zu einer
Umgestaltung der afrikanischen Gesellschaften beigetragen
hat, wie er einer kommerzialisierten Landwirtschaft den
Weg bereitete, die möglicherweise noch viel destruktivere
Folgen als der Sklavenhandel an sich hatte.

Die Geschichte der nichteuropäischen Völker im Lichte
unserer Auffassungen zu interpretieren, heißt, sie ihrer
eigenen Geschichte zu berauben und ihnen die Lösung ihrer
Probleme noch schwerer zu gestalten. Als die Anthropologen die Buschmänner der Kalahari zum Paradebeispiel
einer primitiven Gesellschaft auf der niedrigsten Stufe der historischen Entwicklung machten, wurden diese Jäger und
Sammler zwar Gegenstand eifrigster Forschungsarbeit, sahen
sich gleichzeitig aber auch in eine ganz konkrete Isolation
gegenüber den ihnen benachbarten Stämmen und Völkern
gedrängt. Ein britischer Kolonialbeamter äußerte sich
hierzu 1936 wie folgt: «Ich kann wahrlich keinen förder-
lichen Zweck darin sehen, daß Geld und Energie in den Er-
halt einer dem Verfall preisgegeben, agonisierenden und in
jeder Hinsicht nutzlosen Rasse investiert wird, nur damit ein
paar Theoretiker ihre anthropologischen Untersuchungen
vornehmen und mit zu nichts führenden Büchern reich werden können.» Indem man ihnen eine durchaus vorhandene
Geschichte absprach – entgegen der allgemeinen Auffassung
hatten die Buschmänner keineswegs abseits der von ihren
Nachbarvölkern genommenen Entwicklung gestanden, und
ihre Lage zum Zeitpunkt der Kolonialisierung war die Folge

jüngster kulturgeschichtlicher Veränderungen gewesen –, hielt man sie, gleich vom Aussterben bedrohten Tieren in Reservaten und zoologischen Gärten, fernab jeder Möglichkeit eines effektiven Fortschritts und erlaubte ihnen, ihre «traditionellen» Lebensformen beizubehalten. Daß diese «Tradition» allerdings zu einem gut Teil eine Erfindung der europäischen Anthropologen war, blieb dabei vollkommen unbeachtet.

Ähnliches kann in bezug auf Australien und den von den Anthropologen geprägten Begriff der «Aborigenes» gesagt werden. Der elementare Gegensatz zwischen Ureinwohnern und Europäern, der mit diesem Konzept zur Ausprägung kommt, wurde schließlich sowohl von den Fürsprechern als auch von den Kritikern der Kolonialisierung akzeptiert, und selbst ein Teil der Eingeborenen, denen man so beibrachte, eine falsche Solidarität gegenüber «ihren Brüdern» zu zeigen, hatte diesbezüglich nichts mehr einzuwenden.

Indem wir den «Nichteuropäern» unsere Version des «Primitiven» auferlegen, erschweren wir ihnen die Wahrnehmung der Realität ihrer Gesellschaft und Kultur und verurteilen sie so zu einer Kolonialisierung auf kultureller Ebene. Die Art und Weise, in der sich der Protest gegen die «Fünfhundertjahrfeier» der «Entdeckung» Amerikas äußerte, ist hierfür ein gutes Beispiel. Geht man davon aus, daß es 1492 tatsächlich «Amerikaner» gegeben hat, verschweigt dabei aber die Komplizenschaft, auf die die *conquistadores* damals seitens der Eingeborenen stießen (das gemeinsame Vorgehen gewisser Volksstämme gegen andere oder gewisser sozialer Gruppen innerhalb ein und desselben Volksstammes) führt zu nichts anderem als zu einer Verschleierung der Tatsachen und bringt die Urbevölkerung zu einer vermeintlich kritischen Haltung, aus der sich nur rhetorisches Aufbegehren oder zeugnishafte Einzeltaten ergeben können. Im Grunde genommen fordert man sie so dazu auf, die europäische Zivilisation als solche zu akzeptieren und deren Mängel anhand der Vorzüge einer idealisierten alten Eingeborenenzivilisation zu korrigieren, statt ihnen dabei zu helfen, das ihnen auferlegte globale Bild der Vergangenheit zu verwerfen und sich ausgehend von der sie heute umgebenden Situation einer Analyse der Gegenwart und einer Projektion in die Zukunft zuzuwenden. Was keineswegs heißen will, dem Mythos einstigen Seins und Werdens nachzuhängen und darin aus reinem Unvermögen rettende Zuflucht zu suchen: so wie dies etwa die peruanischen Bauern taten, die an ein fürsorgendes, sie behütendes, dabei aber kaum den Tatsachen entsprechendes Inka-Reich glaubten; sicher konnten sie sich vermutlich gerade dadurch ihre kollektive Identität bewahren, andererseits waren sie jedoch aus dieser Einstellung heraus außerstande, zu einer realistischen Auseinandersetzung mit den sie tatsächlich bedrängenden Problemen zu finden, und hier speziell etwa mit den derzeitigen Besitzverhältnissen ihres Landes.

Werfen wir abschließend noch einen Blick auf jenen «europäischen Triumph», den wir zur Neuordnung – und auch zur Verfälschung – der Weltgeschichte herangezogen haben. Als Volney im Schatten der Ruinen von Palmyra seine Überlegungen zu Papier brachte, ging er zwar von der allgemein anerkannten These aus, daß Asien im Rennen des Fortschritts weit zurückgefallen sei – «der vom modernen Europa in den Schatten gestellte Glanz Asiens» –; er verfiel dabei jedoch nicht sogleich in die nur allzu bekannte Schlußfolgerung einer natürlichen Überlegenheit der Europäer, sondern ging einen Schritt weiter:

«Und während ich so darüber nachdachte, daß das Wirken der mir zu Füßen liegenden Länder nicht geringer gewesen wäre, kam mir die Frage in den Sinn, ob nicht eines Tages auch unsere Heimat von gleicher Verlassenheit erfaßt werden könnte. Denn wer weiß, ob sich der Wanderer, wie ich heute, nicht einst auch am Ufer der Seine, der Themse oder der Zuiderzee auf in Schweigen gehüllte Ruinen niederläßt und allein die Asche der Völker und die Erinnerung an einstige Größe beweint?»

Denn was bedeutet denn schließlich jener ominöse Gipfelpunkt der Geschichte, zu dem wir diese neue Zeit einer «Europäisierung der Welt» gemacht haben? Der Sinologe Jacques Gernet erklärt sich den Aufschwung aus der Tatsache, daß die Errichtung des Mongolenreichs das Vordringen der technologischen Errungenschaften eines viel weiter entwickelten Chinas nach Europa begünstigte.

«Was wir in einer sich tatsächlich auf die westliche Welt beschränkenden Weltgeschichte als das Prinzip der Neuzeit zu betrachten pflegen, ist nichts anderes als die Folge des Vordringens der urbanen und merkantilen Zivilisationen, deren Feld sich vor dem Einfall der Mongolen vom Mittelmeer bis an die Küsten des chinesischen Meers erstreckte. Der Westen nahm einen Teil dieses Vermächtnisses in sich auf und erhielt das Ferment, das dessen Weiterentwicklung möglich machen sollte.»

Fünf Jahrhunderte einer «geborgten» Blütezeit – im Hinblick auf die Industrialisierung sind es kaum drei –, die allem Anschein nach bald schon durch eine Rückkehr der sie einst auslösenden Initiativen zu den Brennpunkten Ostasiens abgelöst werden wird, sind wahrlich nicht viel. Sind jedenfalls nichts, was von einem Gipfelpunkt, ja gar von einem Ende der Geschichte zu sprechen erlauben würde. Man könnte glauben, daß wir vor einer einfachen geographischen Verschiebung des Zentrums der Welt stehen, so wie dies bereits in zurückliegenden Abschnitten der Geschichte der Fall gewesen ist und wie es der trivialen Auffassung eines Laufs der Zivilisation entspricht, die mit der Sonne von Osten nach Westen zieht: zunächst vom Mittelmeer zum Atlantik, und jetzt vom Atlantik zum Pazifik.

Die Lage ist jedoch weit komplizierter. Sich an eine derartige Deutung der Dinge klammern zu wollen, würde uns zur Beibehaltung aller Mängel und Beschränkungen einer eingleisigen Auffassung von Geschichte und Fortschritt verurteilen. Die Folgen und Aussichten eines fünfhundertjährigen «europäischen Wirtschaftswunders» müssen anders gesehen werden. Und den Schlüssel hierzu gilt es zum Teil schon innerhalb der europäischen Gesellschaft selbst zu suchen.

Neuntes Kapitel

Der Spiegel der breiten Masse

Im Zusammenhang mit der im Anschluß an die soziale Krise des 15. und 16. Jahrhunderts einsetzenden Neuordnung Europas war einer der grundlegendsten Mechanismen wohl die Errichtung des «modernen Staats», dem die privilegierten Stände, im Austausch gegen eine Absicherung ihrer gesellschaftlichen und wirtschaftlichen Vorrechte, einen Teil der ihnen bislang obliegenden politischen und militärischen Funktionen übertrugen. «Wenn sich die Menschen zu einem Staat oder einer Gemeinschaft zusammentun und sich so einer Regierung unterwerfen – so Locke –, dann liegt ihr oberstes und wichtigstes Ziel in der Bewahrung ihrer Güter.» Die allgemeine Vorstellung jedoch, wonach der moderne Staat urplötzlich und «fertig gezäumt» in Erscheinung trat, ist trotz seiner dies vielleicht unterstreichenden Einstufung als «absolutistisch» keineswegs zutreffend.

In seinen Anfängen hatte der moderne Staat kaum die erforderliche Kraft, um die Gesamtheit der Bürger in sich aufzunehmen und unter Kontrolle zu halten. Zwischen Herrscher und Untertanen schob sich eine gesellschaftliche Zwischenschicht, die in ihrem oberen Bereich von einer der Zentralmacht nahestehenden Oligarchie von Magnaten und zum anderen von der mit dieser verbündeten und ihr untergeordneten Gruppe der wohlhabenden adligen wie nichtadligen Grundeigentümer als Machthaber auf lokaler Ebene gebildet wurde. (Das Königreich Kastilien konnte so zurecht als eine «Föderation der Gemeinden» bezeichnet werden.)

Trotz aller vermeintlichen Zentralisierung entzog sich gerade das lokale Leben – und hierzu gehörte auch das Steuerwesen – noch lange dem Einfluß der zentralen Machtinstanz; die sich bis weit ins 19. Jahrhundert hinein haltenden Patronats- und Klientelverhältnisse stellen dies in ihren verschiedensten Ausprägungen deutlich unter Beweis. Die «absolutistische» Monarchie Frankreichs sah sich so im 17. Jahrhundert zum Beispiel nicht dazu in der Lage, die alte Rhône-Brücke in Lyon – die einzige, über die Truppen und Verpflegung nach Italien gebracht werden konnten – wieder instandsetzen zu lassen, da die in den Provinzialkassen hierfür vorgesehenen Mittel einfach nicht verfügbar waren, wurden sie doch für als vorrangig angesehene Befriedigung privater Interessen herangezogen.

Ein anderer, in vielen theoretischen Darstellungen des «modernen Staats» kursierender Irrtum ist die These, daß dieser auf reinem Zwang beruhte. Ohne einen gewissen Konsens hat kaum je ein Staat die Macht, sich auf längere Zeit zu halten. Worauf es ankam – so sahen es wenigstens die Engländer im 17. Jahrhundert –, war, der «Meinung» Rechnung zu tragen: «Die Macht steht immer auf Seiten der Beherrschten, und das einzige, worauf sich die Herrscher stützen können, ist die Meinung. So gründet sich Herrschaft denn allein auf die Meinung; und dieser Grundsatz erstreckt sich auf die willkürlichsten und von Waffengewalt getragenen Herrschaftsformen ebenso wie auf die allerfreiesten und den allgemeinen Beifall verdienenden.»

Um diese «Meinung» zu erhalten, mußten die Untergebenen nicht nur davon überzeugt werden, daß die soziale Ordnung als solche dem Willen Gottes entspricht, sondern ferner auch, daß sie von der Vernunft bestimmt und gerecht ist. Daß es gewisse Regeln zur Absicherung der Wohlfahrt der Untertanen gibt und daß deren Verletzung auf die Zuwiderhandlung eines einzelnen und nicht etwa auf die Unzulänglichkeit des Systems zurückzuführen ist. «Mitnichten berührt uns, ob dem Volke ein Recht uns zu stürzen zu eigen ist – so Goethe –: unser Streben geht allein dahin, daß es sich dergleichen zu tun nicht verführt sieht.» Zur Unterbindung von Mißbräuchen gab es Gesetze, und die Regierungen versuchten sehr wohl, diese durchzusetzen; es mangelte ihnen jedoch an den Mitteln, deren Einhaltung zu erzwingen (und vielfach auch am Willen, dies zu tun).

Um das Übergreifen von Privatinteressen auf den öffentlichen Bereich zu erklären, pflegt man im allgemeinen auf das Argument zurückzugreifen, wonach der Staat noch «zerbrechlich» und unreif gewesen sei. Dies ist jedoch ein

Trugbild, das auf dem Vergleich mit dem theoretischen
Modell eines die Macht und die gesellschaftliche Kontrolle
auf sich monopolisierenden Staates beruht, den es weder in
der Zeit des Absolutismus noch irgendwann sonst gegeben
hat. Die in allerjüngster Vergangenheit in Italien gemachten Erfahrungen zeigen deutlich, wie «zerbrechlich» der
Staat selbst heute noch sein kann; ein Phänomen, das in seinem Übermaß das Überleben des Systems bedroht und in
Frage stellt, dabei jedoch lediglich als «Korruption» ange-
prangert wird, da es ja, wenn auch ungeschrieben und in
«vernünftiger» Dosierung, ganz einfach zum politischen
Spiel gehört.

Zu den vom Staat übernommenen Funktionen gehörte
insbesondere die Verteidigung der Bürger, mit der die Ständegesellschaft bislang die Privilegien der «Ritterschaft» gerechtfertigt hatte. Voraussetzung hierfür war das entsprechende Geld – nach einem alten, auf Cicero zurückgehenden
Gemeinplatz «der Nerv des Krieges». Die Bedeutung, die
dem Krieg für die Monarchien des Absolutismus zukam (im
18. Jahrhundert konnten sich die direkten und indirekten
Militärausgaben auf über 75 Prozent des gesamten Budgets
belaufen), erklärt den Ausspruch Maria Theresias, wonach
die Finanzverwaltung «die einzige Triebfeder des Staates»
ist.

Der Krieg wurde immer teurer, weil er immer mehr Menschen erforderte – während bei den größten Schlachten des
16. Jahrhunderts so noch, beide Seiten zusammengenom-
men, kaum mehr als 30 000 Soldaten kämpften, konnten es
Anfang des 18. Jahrhunderts gut und gern bereits
150 000 Mann sein – und im Leben der europäischen Staaten
immer größere Präsenz gewann (die kriegerischen Auseinandersetzungen wurden immer häufiger und allgemeiner).
Dies wiederum machte den ständigen Unterhalt von gut be-
zahlten Armeen («Soldat» kommt von «Sold») und Kriegs-
flotten nötig, die vor allem in Zeiten konkreter Konflikte
Unsummen von Geld verschlangen.

Diese steigenden Ausgaben stellten die Regierungen vor
ernste Probleme, denn die Eintreibung von weiteren direkten Steuern konnte nur zu Lasten der privilegierten Stände

oder aber durch Abführung von bislang bei diesen verbleibenden Mitteln in die Staatskasse erfolgen. Nachdem nun
aber sowohl die eine wie die andere Lösung die dem *ancien
régime* zugrundeliegende Allianz in Frage gestellt hätte, hingen die Staaten immer mehr vom indirekten Steueraufkom-
men und hierbei speziell von den Abgaben im Zusammenhang mit dem Außenhandel ab. Dies wiederum schuf eine
enge Verbindung mit den Interessen der großen Handels-
konsortien, denen im Gegenzug die zur Eroberung des Welt-
markts erforderliche politische wie militärische Unterstützung zuteil wurde.

Nehmen wir zum Beispiel die Niederlande. Das allgemeine
Vertrauen, das hier eine Regierung mit einer der öffentlichen
Kontrolle unterworfenen Finanzverwaltung genoß, machte
es möglich, erstmals staatliche Schuldverschreibungen mit
niedrigem Zinssatz auf dem freien Geldmarkt zu placieren
(während die absolutistischen Monarchien, durch die für sie
typischen Staatsbankrotte in Verruf geraten, Kredite zu Wu-
cherzinsen bei Finanziers und Zwischenhändlern aufnehmen
mußten). Zu einer vergleichbaren Entwicklung kam es
später auch in England, wo die Glorreiche Revolution von
1688 zu einer Stärkung der Allianz zwischen Großgrundbe-
sitzern und den im Überseehandel tätigen Geschäftsleuten
beitrug. Auf der Grundlage des Systems parlamentarischer
Verhandlungen bildete sich so «eine nationale Kultur» heraus, «die von weiten Kreisen der begüterten Klassen geteilt
wurde», da «diese lernten, ihre Privatinteressen immer mehr
in Abhängigkeit von öffentlichen oder nationalen Zielen zu
sehen».

Die Briten schufen den ersten großen europäischen Nationalstaat, der seine Leistungsfähigkeit anhand der so zügig
verlaufenden Angleichung Schottlands (Übernahme der
englischen Sprache unter Verzicht auf das Gälische, Integration des schottischen Adels) unter Beweis stellte und zum
Zeichen einer neuen kollektiven Identifikation wurde, die Ja-
mes Thomson (ein Schotte, so wie auch der Romancier Walter Scott und der königliche Maler David Wilkie als Schöpfer
der nationalen Mythen der Romantik Schotten waren) 1740
im *Rule Britannia* besingt:

«Andere Nationen, die dein Glück nicht teilen, müssen zuweilen vor Tyrannen fallen, während du, groß und frei, erblühst und in ihnen allen Schrecken und Neid hervorrufst. Herrsche, Britannien, beherrsche die Wellen; die Briten werden niemals Sklaven sein.»

Diese Nationalstaatlichkeit mag in Großbritannien Ende des 18. Jahrhunderts umfassender als im restlichen Europa gewesen sein; von einer allgemeinen «Vereinheitlichung» jedoch konnte noch lange nicht gesprochen werden. Anfang des 19. Jahrhunderts drohte die britische Gesellschaft angesichts der harten Folgen der Industrialisierung auseinanderzubrechen. Es waren jene Jahre, in denen Shelley «davon überzeugt war, daß ein Zusammenstoß der beiden Gesellschaftsklassen unvermeidlich ist» und Byron ein «Lied für die Ludditen» schrieb: «Entweder sterben wir im Kampfe oder wir leben in Freiheit, und mögen alle Könige sterben bis auf König Ludd». Noch 1845 ging Disraeli von der Existenz «zweier Nationen» in Großbritannien aus,

«zwischen denen es keine Beziehung und keine Sympathie gibt; die sich in ihren Gebräuchen, Gedanken und Gefühlen gegenseitig derart fremd sind, als lebten sie in verschiedenen Gebieten, auf verschiedenen Planeten; die, erzogen nach unterschiedlicher Erziehung und ernährt mit unterschiedlicher Nahrung, nach verschiedenen Grundsätzen leben und nicht den gleichen Gesetzen unterliegen ...: die Armen und die Reichen.»

«Nation» und «Nationalstaat» dürfen nicht miteinander verwechselt werden. Ein Nationalgefühl – ein auf einer gemeinschaftlichen Kultur beruhendes Bewußtsein der Kollektivität – hat es immer und überall gegeben, und im Kampf um die Befreiung aus Banden der Abhängigkeit oder des Kolonialismus war es bei vielen Völkern immer wieder die treibende Kraft. Der Nationalstaat hingegen, so wie er sich im Laufe des 19. Jahrhunderts herausbildet, ist im allgemeinen nichts anderes als der alte Staat des Absolutismus, der sich nun ein verjüngtes Antlitz verleiht.

Zwar versuchten sich die französische und die spanische Monarchie bereits im 17. Jahrhundert auf ein Nationalgefühl

zu stützen, die diesbezüglich verzeichneten Ergebnisse jedoch vermochten kaum zu befriedigen. (Das von Olivares
in Spanien angestrebte Projekt einer «Waffeneinheit» war
mit einer nationalistischen Rhetorik umsponnen, die nie-
manden überzeugte und auch nicht die Unabhängigkeits-
kriege in Portugal und Katalonien verhindern konnte.) Es
war die französische Revolution, die – dazu aufgerufen, ein
vom Absolutismus ererbtes Konglomerat von «Nationen»
in sich zu festigen («ein im Lauf der Jahrhunderte entstan-
denes Kolonialreich») – das Modell einer Volksgemeinschaft schuf, in der alle «Söhne des Vaterlands» zu sein hatten.

Nach der inneren Aushöhlung des «ideologischen Zusam-
menhalts», den das Gottesgnadentum für die Monarchien alten Stils dargestellt hatte, versuchte man, hierfür einen weltlichen Ersatz zu schaffen. Es kam so zur Ausbildung einer
Art «ziviler Religion», die im Vaterlandskult und der Verehrung erfundener Symbole – so etwa der Fahnen – zum Ausdruck kam, deren stärkste Bindekräfte jedoch im «nationalen» Markt (der Ausweitung der wirtschaftlichen Beziehungen zwischen Stadt und Land auf die Ebene des Staates,
durch die sich eine gegenseitige Abhängigkeit von Bürgern,
die gleichen Gesetzen und einer gleichen Wirtschaftspolitik
unterworfenen waren, ergab) und im öffentlichen Schul-
system zu suchen waren.

Die Schule schärfte die neue Mythologie der Nation ein:
eine apologetische Auslegung der eigenen Geschichte (nicht
der wahren Geschichte von Eroberern und Eroberten, sondern der eines «Vaterlands», das als die gemeinsame Mutter
aller zu verstehen war), die Durchsetzung der von der vor-
herrschenden Volksgemeinschaft gesprochenen Sprache, die
Verbreitung von speziell hierzu aufbereiteten Traditionen
und Mythen (mit der Erarbeitung einer auf der Auswahl und
der entsprechenden Anpassung gewisser Elemente der Volkskultur und deren «Nationalisierung» beruhenden «Folklore»),
Landkarten, die ein neues Bild des nationalen Territoriums
zeichneten (und so die Festlegung genau abgesteckter Grenzen erforderten, durch die die bislang an ein Miteinander ge-
wohnte Bevölkerung benachbarter Gebiete auseinanderge-

rissen wurde) usw. Gleichzeitig diente die Schule auch zur
Vermittlung der Normen und Wertvorstellungen einer patri-
zischen Moral und Kultur, ein Umstand, der allein schon
mit der Durchsetzung einer normativen Sprache gegeben
war: einer Buchsprache, der es abgesehen von einer Ausmer-
zung jeglichen *patois* insbesondere um die Unterbindung
aller mit der «Vulgärsprache» einhergehenden «subversi-
ven» Spontaneität ging (wodurch es über den Umweg des
verbalen Ausdrucks zur Fixierung konkreter, die Haltung
der breiten Masse übergehender Denkweisen kam).

Geringe Auswirkungen im Sinne eines nationalen Zusam-
menhalts zeigten hingegen die auf politischer Ebene stattfin-
denden Wahlen, erachtete man in den meisten Ländern doch
nur 4 bis 5 Prozent der «Bürger» als genügend interessiert an
einer ihr Stimmrecht legitimierenden Aufrechterhaltung der
gesellschaftlichen Ordnung. (Zur Einräumung des sogenannten «allgemeinen Wahlrechts» kam es erst, als man dies
hinreichend unter Kontrolle hatte und so gewährleisten
konnte, daß die «Nation der Armen» die «Nation der Reichen» nicht etwa über den Weg der Stimmabgabe aus der
Macht hievte.)

Auch Justiz und Gefängnis übten eine erzieherische Funktion aus, indem sie nämlich verstärkend zur Durchsetzung
des neuen Eigentumsrechts – das Millionen von europäischen
Bauern in den von diesen als immer noch ihnen gehörig angesehenen Wäldern zu Holzdieben machte –, der Disziplin
am Arbeitsplatz und einer sozialen Unterordnung beitrugen.
Keineswegs klar ist jedoch, inwieweit dieser Prozeß der
«Zivilisierung» wirklich zu einer immer wieder herausgestellten Eindämmung der Gewalt führte, müssen wir doch
selbst heute noch beobachten, daß die Kriminalitätsrate gerade in den «zivilisierten» Ländern besonders hoch ist (ver-
glichen mit Spanien und Italien, wo sie 1977, umgerechnet
auf 100000 Einwohner, bei 1,4 bzw. 2,7 Prozent lag,
schwankte sie in Großbritannien und Deutschland bereits
zwischen 4 und 5 und erreichte in den Vereinigten Staaten
dann einen Spitzenwert von 18,8 Prozent).

Worauf beruhte nun dieser Vorsatz, ein um ein klassen-
übergreifendes Programm kreisendes neues Kollektivbe-

wußtsein zu schaffen? Die Anfang des 16. Jahrhunderts
einsetzenden Bestrebungen mit dem Ziel, die breiten Volksmassen zu beherrschen, hatten erhebliche Erfolge gezeitigt:
teilweise verwirklicht werden konnten so die Bemühungen,
religiöse Kontrolle auszuüben; vor allem aber war es gelungen, die Kreise des Bürgertums auf die Seite der traditionell
dominierenden Schichten zu ziehen. Die Kultur und die
kommunitäre Eigendynamik der niederen Volksschichten
aber hatte man nicht zerstören können; diese zeigte sich
selbst Mitte des 18. Jahrhunderts noch äußerst aktiv und
hatte, ausgehend von den Beziehungen im Bereich der Arbeit, des Erwerbslebens und der Feste sogar frühere Formen
autonomer Zusammenschlüsse neu beleben können.

Schule, Gefängnis und Militärdienst taten viel zur Vereinheitlichung der Kultur; die Autonomie jedoch verschwand
erst, als jene Arbeits- und Lebensformen zerstört wurden, in
deren Umkreis sich dieses Gruppenbewußtsein artikulierte.
Aus der Sicht der die «Modernisierung» rechtfertigenden
Geschichtsauffassung werden diese Veränderungen als «objektive Forderungen» des wirtschaftlichen Wachstums erklärt,
denen sich die zähe Verbundenheit von Bauern und Handwerkern an ihre traditionellen Sitten und Gebräuche entge-
genstellte, und die als solche im Zeichen der landwirtschaftlichen und industriellen Revolution zu jenem großen Sprung
nach vorne führten. Heute werden wir uns mehr und mehr
der Falschheit dieser Interpretation bewußt, beginnen zu verstehen, daß es damals verschiedene Wege zur Erzielung der
gleichen Ergebnisse gegeben hatte und daß etliche dieser Alternativen unter Wahrung der kommunitären Bande und einer
gleichmäßigeren Verteilung des Reichtums ein ähnliches
wirtschaftliches Wachstum hätten gewährleisten können.

Die Geschichte der landwirtschaftlichen Revolution wird
uns im allgemeinen so dargestellt, als sei die Zerstörung der
gemeinwirtschaftlichen Betriebsformen eine unabdingbare
Voraussetzung gewesen. Heute jedoch wissen wir, daß dieser bäuerlichen Bewirtschaftung eine Logik zugrunde lag,
die Wachstum anders als nach der ausschließlich im Zeichen
einer Steigerung der Kommerzialisierung stehenden und die
Maximierung der Gesamtproduktion und den Wohlstand

der Bauern völlig außer Acht lassenden Auffassung der großen Grundherren möglich machte.

Die Untersuchungen zur «traditionellen» Landwirtschaft
beweisen, daß diese Verbesserungen gegenüber durchaus
aufgeschlossen war, ja daß fast alle großen Neuerungen im
Bereich des Agrarwesens gerade hier ihren Ursprung hatten:
daß die immer wieder als Ausgangspunkt der gesamten weiteren Entwicklung angesehenen Fortschritte in Flandern das
Ergebnis der normalen Evolution einer «traditionellen»
Landwirtschaft waren; daß die die erste landwirtschaftliche
Revolution in Großbritannien kennzeichnende Verbindung
von Feldwirtschaft und Viehzucht auf den freien Feldern und
nicht in den sogenannten *enclosures* entstand (Laxton, das
letzte englische Dorf, das am System der freien Felder fest-
hielt, übernahm jede seinen Bauern wirklich dienende Neue-
rung); daß eine im wesentlichen im Zeichen des Feldbaus
stehende französische Landwirtschaft ohne weiteres Zugang
zu den modernen Betriebsformen fand; daß die russischen
Bauerngemeinschaften des 19. Jahrhunderts zur Einführung
von Verbesserungen fähig waren, «die eine beträchtliche Investition an Arbeit, Kapital und Intelligenz erforderten» …;
daß die Auffassung jedenfalls, die die Zerstörung des alten
Gemeineigentums aller Dorfgenossen mit der Forderung
nach einer Steigerung der Produktion rechtfertigt, als revi-
sionsbedürftig angesehen werden muß.

Diese «produktivistische» Einstellung verachtet die komplexe Welt der bäuerlichen Kultur. E. P. Thompson zeigt
uns, wie außerordentlich vital und autonom diese war, und
wie sie bis ins ausgehende 18. Jahrhundert sicherzustellen
wußte, daß die Armen nicht zwangsläufig immer die Ver-
lierer waren. Eine in jüngerer Zeit veröffentlichte Untersuchung zur englischen Bauernschaft des 18. Jahrhunderts
unterstreicht erneut eine von der orthodoxen Lehrmeinung
ab Mitte dieses Jahrhunderts verneinte Existenz unabhängi-
ger Bauern und erlaubt uns, die Realität einer bäuerlichen
Welt zu begreifen, die auf der durch die *enclosures* zerstörten
Nutzung der Gemeinfluren beruhte.

Es ist jene Realität, die John Clare, der große Dichter der
Welt der Bauern, voller Wehmut heraufbeschwört, wenn er

auf die Zeiten zurückblickt, in denen «mein Stück Land
mich frei machte», die jedoch dann zu Ende waren, als die
«bösen *enclosures*» ihn zum «Sklaven der Pfarrgemeinde»
und der Fürsorge der Armen erniedrigten; jene Zeiten, in
denen die Bauern keine Ritter sein, sondern in ihren alten
Höfen wohnen bleiben wollten, «an deren einfach gedecktem
Eichentisch der Gast stets willkommen war, der Arme Nahrung fand und an den sich der Sohn des Herrn, der Knecht
und der Bauer in täglicher Eintracht zu setzen pflegten». Zu
Beginn des 19. Jahrhunderts «waren all diese Dinge verflo-
gen wie ein glücklicher Traum».

Ähnliches ist im Zusammenhang mit der «industriellen
Revolution» zu beobachten, die seit Jahren (seitdem der
wirtschaftliche Niedergang Großbritanniens den Mythos eines «sich selbst tragenden Wachstums» in Frage stellt) den
einschneidendsten Revisionen unterliegt. Davon überzeugt,
daß die Industrie nicht «auf wirtschaftliche Systeme und
einfache Strukturen» reduziert werden kann, gehen einige
der neuen Stimmen hierbei davon aus, daß es auf Grundlage
der verschiedensten Arten der Zusammenarbeit sehr wohl
Möglichkeiten für eine alternative Entwicklung gegeben
hätte und daß das Aufkommen der Fabrik keine Frage der
technischen Leistungsfähigkeit war, sondern vielmehr der
Forderung der Arbeitgeber nach einer besseren Kontrolle
ihrer Lohnabhängigen und nach größeren Gewinnen entsprach. Den Großunternehmern war es gelungen, die technische Entwicklung im Sinne einer fabrikmäßigen Konzentra-
tion zu steuern, wodurch einerseits ihre Überlegenheit über
die Kleinproduktion als gesichert gelten durfte, andererseits
aber auch der Eindruck entstand, als sei die Fabrik als solche
eine Forderung des technischen Fortschritts. Heute nun,
nachdem die Großindustrie an den Folgen ihrer Starrheit zu
leiden beginnt, die Zukunft wohl mehr bei flexibleren Pro-
duktionsstrukturen zu liegen scheint, wäre es vielleicht ange-
bracht, unseren Blick erneut auf jenen Scheideweg zurück-
zulenken, an dem das industrielle Wachstum eine andere
Richtung hätte einschlagen können.

Anfang des 19. Jahrhunderts waren noch viele Arbeiter
davon überzeugt, daß die industrielle Produktion ohne Ver-

zicht auf den technischen Fortschritt in einer in sozialer Hinsicht ausgewogeneren Weise organisiert werden könnte: daß
nämlich die Maschinen zum Wohle des Arbeiters und nicht
umgekehrt zu dessen Versklavung eingesetzt werden könnten und daß Kapital und Arbeitskraft nicht in zweierlei Händen, sondern «unlösbar vereint bei den Arbeitern und Arbei-
terinnen» liegen müßten.

Sie wiesen die «fabrikmäßige» Industrialisierung nicht nur
deshalb zurück, weil diese zu ihrer Verarmung führte, sondern weil sie sie gleichzeitig zu einer entwürdigenden Tätigkeit in «dunklen, teuflischen Werkshallen» verdammte. William Blake fand hierfür die folgenden Worte:

> Verachtung fand die Sanduhr,
>   weil ihre einfache Handwerklichkeit
> wie das Handwerk des Bauern war;
> und das Wasserrad, das einst die Zisternen füllte,
>   wurde zerstört und den Flammen preisgegeben,
> weil seine Handwerklichkeit wie die des Schäfers war.
> Und an ihre Stelle trat Rädergewirr ohne Rad,
> dessen Lauf junges Blut verwirrt
>   und in die Ketten der Arbeit wirft in Albion,
> Tag und Nacht, für alle Ewigkeit:
> Zum Schlagen und Schleifen von Eisen und Bronze
>   in endlosen Stunden erschöpfenden Tuns
> und ohne um Sinn und Bestimmung zu wissen:
> Zur Verschwendung der Tage des Wissens
>   in harter Gebundenheit
> an ein mageres Stückchen Brot.

Die Diskussion um die Frage, ob sich der Lebensstandard
der Arbeiter im Zuge der Industrialisierung verbessert oder
nicht verbessert hat, wird vermutlich auch keine befriedi-
genden Ergebnisse erbringen, solange man die Ziele nicht
richtig formuliert. Objektive Maßstäbe für menschliches
Wohlergehen gibt es nicht, denn seine Definition hängt nicht
nur von rein physischen, sondern ebenso auch von kulturellen Größen ab. Es gibt jedoch etwas, was beredtes Zeugnis
darüber ablegt, wie die Arbeiter selbst die Fabrik empfunden

haben: der verzweifelte Widerstand, sich ihr einzugliedern, der nur vom Hunger gebrochen werden konnte. Die britischen Handweber verdienten lieber weniger, als sich in ein System einbinden zu lassen, das sie ihre Unabhängigkeit und ihrer Würde beraubte und die Beziehung zwischen Familie und Arbeit zerstörte.

Im Lauf des 19. Jahrhunderts gelang es jedoch, diesen Widerstand zu brechen, und auch im Sinne einer «nationalen» Integration konnten weitere Fortschritte erzielt werden. Adel und Bürgertum sahen sich einer schrittweisen Gleichstellung ausgesetzt: der Adel verbürgerlichte seinen Reichtum – verwandelte Privilegien in Besitzstand –, und das Bürgertum übernahm die Kultur und den Lebensstil der Aristokratie. Es gab so weder ein «Überleben des *ancien régime*» noch einen «Triumph des Bürgertums»: was tatsächlich vonstatten ging, war eine Anwendung der Logik des Kapitalismus, aufgrund derer die die Macht innehabenden Gruppen der Gesellschaft zur Abwehr der Ansprüche seitens der niederen Klassen zu gewissen Bündnissen gezwungen waren.

Bei der breiten Masse kam es darüber hinaus auch zu einem Prozeß der kulturellen Angleichung. Die britischen Arbeiter ließen von der eingangs angestrebten radikalen Umwandlung der Gesellschaft ab und gliederten sich der Kultur des Bürgertums ein. Die französischen Bauern «nationalisierten» sich im Laufe des 19. Jahrhunderts (was wenig überzeugend damit erklärt worden ist, daß die Bewohner der Städte sie an die Labsal der «Quelle des Fortchritts» heranführten). Die Germanisierung der deutschen «Arbeitermassen» war das Ergebnis eines anhaltenden, wohlüberlegten Erziehungsprozesses, der mit allen nur möglichen Mitteln zur Anwendung gebracht wurde: Bauten und Denkmäler (für die man einen «germanischen» Stil erfand), öffentliche Festveranstaltungen, Chorgemeinschaften, Turnfeste usw.

Diese Vereinheitlichung war jedoch bei weitem nicht so vollkommen wie man sich das gewünscht hätte. Das Bürgertum mißtraute einer wirklichen Domestikation der Armen. Jede geringste Bewegung des «Pöbels» führte zu Panikstimmung in den Kreisen der Macht, wo man stets damit rechnete, daß sich die «Greuel» der französischen Revolution wiederholen könnten. Nachdem 1819 in Manchester zum Beispiel eine sonst friedlich verlaufende Veranstaltung zugunsten einer Reform des Wahlrechts blutig niedergeschlagen worden war, äußerte sich ein Politiker dahingehend, daß, würde man solcherart Zusammenkünfte dulden, «das Ende von Gesetz und Regierung» gekommen sei, ja daß man «die Bevölkerung dieses Landes in Freiheit eine neue Gesellschaftsordnung anhand der gleichen blutigen Praktiken aufbauen lassen müßte, wie dies bei der französischen Revolution der Fall war». Und auch 1830 wieder trug die eher gemäßigte Revolution von Paris, die kaum mehr als einen Wechsel der Dynastie mit sich brachte, zum vorschnellen Tod eines verschreckten Niebuhr bei, der den Tag kommen sah, an dem das Volk sich erheben und eine «Revision des Eigentums» fordern würde.

Jedes neue Ereignis ließ erneut Angst aufkommen: die Revolution von 1848 (Europa durchstreifte «das Gespenst des Kommunismus», das damals nichts weiter als ein Gespenst bleiben mußte), die Gründung der ersten Internationalen, die Kommune von Paris, und dann im 20. Jahrhundert das neue und weit bedrohlichere Gespenst des Bolschewismus sowie die Welle sozialen Aufruhrs, die Mittel- und Westeuropa nach dem ersten Weltkrieg erfaßte (und in Großbritannien zum ersten und bislang einzigen Mal einen Generalstreik heraufbeschwor).

Die Panik derer «oben» ging stets weiter als die revolutionären Absichten derer «unten»: Als 1932 die nordamerikanischen Kriegsveteranen auf Washington marschierten und die Zahlung der ihnen vom Kongreß bereits zugesagten Ausgleichsgelder verlangten (was dann tatsächlich erst 1945 geschah), wurden sie von der Armee brutal niedergeschlagen. Und MacArthur, der damals zusammen mit Eisenhower und Patton den Oberbefehl über diese Operation hatte, rechtfertigte die Aktion im Nachhinein damit, daß «die Institutionen unserer Regierung einer ernsten Bedrohung ausgesetzt gewesen wären», hätte man der Demonstration dieser ausgehungerten Veteranen nicht ein Ende bereitet.

Der Nationalsozialismus konnte bei seinen ersten Aktionen gegen «innere Feinde», der Erfassung von Bettlern und Landstreichern, der «vorsorglichen» Verwahrung antisozialer Elemente in Konzentrationslagern, noch auf eine breite Unterstützung des Volkes rechnen. Später übertrug er dann die gleiche Technik auf Juden und Antifaschisten, und bis zu deren definitiven Ausrottung war es dann nur noch ein Schritt. In unserem Entsetzen ob der vermeintlichen Beispiellosigkeit dieser Ausschreitungen vergessen wir jedoch, daß die Nazis mit der gleichen Logik ans Werk gingen, mit der man den europäischen Bürger schon früher vor den «anderen» – den Ketzern, den Hexen, den aufständischen Bauern oder Revolutionären – «verteidigte» und die viele auch gern gegen das gemeine Volk zur Anwendung gebracht hätten. Nicht minder schädlich, als den Nationalsozialismus seiner Verbrechen freizusprechen, ist es, ihn als etwas Einmaliges, als eine geistige Verirrung darzustellen und so seine «Normalität», seine zahlreichen Gemeinsamkeiten mit anderen, durchaus als respektabel eingestuften Optionen zu verkennen.

An die Stelle der Bauern tritt im 20. Jahrhundert die arme Stadtbevölkerung als Inbegriff des Barbarischen und Hort der Gefahr: einer Gefahr, die aufgrund ihrer Nähe nun um so bedrohlicher ist. Wenn die Armut schon von den europäischen Gesellschaften des Absolutismus argwöhnisch beäugt und im Ansatz unterdrückt wurde, so nahm sie jetzt in den Augen einer liberalen, im Zeichen des Wettbewerbs stehenden Gesellschaft, die sich darüber hinaus rühmte, jedem die gleichen Chancen einzuräumen, unverkennbare Züge von Laster und Minderwertigkeit an. Auf diese Weise entstand die angeblich wissenschaftlich fundierte «Degenerationstheorie», die jedoch von so unterschiedlichen Quellen genährt wird wie etwa von der Suche nach einer physischen Grundlage zur Erklärung der Kriminalität (Lombrosos «geborener Krimineller»), den Romanen von Zola, in denen dieser den fortschreitenden Niedergang der Familie Rougon-Macquart beschreibt, ja selbst von einer Wiedergeburt der Vampire – des Glaubens an eine mit dem Blut übertragene Verderbtheit. Diesem weiten Gedankenkomplex entwuchsen die verschiedensten wissenschaftlich-politischen

Versuche einer Lösung des «Problems»: die Eugenik, mit der
die «Rasse» durch die Auswahl fortpflanzungswürdiger Individuen verbessert werden sollte (was in den Vereinigten Staaten konkrete Maßnahmen zur Sterilisation in die Debatte
einbrachte), die Emigration im Sinne einer Entlastung des
Mutterlands durch die Abwanderung unerwünschter Elemente ... Nichts schien zur Abwendung der Gefahr eines
Aufstands der Massen zuviel zu sein.

Nach Raymond Williams ist «Masse» ein neues Wort, das
wir anstelle von Plebs oder Pöbel verwenden. In England
taucht es zu Beginn des 18. Jahrhunderts auf. In Spanien ist
es im Wörterbuch der Akademie von 1791 noch nicht aufgenommen; hier spricht man immer noch von «vulgo» oder
«plebe» und meint «die gemeinen oder niederen Schichten
des Volkes». Wer jedoch, so fragt Williams weiter, stellt diese
Masse dar? Eine objektive Definition gibt es nicht: «Die
Masse sind ‹die anderen›».

Das Wachstum der europäischen Bevölkerung im 19. Jahrhundert hatte diese Massen zahlenmäßig stark ansteigen lassen, und die ihnen zu einer Integration in die «nationale»
Kultur gewährten Bildungschancen machten sie um so bedrohlicher, ging dieses gemeine Volk doch tatsächlich davon
aus, als Gleiche unter Gleichen zu jenem exklusiven Fest-
schmaus eingeladen worden zu sein. Die Präsenz des Bauern
mochten Intellektuelle und Künstler in ihrem Umkreis wohl
noch hinnehmen, ja, wie Lawrence, sogar als Quell urwüch-
siger Instinktkraft begrüßen; nicht akzeptabel war hingegen
das «kultivierte» gemeine Stadtvolk, das nun bürgerliche
Wertvorstellungen übernommen hatte: Flaubert verspottete
seine «eleganten» Gedanken und Pierre Louÿs machte sich
lustig über seine Moral («die auch ‹Tugend› genannte
menschliche Heuchelei»).

Ja selbst die Sinnesorgane waren bei diesen verschiedenen
weißen «Rassen» qualitätsmäßig unterschiedlich ausgeprägt.
Huysmans versteigt sich so in die Aussage, daß man bei der
Wahrnehmung der Farben zu unterscheiden habe zwischen
«dem gemeinen Menschen, dessen grobe Netzhaut kaum
zur Aufnahme der den einzelnen Farben eigenen Kadenz, des
geheimnisvollen Reizes all ihrer Abstufungen und Schattie-

rungen imstande ist», den «der Pracht der kraftvoll-schil-
lernden Töne gegenüber unempfindlichen Augen des Bür-
gers» und schließlich «den Menschen mit verfeinerten, von
Literatur und Kunst geübten Augen», die somit also die einzigen sind, die sich gleichermaßen an kraftvoll schillernden
Tönen wie an Abstufungen und Schattierungen ergötzen
können.

Dem «Philister» (ein Ausdruck, den die deutschen Studenten ehemals jedem Nichtakademiker beilegten) durfte der
Zugang zur «großen» Kunst nicht gewährt werden. Die
Künstler der Jahrhundertwende schrieben, malten und
komponierten für die kultivierten Minderheiten – später
entdeckten ihre Agenten und Händler dann, daß sich die
«Avantgarde» zu guten Preisen beim dummen Spießbürger
absetzen ließ –, definierten sich selbst als «poètes maudits»,
wähnten sich über der Moral der Massen oder flüchteten
sich in esoterische Kulte, die nur einem erlesenen Kreis von
Eingeweihten zugänglich waren.

Von den «Intellektuellen» wurden die Massen ebenso verachtet wie gefürchtet. Gleich Niebuhr dachten sie mit
Schrecken daran, wie sie, sollten sie sich je des Betrugs ihrer
Unterwerfung gewahr werden, in Aufruhr geraten und ihre
Welt zerstören würden. Und wenn es auch nicht alle wagten,
sich wie Nietzsche öffentlich für «eine Kriegserklärung an
die Massen» auszusprechen, so war die Zahl derer, die jene
«Demokratie» verfluchten, die die politischen Entscheidungen der Mehrheit der hierzu am wenigsten Geeigneten übertrug, immer noch groß genug. «Das entscheidende Spiel – so
Ernst Jünger – findet zwischen dem plebiszitären Demos
und dem verbleibenden Rest der Aristokratie statt.»

Aus dieser inneren Einstellung heraus erwachte ihre Sehnsucht nach neuen Cäsaren, und Mussolini und Hitler waren
so für nicht wenige unter ihnen die erträumten Erlösergestal-
ten. Tatsächlich hatten beide bei den europäischen «Intellektuellen» weit mehr Anhänger als dies im allgemeinen angenommen wird, doch nach dem Zusammenbruch waren nur
wenige noch zu einer konsequenten Haltung bereit. Die meisten versuchten, ihr einstiges Engagement schnell vergessen
zu machen, so wie Jünger etwa (für den Hitler allerdings

stets zu plebejisch war) oder Heidegger, der damals gefordert hatte, Forschung und Lehre in den Dienst der national-
sozialistischen Revolution zu stellen (während ihn die Nazis
selbst zu «metaphysisch» fanden).

Dieser Kampf gegen die plebejischen Massen wird niemals offen ausgetragen. Es wären der Feinde zu viele, und
andererseits braucht man sie ja lebend und dem Betrug preisgegeben, damit sie mit ihrer Arbeit auch weiterhin die kost-
spieligen Bedürfnisse der «Besseren» decken können. Es
werden «innere Feinde» geschaffen, um so bestimmte
menschliche Gruppen als minderwertig oder gar als Gegner
auszusondern: Juden, Landstreicher, streikende Arbeiter,
ausländische Einwanderer (sobald diese nicht mehr nötig
sind). Auf diese Weise gelingt es nicht nur, eine zwischen den
nicht ausgesonderten «Massen» (den braven Bürgern) und
deren politischer Führungsschicht bestehende Interessen-
gemeinschaft vorzutäuschen, sondern man hat auch immer
jemand zur Hand, dem man die Schuld an allen Mißständen
in die Schuhe schieben kann.

Mit einem Angehen gegen die diesen Tatbeständen inne-
wohnende Ungerechtigkeit und der Forderung nach Gleichheit auch für die Ausgestoßenen ist es nicht getan. Es wäre
dies unnütz, würde man nicht gleichzeitig auch das ideologi-
sche Konzept zerstören, das diese Ausstoßung rechtfertigt.
Und eines der Schlüsselelemente dieses Konzepts ist ja gerade jene Auslegung der Geschichte, die die Überlegenheit
der Europäer im Namen ihrer Rolle als Träger des weltweiten Fortschritts legitimiert und die uns ohne Ausnahme zu
«geborenen» Komplizen aller Mißbräuche machen will,
indem sie uns vorenthält, daß dieser vermeintliche Fortschritt auch auf Kosten des größten Teils der Europäer selbst
gemacht worden ist. Denn es geht hier nicht allein darum,
daß diese «eurozentrische» Geschichtsauffassung die nichteuropäischen Völker um ihre Geschichte bringen will (und
bringt). Ihr weitaus wichtigeres Ziel dürfte wohl darin liegen, diese Geschichte auch weiten Schichten der europäischen Bevölkerung selbst vorzuenthalten, indem verschwiegen wird, daß es abgesehen von der heiliggesprochenen
«offiziellen Geschichte» auch andere Vergangenheiten gibt,

daß dort große Hoffnungen und zahlreiche nicht genutzte Möglichkeiten zu finden sind und daß vieles, was als Fortschritt deklariert wird, nichts anderes als eine Camouflage der verschiedensten Formen von wirtschaftlicher Ausbeutung und gesellschaftlicher Kontrolle ist. Wenn wir die niederen Volksschichten ihrer Geschichte und ihres Bewußtseins berauben, dann reduzieren wir sie auf die Rolle von inneren Wilden.

Dies war gestern bei den Bauern der Fall, die den Fortschritt im Rahmen einer auf gemeinschaftlichen Grundlagen beruhenden Landwirtschaft suchten, oder bei den Handwerkern, die die Maschine in den Dienst des Menschen gestellt sehen wollten. Heute nun trifft es Fabrikarbeiter und Angestellte, denen die im gewerkschaftlichen Kampf errungenen, minimalen Zugeständnisse in bezug auf Stabilität und materielle Sicherheit streitig gemacht werden, stehen diese doch angeblich einem «Fortschritt» im Wege, der ihnen auch weiterhin das Blut aus den Adern saugen will und hierzu Ausbeutung mit Konkurrenzfähigkeit kaschiert.

Zehntes Kapitel

Außerhalb der Spiegelgalerie

Zur Rechtfertigung ihrer Überlegenheit verstiegen sich die Europäer in diverse Spekulationen bezüglich des «Wunders» ihrer Geschichte und der Gründe – will sagen, der Verdienste –, die hierzu geführt hatten. An erster Stelle wird hierbei der errungene Erfolg gewöhnlich mit den Eigenschaften einer höheren «Menschenrasse» in Verbindung gebracht. Der Mythos des Indoeuropäers – das Adjektiv «arisch» zeugt heute von schlechtem Geschmack, bedeutet aber letzten Endes das gleiche – kam Anfang des 19. Jahrhunderts in Deutschland auf und diente, gestützt auf die Fortschritte der vergleichenden Sprachwissenschaft, vor allem dazu, die europäische Kultur von ihren vermeintlich mediterranen Ursprüngen zu befreien. Völker von heller Hautfarbe, mit blonden Haaren und blauen Augen, seien vom Himalaya oder aus den weiten Ebenen Zentralasiens gekommen, um, laut Rosenberg, «den Traum der nordischen Menschheit von Hellas» zu schaffen.

Andere Erklärungen gehen vorsichtiger ans Werk und schreiben den Erfolg einer gewissen Art von Tugend zu. So etwa sind jene Thesen zu verstehen, die den kapitalistischen Fortschritt mit den Auswirkungen der Religion in Zusammenhang bringen oder die ihn auf ein typisches Merkmal der europäischen Familie zurückführen: durch eine spätere Heirat kommt es zu einer Senkung der Geburtenziffern, wodurch andererseits wiederum der Sparsinn und somit die Investition gefördert wird. Derartige Gedanken stammen möglicherweise von Malthus, für den die Geburtenbeschränkung auf den Akt einer freiwilligen Enthaltung zurückgehen mußte: auf die Hinnahme seitens der Armen, daß sie sich mit den wenigen Gütern dieser Welt zufrieden geben müssen, die die Vorsehung ihnen zugedacht hat. Der Rückgang der Fruchtbarkeit jedoch – jene «lautlose Revolution», die von einigen Autoren neben der Verstädterung und der Industrialisierung als einer der Hauptpfeiler der «Modernisierung» angesehen wird – ergab sich vor allem als Folge von empfängnisverhütenden Mitteln und keineswegs aufgrund von «tugendhafter» Enthaltsamkeit.

Von der Technologie war bereits die Rede gewesen. Aber selbst wenn man sie nun als solche fälschlicherweise auf Energie und Maschine reduziert, so ist hier die europäische Überlegenheit derart jungen Datums, daß man sich zwangsläufig wohl fragen muß, weshalb die «industrielle Revolution» gerade in Europa und nicht zum Beispiel in China vonstatten ging, das Mitte des 17. Jahrhunderts der Welt in vielen Dingen voraus war. Alle diesbezüglich unternommenen Versuche einer Erklärung laufen letzten Endes immer wieder auf die bereits herausgestellten Gemeinplätze einer traditionellen «Orientalität» hinaus: Im Vergleich zum kreativen, aufgeschlossenen, ja «faustischen Geist» der Europäer sei der Anstoß zur Veränderung in China nur «bescheiden» gewesen. Selbst ehrgeizigere und differenziertere Interpretationen wie etwa die von E. L. Jones, setzen in ihrer Argumentation schließlich auf die Joker-Karte der «despotischen Institutionen der asiatischen Welt», die dort «jegliche Kreativität zum Ersticken brachten».

Kann man denn wirklich allen Ernstes behaupten, daß die islamische Welt, das chinesische Reich oder die Sultanate auf Java «despotischer» waren als die absolutistischen Monarchien Europas? Zwischen dem 16. und dem 18. Jahrhundert drückt sich der Versuch zur Durchsetzung des Staats und des Gehorsams gegenüber dem Landesfürsten in Europa in einer so stark gewachsenen Repression aus, daß man nun vom «Zeitalter der Qualen» sprechen kann, während immer zahlreichere und kostspieligere Kriege der Preis dafür sind, den man zur Schaffung der Voraussetzungen «für eine mehr oder weniger rasche Entwicklung in Richtung auf die Modernität» zu zahlen hatte. Bedenkt man ferner, daß dies ja auch die Zeit der Hexenverfolgung, der Religionskriege und der die Wissenschaft in Schrecken versetzenden Inquisition ist, so wird der oft zitierte Ausspruch vom «Zeitalter der Qualen» nur allzu verständlich. Und gerade diese im Zeichen einer allgemeinen Gewalttätigkeit stehende Epoche ist es, die Eu-

ropa zu einer Vervollkommnung der Waffentechnik und der
Kampfesstrategie als Grundlage seiner späteren Vormachtstellung verhilft.

Abgesehen von diesen militärischen Ursachen hängt der
europäische Erfolg aber auch eng mit einer Reihe von wirtschaftlichen Faktoren zusammen, die in jener Zeit speziell
im Hinblick auf eine ausgesprochene Investitionsfreudigkeit
im Bereich der Produktion in den Ländern Ostasiens offensichtlich nicht gegeben waren. Der Schutz des Eigentums
und eine Politik niedriger Zinssätze zum Beispiel sind eng
mit der Entwicklung der parlamentarischen Demokratie
verbunden, die die adligen Großgrundbesitzer und die bürgerlichen Kaufleute im Rahmen der politischen Kontrolle
des Staats zu einer Art Zweckgemeinschaft zusammenführte.
(«Ein Teil der Sieger ‹etabliert› sich – so Queneau in seinen
allgemeinen Ausführungen zum Phänomen der Revolution
– und kommt mit den Besiegten überein.») Auf diese Weise
konnten sie die mit allen nur erdenklichen Mitteln – selbst
mit dem Galgen – verteidigte Stabilität «ihres» Eigentums
wahren und gleichzeitig die Bauern um das ihrige bringen.
Und dies wiederum müßte uns nun wirklich zu vorsichtige-
ren und differenzierteren Interpretationen des Unterschieds
zwischen dem despotischen Orient und dem freien Okzident
führen.

Diese Galerie der Zerrspiegel, mit deren Hilfe die Europäer ihre angebliche Überlegenheit gegenüber den Wilden,
den Primitiven und den Orientalen durchsetzen konnten, ist
Grundlage für die historische Deutung «ihrer» Zivilisation
und «ihres» Fortschritts, die ihrerseits wieder als Erklärung
für den erzielten Erfolg herangezogen werden. Besser sollte
allerdings wohl vom Versuch einer Erklärung gesprochen
werden, denn die so schwerwiegende Fehleinschätzung speziell im Hinblick auf die Ursachen des «modernen wirtschaftlichen Wachstums» liegt ja offen zu Tage. Besonders
augenfällig wird dies allein schon dadurch, daß die von dieser Geschichtsauffassung abgeleiteten Wachstumsrezepte bei
ihrer Übertragung auf die Kolonialwelt vollkommen zusam-
menbrachen, ja, daß sie selbst dann wieder scheiterten, als
sie die inzwischen unabhängig gewordenen Kolonien erneut

anzuwenden suchten, und zwar sowohl auf Seiten derer, die sich hierbei der orthodoxesten Formulierungen gemäß dem glorifizierten Vor- und Trugbild der britischen Industrialisierung bedienten, wie auf Seiten jener, die auf die von der sogenannten zentralen Planwirtschaft angebotenen Lösungen zurückgriffen, die für Länder mit beschränkten Rohstoffquellen geeigneter schienen.

Der als ein Triumph gefeierte «Zusammenbruch des Kommunismus» ist hierbei nur ein weiteres Kapitel in der Geschichte des Scheiterns aller von Europa zur Umwandlung der Welt vorgelegten Projekte. Welche Alternative können wir nun, nachdem sich die Fruchtlosigkeit beider Rezepturen eindeutig bestätigt hat, den unterentwickelten Ländern heute noch anbieten? Diesen, aber auch den in die Dritte Welt abgesunkenen, die sich einst, wie etwa die Länder Lateinamerikas, im Traum vom Beitritt zum «Club der Reichen» wiegten und dann unter dem Alpdruck einer sie erstickenden Schuldenlast erwachen mußten, oder den Ländern des ehemaligen «Realsozialismus», die aus der Armut ins Elend abgedriftet sind und keinen anderen Horizont mehr vor sich haben, als erneut das Niveau einer einigermaßen passablen Armut zu erreichen.

Nichts verläuft so, wie es die aus «der Geschichte» abgeleiteten Interpretationsmodelle vorausgesagt haben. In den hochentwickelten Ländern der «westlichen Welt» kam das zum Stillstand, was man bislang für eine nicht zu unterbrechende Expansion des Reichtums hielt (getreu der herkömmlichen Formel eines «sich selbst tragenden» Wachstums – als ob die Wirtschaft von einer unabhängig vom menschlichen Tun und Lassen verlaufenden, eigenen Entwicklung getragen würde), und der einst der Gesellschaft als ganzer die Gewinne aus dieser Bereicherung zuweisende Wohlfahrtsstaat steht vor dem Bankrott. In den Ländern des einstigen «Realsozialismus» war die Rückkehr zum Liberalismus – entgegen allen Prognosen – von schwindenden Wachstumsraten begleitet. Und zudem ist es paradoxerweise ausgerechnet China, das auf der Grundlage einer keinem der verfügbaren Schemata zurechenbaren Systemvermischung die größten Steigerungsraten verzeichnen kann.

Es sollte uns dies nicht verwundern, denn untersuchen
wir die Vielzahl der von uns zur Anwendung gebrachten
Denkmodelle, so müssen wir erkennen, daß die wirklich
stichhaltigen und aussagekräftigen Interpretationen auf Erkenntnissen der Vergangenheit beruhen, die sich als solche
kaum für Aussagen in bezug auf künftige Entwicklungen
eignen, während die anderen wiederum, die angeblich die
Zukunft voraussehen, nicht selten auf Wunschträumen
und wenig zuverlässigen Spekulationen basieren. Anders
ist nicht zu verstehen, weshalb man in Nordamerika nun
das Modell eines einheitlichen europäischen Marktes nachahmen will, wo doch noch gar nicht feststeht, ob die
Bilanz aus den sich hieraus ableitenden Gewinnen einerseits und den hohen Arbeitslosenziffern, die sich logischerweise aus einer Rationalisierung der Produktion auf kontinentaler Ebene ergeben, andererseits wirklich als positiv
zu werten ist. Es sei denn, wir akzeptieren, daß sich der
von derartigen Programmen verfolgte Fortschritt und
Wohlstand vor allem auf die dominierenden Bevölkerungskreise innerhalb dieser Gesellschaften auswirken
soll, egal ob dies nun zu Lasten der anderen geht oder
nicht.

Daß der Wutausbruch der südmexikanischen Bauern mit
dem Beitritt des Landes zur nordamerikanischen Freihan-
delszone zusammenfiel, mag für uns paradox gewesen sein.
Die hinter diesem Protest stehende Logik jedoch wird klarer, kennt man die Geschichte von Chiapas, einer Region, in
der der «Modernisierungsprozeß» des 19. und 20. Jahrhunderts zur Bereicherung einiger weniger auf Kosten der Verarmung und Unterjochung der übrigen vonstatten ging,
ohne daß Revolution oder Reformprogramme auch nur im
mindestens auf diesen Gang der Dinge eingewirkt hätten.
Mußte man angesichts eines solchen Hintergrunds nicht
zwangsläufig davon ausgehen, daß jener neue Abschnitt
der «Modernisierung» zu noch größerem Elend, zu noch
weiterer Entwürdigung führt, wird «diese tiefinnere Verknüpfung zwischen der Macht und den Interessen, die die
Menschen in einem reichen Land in Armut halten» nicht
endlich einmal durchbrochen?

Um mit Schumpeter zu sprechen, kann die Entwicklung der Wirtschaft eben nicht «nur» von der Wirtschaft her erklärt werden. Und dies wiederum macht auch verständlich, daß der sich uns heute darbietende Abbau eines schrottreif gewordenen Wohlfahrtsstaates nicht nur auf dessen Kosten, sondern auch und vor allem auf einen grundlegenden Wandel im sozialen Gefüge zurückzuführen ist. Von 1789 bis zum Zusammenbruch des Sowjetsystems haben die herrschenden Klassen Europas mit einer Reihe von Gespenstern gelebt, die ihre Träume oft zu Alpträumen machten: Jakobiner, Carbonari, Anarchisten, Bolschewiken ..., Revoluzzer, die die Massen zur Zerstörung der gültigen sozialen Ordnung führen konnten. Aus dieser Angst heraus zeigten sie sich zu gewissen Zugeständnissen bereit, an die sie sich heute, frei von jeder ihren Schlaf störenden Bedrohung – allenfalls noch punktuell auftretende Ausbrüche des Zorns sind leicht kontrollierbar –, nicht mehr halten müssen.

Außerdem können viele der eigentlichen Opfer dieser Krise ohne weiteres davon überzeugt werden, daß die Schuld an allem bei den «anderen» liegt: bei den asiatischen Unternehmern, die aufgrund der von ihnen gezahlten Hungerlöhne zu Billigpreisen produzieren können – obwohl ein deutscher Automobilkonzern eine Fabrik in den Vereinigten Staaten bauen will, wo die Löhne sich offensichtlich auf «asiatischem» Niveau bewegen –, oder bei den afrikanischen Einwanderern, die uns «unsere» Arbeitsplätze wegnehmen. Dieser Aufbau eines äußeren Feindes vertuscht nicht nur, daß die Interessen der einen und der anderen, der Einwanderer und der europäischen Arbeiter, ein und dieselben sind, sondern verhindert gleichzeitig auch das Aufkommen eines Bewußtseins der Solidarität.

Und dies ist heute um so leichter in einer Gesellschaft, in der die alten Bande der Gemeinschaftlichkeit fast vollkommen zunichte gemacht werden konnten. Die neuen, hierfür als Ersatz geschaffenen Formen eines sozialen Zusammenschlusses – so etwa die politischen Parteien – sind nicht in der Lage, die Bürger in sich aufzunehmen, bieten sie diesen doch weder die vorher gegebene Unabhängigkeit, noch

eine wirkliche Vertretung ihrer Interessen. Und die Welt-
kultur, in der die alte Volkskultur aufgehen sollte, wird keineswegs den Ansprüchen aller gerecht. In einer theoretisch
von der Wissenschaft geprägten Welt ist wissenschaftliches
Denken der Mehrheit fremd: in den Vereinigten Staaten
«glauben 21 Prozent der Bevölkerung, daß sich die Sonne
um die Erde dreht», und 47 Prozent können kaum lesen
und schreiben. Millionen von Menschen flüchten sich tag-
täglich in die verschiedensten Formen von Magie und Eso-
terismus. (Leute, die felsenfest davon überzeugt sind, daß
ein UFO sechsundzwanzig Elefanten aus einem Wildtierre-
servat bei Lugo buchstäblich in sich «aufgesogen» hat,
kann man doch unmöglich ernst nehmen!) Zur Befriedigung der Ansprüche eines solchen Publikums wurde eine
Kulturindustrie ins Leben gerufen, deren Produkte – vom
Film bis hin zu den Videospielen – die Wertvorstellungen
eines aggressiven Individualismus verbreiten, der die Sieger belohnt und die große Masse der Besiegten absolut
links liegen läßt.

Die Zahl der Menschen, die sich in unserer unsolidarisch
gewordenen Gesellschaft verlassen fühlen und ihrer Einsamkeit über die verschiedensten gesellschaftlich tolerierten
Gruppierungen zu entfliehen trachten, wird immer größer.
Junge Leute suchen einen Ausweg in alternativen Subkul-
turen (die mit einer spezifischen Mode, einer spezifischen
Sprache und einem spezifischen Verhalten einen eigenen «Lebensstil» vorgeben wollen), und viele Erwachsene artikulie-
ren ihre Bedürfnisse über die militante Unterstützung eines
Sportvereins, einer bestimmten Tätigkeit oder gewisser religiöser Sekten, deren Erfolg nur darauf beruht, einer verun-
sicherten, entwurzelten Stadtbevölkerung die vermißte Solidarität zu bieten. All dies ist für die gültige soziale Ordnung
nicht von Gefahr.

Ausdruck des Verlusts unserer kollektiven Träume ist der
Wandel, der sich zum Beispiel innerhalb der Science-Fiction-
Literatur vollzieht. Während diese so noch bis vor kurzem
davon ausging, daß ein ununterbrochener Prozeß techni-
scher Weiterentwicklung von einer zum positiven hin erfolgenden Umwandlung unserer Gesellschaft begleitet sein

wird – was erklärt, weshalb Gefahr und Bedrohung stets in anderen Galaxien zu suchen waren –, wendet sie sich heute wieder unserer Erde zu und malt uns eine von erschöpften Rohstoffquellen, Katastrophen und Elend gezeichnete Zukunft aus, in der die Helden um das reine Überleben zu kämpfen haben. Denn anders als die Schrecken des Jahres 1000, die nie existierten, sind die des Jahres 2000 absolut präsent und verfinstern unsere Tage.

Bereits vor Jahrzehnten waren sich gewisse Intellektuelle bewußt geworden, daß jenes Geschichtsbild, auf das wir unsere falschen Hoffnungen auf die Zukunft gründen, nicht länger mehr tragbar ist. Und zwei Männer unterschiedlicher Herkunft und unterschiedlicher Kultur waren es, zwei Männer, die nur ganz kurz nacheinander in Katalonien den Tod finden sollten, welche dies in einer Zeit zum Ausdruck brachten, in der Europa und ihre eigene persönliche Existenz von größter Gefahr bedroht waren. Und beide hinterließen sie der Nachwelt die gleiche Botschaft der Warnung, aber auch der Hoffnung.

Auf der Flucht vor dem Faschismus schrieb so zum einen Antonio Machado 1939, kurz vor seinem Tod: «Denken wir über die Vergangenheit nach, versuchen wir zu wissen, was sie in sich barg, dann ist es gut möglich, daß wir auf eine ganze Reihe von nicht verwirklichten, aber auch nicht zerstörten Hoffnungen stoßen, auf eine Zukunft, die zu Recht Gegenstand der Verheißung ist.» Eine Geschichte, die uns solcherart Entdeckungen möglich macht, muß wohl sehr verschieden von jener sein, die in den letzten zweihundert Jahren zur Aufzeichnung kam und in der sich alles rein schicksalsmäßig, schier unvermeidlich ergibt.

Ein Jahr nach Machado, und nicht weit von dessen letzter Ruhestätte entfernt, starb Walter Benjamin, auch er auf der Flucht vor dem Faschismus. In seiner Warnung vor den schlimmen Folgen dieser linearen, die Dinge allzu vereinfachenden Geschichtsauffassung bezog er sich konkret auf die Einstellung gegenüber dem Faschismus, den er als ein irrläufiges, abnormes und mit dem Fortschritt unvereinbares Phänomen und nicht als die logische und natürliche

Konsequenz einer bestimmten Zeit und einer bestimmten
Lage sah (so wie sich dies heute angesichts seiner uns kaum
mehr als in ihren «Exzessen» beunruhigenden Wiedergeburt bestätigt). Er zeigte uns vor allem aber auch eine weitere Folge dieser historischen Fehleinschätzung auf, anhand derer die gegenwärtige Verwirrung in den Kreisen
der Linken und der Arbeiterbewegung erklärt werden
kann: ihre Überzeugung nämlich, daß die Triebkraft der
Geschichte in ihrem Sinne wirkt und ihnen so – früher oder
später, aber mit absoluter Sicherheit – den ersehnten Sieg
beschert.

Zwar lasen die Historiker diese und andere Warnungen,
zogen sie sogar für dekorative Zitate in ihren Werken heran;
den Kern der hierdurch aufgeworfenen Grundfragen in sich
aufzunehmen, waren sie jedoch nicht gewillt. Und wenn
nun unsere Gegenwart diese Warnungen bestätigt und das
Kartenhaus ihrer geschichtswissenschaftlichen Theorien
zum Einsturz bringt, so entziehen sie sich einer Auseinandersetzung mit der Wirklichkeit und versteigen sich in einen
Diskurs über den Diskurs, denn sich mit Worten statt mit
Menschen zu befassen, ist ja ohne jeden Zweifel bequemer.
Die Art und Weise, wie zahlreiche zeitgenössische Geschichtswissenschaftler allen einigermaßen verfänglichen
Problemen ausweichen und sich zurückziehen in eine Welt
des Buchwissens, in der über Fragen diskutiert wird, die nur
noch die akademischen Stammesgenossen interessieren, beweist, wie zutreffend heute immer noch das ist, was Kant bereits 1766 zu Papier brachte: «Das methodische Palaver der
Universitäten ist oft nicht mehr als ein gegenseitiges Über-
einkommen, schwer lösbare – oder unbequeme – Fragen
durch wechselnde Semantik zu übergehen.»

Wir müssen die Galerie der deformierenden Spiegel verlassen, in der unsere Kultur sich verfangen hat. Nur so kann es
uns gelingen, den menschlichen Gesellschaften im «großen
Buch der Welt» – in unserem Falle dem «großen Buch des
Lebens» – aufzuspüren und jenes lineare Verständnis vom
Lauf der Geschichte abzubauen, nach dem jede Veränderung
automatisch als Wendung zum Besseren, jeder neue Abschnitt als Fortschritt gewertet wird.

Nur so können wir diese Fehlinterpretation durch eine Einstellung ersetzen, die das komplexe Zusammenspiel von verschiedenen sich verflechtenden, trennenden und kreuzenden Linien, von Scheidewegen zu untersuchen weiß, an denen man zwischen verschiedenen Richtungen wählen konnte und dann nicht immer jene einschlug, die zum Wohle der großen Mehrheit war, sondern die, die jenen gesellschaftlichen Gruppen am gelegensten kam, die die erforderliche Überzeugungskraft und die nötigen Machtmittel an der Hand hatten, sie durchzusetzen. (Was auch heute wieder angesichts der zur Bewältigung unserer gegenwärtigen Krise vorgeschlagenen Lösungen der Fall ist.)

Eine solche mehrdimensionale Geschichte kann zu vollem Recht eine Einstufung als Weltgeschichte beanspruchen, und durch sie werden wir auch wieder zu der Vielfalt unserer eigenen europäischen Kultur zurückfinden. Ist schon im Hinblick auf die Lebewesen vom drohenden Verlust größter Tragweite eines reichen genetischen Potentials die Rede, weshalb bringt man dann nicht das gleiche Kriterium auf die verschiedenen Kulturen zur Anwendung? Auf Assimilation und Uniformität bedacht, zerstörte die «Modernisierung» einen großen Teil der reichen kommunitären Volkskulturen, die einst bei Stadt- und Landbevölkerung gegeben waren. Und das Wenige, was hierbei nicht auf der Strecke blieb, fiel schließlich fast vollends der gleichmacherischen Wirkung der Massenmedien zum Opfer.

Wir müssen uns damit abfinden, daß das vor zweihundertfünfzig Jahren im Zeitalter der «Aufklärung» in Angriff genommene Programm der Modernisierung heute bereits kurz vor seinem Ende steht, und zwar nicht allein nur im Hinblick auf seine ökonomischen Versprechungen, sondern ebenso auch als zivilisatorisches Projekt. Oder zumindest hat es so den Anschein, betrachtet man die Dinge vom Standpunkt dieses ausgehenden Jahrhunderts der «Verdunkelung» aus, das mehr Tode infolge von Krieg, Verfolgung und Völkermord hinnehmen mußte (und hinnimmt) als jeder geschichtliche Zeitabschnitt zuvor.

Zu einer anderen Auffassung, einem neuen Verständnis zu finden, wird keine leichte Aufgabe sein. Es ist kaum wahrscheinlich, daß die Wächter unserer Festung Veränderungen zulassen, in deren Folge sie die Kontrolle über die so gefürchteten Volksmassen verlieren könnten. Viel wahrscheinlicher ist, daß sie sie bis aufs letzte verteidigen und den inneren Zusammenhalt durch Rückgriff auf ein altbekanntes Hilfsmittel verstärken werden: durch die Ablenkung des Unbehagens auf den Feind hin. Und dieser Feind scheint heute der Nichteuropäer zu sein, der sich als Einwanderer in unserer Festung niedergelassen hat oder dies zumindest anstrebt, und der mit seinem nicht hinnehmbaren Anspruch auf Zugang zu unserem Lebensstandard unsere Prosperität in Frage stellt.

Kurz vor seinem Tod widmete sich Bruno Bettelheim dem Drama der Juden, die ihrer Ausrottung durch eine typische «Ghetto-Mentalität» noch zusätzlich den Weg ebneten. Und aus diesem Zusammenhang heraus warnt er uns: «Die gesamte westliche Welt scheint einer Ghetto-Philosophie anheimgefallen zu sein, indem sie nicht wissen, nicht verstehen will, was in der übrigen Welt vor sich geht. Sind wir nicht auf der Hut, wird sich die weiße westliche Welt, die innerhalb der Menschheit ja nur eine Minderheit ist, in ihr eigenes Ghetto einmauern.» Und ich würde hinzufügen: «und so ihre eigene Ausrottung einleiten».

Das Problem liegt aber nicht allein darin, daß die Mauer all jene einengt und einzwingt, die sich hinter sie flüchten, sondern daß sie als Mittel zur Verteidigung nur wenig Wert hat. Das größte vom Menschen erstellte Bauwerk, das einzige, das ein außerirdischer Beobachter mit bloßem Auge erkennen könnte, ist die chinesische Mauer. Jedermann weiß jedoch, daß diese Mauer nur eines der verschiedenen Elemente eines globalen Verteidigungssystems war, das sich im wesentlichen auf Vereinbarungen und Verträge mit den Siedlern jenseits des Grenzwalls stützte. Eine der wenigen «Lehren der Geschichte» von offensichtlich weltweiter Gültigkeit ist die Tatsache, daß keine Mauer je ein Volk auf Dauer vor den sie bedrohenden Invasoren schützen konnte, sofern nicht beide durch wie auch immer gestaltete Abmachungen zu einer Übereinkunft gelangten.

Das erste, was wir uns vor Augen zu halten haben, ist, daß unsere und die Probleme der unterentwickelten Länder gemeinsam gelöst werden müssen. Beharren wir darauf, uns hinter Mauern zu verschanzen, werden wir Opfer der uns von innen wie von außen her drohenden Belagerer. So wie alle Volksgruppen verschwunden sind, die zu einer Anpassung an sich ändernde Umstände nicht mehr in der Lage waren, so würden dann auch die Europäer und die ihnen eigene Zivilisation verschwinden. Und tritt dies ein, dann hat ein Kapitel der Geschichte des Menschen sein Ende gefunden, und es wird weitergeblättert.

Anhang

Verzeichnis der Sekundärliteratur

Die Überlegungen und Zitate im Text beruhen auf den im folgenden zusammengestellten Quellen und Untersuchungen.

Erstes Kapitel
Der Spiegel der Barbaren

Schild des Achilles: Homer, Ilias 18, 607f.; bei Avienus, Ora Maritima 390f. erscheint der Ozean als «circumlatrator», als die Welt «bellend» umkreisend wie ein Schäferhund. – *Weltbild:* J. S. Romm, The edges of the earth in ancient thought, Princeton 1992. – *Homo sapiens:* C. Stringeer, C. Gamble, In search of the Neanderthals, London 1991; L. u. F. Cavalli-Sforza, Chi siamo? Mailand 1993; C. K. Maisels, The emergence of civilisation, London 1990. – *Domestikation:* I. Hodder, The domestication of Europe, Oxford 1990; A. J. Ammermann, L. L. Cavalli-Sforza, The neolithic transition and the genetics of populations in Europe, Princeton 1984. – *Persische Bedrohung und griechische Identität:* G. Nenci, in: R. Bianchi Bandinelli (Hg.), Storia e Civiltà dei Greci, Bd. 3, Mailand 1979, S. 45. – *Barbaren und Hellenen:* Thukydides 1, 3, 3; Herodot 5, 78 und 92 sowie 8, 77; Euripides, Bakchen 1354f.; Aristoteles, Politik I, 4, S. 69, II, 5, S. 97f.; vgl. E. Hall, Inventing the Barbarian, Oxford 1989. – *Griechische Freiheit:* A. Momigliano, Filippo il Macedone, Mailand 1934/1987, S. 170 u. 190. – *Attische Demokratie:* Plutarch, Solon 19; vgl. P. Grimal, Les erreurs de la liberté, Paris 1990, S. 10f.; C. Mossé, Der Zerfall der athenischen Demokratie, Zürich und München 1979; G. E. M. de Ste. Croix, The Class Struggle in the Ancient World, London 1981; Demosthenes, Olynthische Reden 3, 10; Momigliano a. a. O. 199. – *Europa-Mythos:* Ovid, Metamorphosen 2, 833ff. und 8, 23; P. Chuvin, La mythologie grecque, Paris 1992, S. 52. – *Krise des 12. Jahrhunderts:* J. D. Muhly, in: W. A. Ward, M. S. Joukowsky (Hg.), The crisis years: The 12th century B. C., Dubuque 1992, S. 10ff.; R. Drews, The end of the bronze age, Princeton 1993. – *Beginn der Schrift:* D. Schmandt-Besserat, Before writing, 2 Bde. Austin 1992; H. J. Nissen, in: J. Curtis (Hg.), Early Mesopotamia and Iran, London 1993, S. 54ff.; Y. V. Andreyev, in: I. M. Diakonoff (Hg.), Early antiquity, Chicago

1991, S. 309. – *Etrusker:* M. Pallottino, in: Les etrusques et l'Europe, Paris 1992, S. 33. – *Karthager:* M. Hassine Fantar, Carthage, Tunis 1993, Bd. I, S. 263 ff. und II, S. 144 ff., 313 ff. – *Alexander der Große:* Plutarch, De Alexandri Magni fortuna 1, 6 (mor. S. 329); vgl. P. Green, Alexander of Macedon, Berkeley 1991; ders., Alexander to Actium, London 1990, S. 156. – *Römisches Reich:* Polybios 6, 12 ff.; vgl. F. Millar, The emperor in the Roman world, London 1992²; ders., The Roman Near East, Cambridge Mass. 1993; A. Lintott, Imperium Romanum, London 1993, S. 54; D. Braund, The administration of the Roman empire, Exeter 1993²; B. Isaac, The limits of empire, Oxford 1992², S. 395. – *Religion:* R. Gordon, in: M. Beard, J. North (Hgg.), Pagan priests, London 1990, 201 ff. – *Geographische Auffassung:* Plinius, naturalis historia 3, 3 ff.; Ovid, Epistulae 1, 3, 49. – *Barbaren:* M. Todd, The early Romans, Oxford 1992; J. Matthews, The Roman empire of Ammianus, London 1989; W. Goffart, Barbarians and Romans, Princeton 1980; J. H. W. G. Liebeschuetz, Barbarians and bishops, Oxford 1992; P. Heather, Goths and Romans, Oxford 1991. – *Germanen:* Livius 5, 41; Polybios 2, 17; Tacitus, Germania 4; Prokop, De bellis 3; Cassiodors verlorenes Werk ist nach Jordanes' Getica angeführt. Vgl. C. M. Wells, The German policy of Augustus, Oxford 1972, S. 31. – *Niedergang des Reiches:* M. J. Rostowtzeff, Gesellschaft und Wirtschaft im römischen Kaiserreich, 2 Bde. Leipzig 1931 (mehrere Nachdrucke); P. S. Barnwell, Emperors, prefects and kings, London 1992; Av. Cameron, Das späte Rom, München 1994; dies., The Mediterranean world in late antiquity, London 1993; J. Durliat, Les finances publiques de Diocletien aux Carolingiens, Sigmaringen 1990; J. A. Tainter, The collapse of complex societies, Cambridge 1988; R. Macmullen, Corruption and the decline of Rome, New Haven 1988; G. Depeyrot, Crises et inflation entre Antiquité et Moyen age, Paris 1991; glänzend S. Mazzarino, L'impero romano, Bari 1980, Bd. III, S. 812 ff.

Zweites Kapitel
Der Spiegel des Christentums

Ursprünge des Christentums: J. D. Crossan, Der historische Jesus, München 1994; F. Millar, The Roman Near East, Cambridge Mass. 1993; M.-F. Baslez, Saint Paul, Paris 1991; H. Grundmann, in: O. Capitani (Hg.), L'eresia medievale, Bologna 1971, S. 23 ff.; P. Brown, Die Keuschheit der Engel, München 1991 (= dtv 4627, 1994). – *Apokalyptische Tradition:* Die Texte in A. M. di Nola (Hg.), Apocalissi apocrife, Parma 1978; Minucius Felix, Octavius 2; vgl.

N. Cohn, Cosmos, chaos and the world to come, New Haven 1993, S. 194ff.; S. N. C. Lieu, Manichaeism in the later Roman empire and late medieval China, Manchester 1985. – *Keuschheit:* Brown a. a. O.; J. S. Brundage, Lax, sex and Christian society in medieval Europe, Chicago 1987. – *Konstantin:* S. Mazzarino, L'impero romano, Bari 1980, Bd. III, S. 651 ff.; ferner A. H. M. Jones, Constantine and the conversion of Europe, Toronto 1948/1978; P. Keresztes, Imperial Rom and the Christians from the Severi to Constantine, Bd. II, Lanham 1989; A. Fontán, in: J. M. Candau u. a. (Hgg.), La conversion de Roma, Madrid 1990, S. 107ff.; G. Fowden, Empire to Commonwealth, Princeton 1993. – *Schenkungen:* G. Depeyrot, Crises et inflation entre Antiquité et Moyen Âge, Paris 1991, S. 49ff.; – *Papsttum:* Hobbes, Leviathan 4, Kap. 47. – *Häresie:* N. Cohn, Europe's inner demons, London 1993[2], S. 35ff.; M. D. Lambert, Ketzereien im Mittelalter. Häresien von Bogomil bis Hus. München 1977, S. 10. – *Ausbreitung des Christentums:* J. Herrin, The formation of Christendom, Oxford 1987, S. 59; R. Markus, The end of ancient Christianity, Cambridge 1990; P. Chuvin, Chronique des derniers paiens, Paris 1990; P. Brown, Macht und Rhetorik in der Spätantike, dtv 4650, München 1995, S. 153 ff. – *Alexandria unter Julianus:* Ammianus Marcellinus, Römische Geschichte, Berlin 1970, Bd. 3, XXII, 11, S. 4f.; vgl. M. Tardieu, Les paysages reliques, Löwn o. J. (1989). – ‹*Aufnahme*› *Christi in den Kreis der Gottheiten:* Historia Augusta, Alexander Severus 43, 6. – *Christliche Zeitrechnung:* J. Le Goff, Time, work and culture in the middle ages, Chicago 1980; D. S. Milo, Trahir le temps, Paris 1991, S. 101 ff. – *Priscillian:* H. Chadwick, Priscillian of Ávila, Oxford 1976; M. V. Escribano, in: J. M. Candau u. a. (Hgg.), La conversín de Roma, Madrid 1990, S. 151 ff.; L. A. Garcia Moreno, in: F. J. Lomas und D. Devoes (Hgg.), De Constantino a Carlomagno, Cádiz 1992, S. 135 ff. – *Martin von Braga (Bracara):* Zweisprachige Ausgabe u. d. T. Sérmon contra las supersticiones rurales, Barcelona 1981, S. 43. – *Cäsarius von Arles:* D. Norber, Manuel pratique de latin médiéval, Paris 1980, S. 93 ff. – ‹*Aberglaube*›: J. B. Russell, Witchcraft in the Middle Ages, Ithaca 1984, S. 45 ff.; V. I. J. Flint, The rise of magic in early medieval Europe, Oxford 1991; A. J. Gurjewitsch, Das Weltbild des mittelalterlichen Menschen, München 1990[2]. – *Georgios Gemisthos Plethon:* Nomon syngraphe 1, 4; vgl. N. Iorga, Byzance après Byzance, Paris 1992, 84ff.

Drittes Kapitel
Der Spiegel der Feudalzeit

Mittelalter und Renaissance: J. Heers, Le Moyen Âge, une imposture, Paris 1992; A. de Libera, Penser au Moyen Âge, Paris 1991, S. 33– 38; L. Febvre, Michelet et la Renaissance, Paris 1992; J. le Goff, Las Edades Medias de Michelet, in: Tiempo, trabajo y cultura en el Occidente medieval, Madrid 1983, S. 19–44. – *«Barbar» im Mittelalter:* A. Borst, Barbaren, Ketzer und Artisten, München 1988, S. 19–31. – *Entwicklung:* K. Randsborg, The first millenium A.D. in Europe and the Mediterranean, Cambridge 1991, passim; D. Austin und L. Alcock (Hgg.), From the Baltic to the Black Sea. Studies in medieval archaeology, London 1990; R. Holt, The mills of medieval England, Oxford 1988 (Zitat S. 2); R. Hodges, Dark age economics. The origins of towns and trade, A.D. 600–1000, London 1989²; ders., The Anglo-saxon achievement, London 1989; J. Haywood, Dark age naval power, London 1991. – *Arthur:* J. Morris, The age of Arthur. A history of the British Isles from 350 to 650, London 1993 (1973), S. 95. – *Beda:* Kirchengeschichte des englischen Volkes, übers. v. G. Spitzbart, Darmstadt 1982. – *Wikinger:* Les vikings . . . Les Scandinaves et l'Europe 800–1200, Paris 1992; L. Hedeager, Iron-age societies, Oxford 1992; H. Clarke and B. Ambrosian, Towns in the viking age, Leicester 1991; R. Boyer (Hg.), Les vikings et leur civilisation: problèmes actuels, Paris, Den Haag 1976 (speziell S. 211–240). – *Einzelheiten Konsulatswürde Chlodwigs:* Gregor von Tours, Zehn Bücher Geschichten, bearb. von R. Buchner, Darmstadt 1986, II, 38, S. 134/5. Die Edda, Übers. E. Genzmer, eingel. von K. Schier, 1984². – *Trojanische Abstammung der Franken:* C. Beaume, Naissance de la Nation France, Paris 1993 (1985), S. 25–74. – *Chronistennachricht:* Jahrbücher von Fulda, bearb. von R. Rau, in: Quellen zur Karolingischen Reichsgeschichte III, Darmstadt 1982. – *Gelehrte Kultur:* R. McKitterick (Hg.), The uses of literacy in early medieval Europe, Cambridge 1992; M. T., Clanchy, From memory to written record. England: 1066–1307, Oxford 1993²; P. Riché, Écoles et enseignement dans le haut Moyen Âge, Paris 1979; E. Auerbach, Mimesis. Dargestellte Wirklichkeit in der abendländischen Literatur. Bern und München 1977; V. H. Galbraith, The literacy of the medieval English kings, in: ders., Kings and chroniclers, London 1982; Gregor von Tours, Zehn Bücher Geschichte, a. a. O., V, 44; R. MicKitterick (Hg.), Carolingian culture: emulation and innovation, Cambridge 1994. – *Karl der Große:* Einhard, Leben Karls des Großen, bearb. von R. Rau, in: Quellen zur Karolingischen Reichsgeschichte I, Darmstadt 1980

(Zitate Kap. 25 und 29, S. 196/7 und 200/1). – *Heiliger Bonifatius:* R. R. Bolgar, The classical heritage and its beneficaries, Cambridge 1977, S. 106; M. Carruthers, The book of memory. A study of memory in medieval culture, Cambridge 1990; J. Bumke, Höfische Kultur. Literatur und Gesellschaft im hohen Mittelalter, München 1986, S. 14–16. – *Christianisierung der skandinavischen Völker:* O. Olsen, Le christianisme et les églises, in: Les vikings, S. 152–161 (Zitat v. S. 155); G. Jones, A history of the vikings, Oxford 1973, S. 285–288: R. G. Poole, Viking poems on war and peace, Toronto 1991, S. 26. – *Bekehrung Chlodwigs:* P. J. Geary, Le monde mérovingien, Paris 1989, S. 106–108. – *Christianisierung der baltischen Völker:* E. Christiansen, Le crociate del nord. Il Baltico e la frontiera cattolica, 1100–1525, Bologna 1983, S. 119. – *Bulgaren und Slawen:* F. Conte, Gli slavi. La civiltà dell' Europa centrale e orientale, Turin 1991; V. A. Fine, The early medieval Balkans. A critical survey from the sixth to the late twelfth century, Ann Arbor 1983, S. 113–131; I. Fadlan, Voyage chez les Bulgares de la Volga, Paris 1988, S. 73; C. E. Dubler, Abu Hamid el grandino y su relación de viaje por tierras eurasiàticas, Madrid 1953, S. 54–55. – *Islam:* F. Rosenthal, The classical heritage in Islam, London 1992; B. Lewis, Der Atem Allahs. Die islamische Welt und der Westen, in Kampf der Kulturen, Wien 1994; A. M. Watson, Agricultural innovation in the early islamic world, Cambridge 1983; D. R. Hill, A history of engineering in classical and medieval times, London 1984; ders. und A. Y. al-Hassan, Islamic technology. An illustrated history, Cambridge 1988; J. M. Millas Vallicrosa, Assaig d'història de des idees físiques i mathemàtiques a la Catalunya medieval, Barcelona 1983; S. al-Andalusi, Science in the medieval world. Book of the categories of nations, Austin 1991 (Zitate S. 11 und 32). – *Verwendung des indischen Zahlensystems:* J. D. Barrow, Pi in the sky. Counting, thinking and being, Oxford 1992, S. 92. – *Entwicklung der Bevölkerung und Rationalisierung:* C. M. Evedy und R. Jones, Atlas of World population history, London 1978; J. Cox Russell, Medieval regions and their cities, Newton Abbott 1972; P. Bairoch, De Jéricho à Mexico. Villes et économie dans l'histoire, Paris 1985 (vergleichende Zusammenstellung verschiedener Schätzwerte S. 668). – *Ausweitung des Handels:* R. S. López, La revolución comercial en la Europa medieval, Barcelona 1981. – *Technologischer Wandel:* L. White Jr., Medieval religion and technology, Berkeley 1986 (1978); A. Pacey, The maze of ingenuity. Ideas and idealism in the development of technology, Cambridge, Mass. 1992². – *Wirtschaftliches Wachstum:* A. Murray, Razón y sociedad en la Edad Media, Madrid 1982, S. 63; R. L. Benson u. a. (Hgg.), Renaissance and renewal in the twelfth century, Toronto 1991. – *Entdeckung:* L. White Jr., a. a. O., S. 219. – *Entstehung des Feudalwesens:* G. Duby, Die drei Ordnungen: das Weltbild des Feudalismus, Frankfurt 1981; ders., La société aux XIe et XIIe siècles dans la région maconaise, Paris 1971 (Zitat S. 481); P. Bonnassie u. a., Estructuras feudales y feudalismo en el mundo mediterráneo, Barcelona 1984; P. Toubert, Castillos, señores y campesinos en la Italia medieval, Barcelona 1990; P. Freedman, The origins of peasant servitude in medieval Catalonia, Cambridge 1991. – *«Revolution» um 1000:* G. Bois, Umbruch im Jahr 1000. Lournand bei Cluny – ein Dorf in Frankreich zwischen Spätantike und Feudalherrschaft, Stuttgart 1993. – *Katalanisches Beispiel:* L. To Figueras, El monestir de Santa Maria de Cervià i la pagesia: una anàlisi local del canvi feudal, Barcelona 1991. – *Rittertum:* J. Flori, L'essor de la chevalerie, XIe–XIIe siècles, Genf 1986; M. Keen, Chivalry, New Haven 1984; H. Chickering und T. H. Seiler (Hgg.), The study of chivalry. Ressources and approaches, Kalamazoo 1988; H. Delbruck, Medieval warfare (History of the art of war, III), Lincoln 1990; J. Bradbury, The medieval siege, Woodbridge 1992, S. 71 (Zitat aus der Historia Novella von William von Malmesbury, S. 76). – *«Gregorianische Reform»:* G. Tellenbach, Die westliche Kirche vom 10. bis zum frühen 12. Jahrhundert, Göttingen 1988; I. S. Robinson, The papacy, 1073–1198. Continuity and innovation, Cambridge 1990; C. Morris, The papal monarchy. The western church from 1050 to 1250, Oxford 1991. – *Einstellung zu Sexualität und Familie:* G. Duby, Ritter, Frau und Priester: Die Ehe im feudalen Frankreich. Frankfurt 1985; J. L. Flandrin, Un temps pour embrasser. Aux orignes de la morale sexuelle occidentale, VIe–XIe siècles, Paris 1983. – *«Gottesfrieden»:* T. Head und R. Landes (Hgg.), The peace of God. Social violence and religious response in France around the year 1000, Ithaca 1992. – *Erneuerung:* R. Hodges, Dark age economics, a. a. O. – *Aufschwung der Landwirtschaft im hohen Mittelalter:* La croissance agricole du haut Moyen Âge. Chronologie, modalités, géographie (= Flaran 10) 1990. – *Neue Bewirtschaftungsformen:* J. Guiliane (Hg.), Pour une archéologie agraire, Paris 1991; J. Langdon, Horses, oxen and technological innovation, Cambridge 1986; W. Rösener, Bauern im Mittelalter, München 1985; R. C. Hoffmann, Medieval origines of the common fields, in: W. N. Parker und E. L. Jones (Hgg.), European peasants and their markets, Princeton 1975, S. 23–75; L. Genicot, Rural communities in the medieval West, Baltimore 1990; A. Guarducci (Hg.), Agricoltura et trasformazione dell' ambiente, secoli XIII–XVIII, Florenz 1984; ders. (Hg.), Forme ed evoluzione del lavoro in Europa: XIII–XVIII secc., Florenz 1991, S. 41–53; E. Kerridge, The Common fields of England, Manchester 1992 (umstritten; betrachtet die Übernahme dieses Systems als «eines der wichtigsten Ereignisse der Geschichte der westlichen Welt», S. 128). – *Städte:* B. Cunliffe, Greeks, Romans and Barbarians. Spheres of interaction, London 1988; P. Sawyer, Early fairs and markets in England and Scandinavia, in: B. L. Anderson and A. J. H. Latham (Hgg.), The market in history, London 1986, S. 59–77; K. Rendsborg, The first millenium A.D. in Europe and the Mediterranean, Cambridge 1991, S. 82–119; N. Todorov, The Balkan city, 1400–1900, Seattle 1983. – *Schätzungen:* P. Bairoch, J. Batou und P. Châvre, La population des villes européennes de 800 à 1850, Genf 1988; Russell, Medieval regions and their cities, a. a. O., S. 235; P. D. Curtin, Cross cultural trade in world history, Cambridge 1984, S. 8–9. – *Vergleichender Überblick über die «Marktstädte»:* S. Kostof, The city assembled. The elements of urban form through history, London 1992, S. 92–102 (posthum erschienen). – *Asiatische Hafenstädte:* F. Broeze (Hg.), Bridges of the sea. Post cities of Asia from the 16th–20th centuries, Kensington 1989. – *Malakka:* L. F. Ferreira Reis Thomaz, The Malay sultanate of Melaka, in: A. Reid (Hg.), Southeast Asia in the early modern era, Ithaca 1993, S. 69–90; A. D. van der Woude u. a., Urbanization in history. A process of dynamic interactions, Oxford 1990.

Viertes Kapitel
Der Spiegel des Teufels

Europäische Abkapselung: R. I. Moore, The formation of a persecuting society, Oxford 1987. – *Kreuzzüge:* C. Erdmann: Die Entstehung des Kreuzzugsgedankens, Darmstadt 1980 (1935); J. Flori, «Une ou plusieurs ‹première croisade›», in: Revue Historique 285 (1991), S. 3–27. – *Inquisition:* H. C. Lea, Geschichte der Inquisition im Mittelalter, 3 Bde., Nürnberg 1987. – *Schlacht von Poitiers:* B. Lewis, Die Welt der Ungläubigen. Wie der Islam Europa entdeckte. Frankfurt am Main 1963, S. 26–28; ders., Der Atem Allahs, a. a. O. – *Christenbild der Mohammedaner:* W. M. Watt, Muslim-Christian encounters. Perceptions and misperceptions, London 1991; genannte Koranstellen: VI, 85 (Jesus als Prophet), XXI, 91 (Jungfräulichkeit Mariens), IX, 29 (Tributpflicht von Christen und Juden). – *Weltbild der Araber:* D. Bramon, El mundo en el siglo XII: el tratado de al-Zuhri, Sabadell 1991; A. al-Azmeh, «Barbarians in Arab eyes», in: Past and Present 134 (1992), S. 3–18. – *Einstufung der einzelnen Herrscher:* A. Wink, Al-Hind. The making of the Indo-Islamic. I. Early medieval India and the expansion of Islam, 7th–11th centuries, Leiden 1991, S. 226. – *Berichte mohammedanischer Weltreisender:* B. Lewis, Der Atem Allahs, a. a. O., S. 89–113; Ibn Yubadir, A tráves del Oriente. El siglo XII ante los ojos. Rihla, Barcelona 1988 (Zitat S. 336 u. 376); Ibn Battuta, Reisen ans Ende der Welt 1325–1353. Das größte Abenteuer des Mittelalters, hg. v. H. D. Leidt, Tübingen und Basel 1974, S. 35 ff., Ibn Chaldun, Le voyage d'Occident et d'Orient, hg. von A. Cheddadi, Paris 1980; Histoire anonyme de la Première Croisade, ed. L. Brehier, Paris 1964 (Zitat S. 216/7). – *Wechselbeziehung zwischen landwirtschaftlicher Revolution, Urbanisation und kultureller Entwicklung:* A. M. Watson, Agricultural innovation in the early Islamic world, Cambridge 1983. – *Entwicklung der Textilindustrie:* M. Lombard, Les textiles dans le monde musulman, VIIᵉ–XIIᵉ siècles, Paris, Den Haag 1978. – *Kultur:* M. J. L. Young, J. D. Latham und R. B. Sergeant (Hgg.), Religion, learning and science in the Abbasid period, Cambridge 1990; A. A. Duri, The rise of historical writing among the Arabs, Princeton 1983. Ibn Chaldun, Discours sur l'histoire universelle. Al-Muqaddima, übers. von V. Monteil, Paris 1978, I, S. 69. – *Eroberung und Assimilation:* M. Lombard, L' Islam dans sa première grandeur, Paris 1971; I. M. Lapidus, A history of islamic societies, Cambridge 1988 (Zitat S. 251); S. Vryonis Jr., The decline of medieval hellenism in Asia Minor and the process of islamization from the eleventh through the fifteenth century, Berkeley 1971. – *Handel:* E. Ashtor, Levant trade in the later middle Age, Princeton 1983; Ibn Yubair, Reisen ans Ende der Welt, a. a. O., S. 336. – *Byzanz:* A. P. Kazhdan und A. W. Epstein, Change in byzantine culture in the eleventh and twelfth centuries, Berkeley 1985; Condorcet zit. nach: Almanach antisuperstitieux, Paris 1992, S. 98 (Originaltext um 1774); Zitat von E. R. A. Sewter aus seiner Einführung zur Übersetzung von M. Psellus, Fourteen byzantine rulers, Harmondsworth 1966. – *Unkenntnis der klassischen Kultur in Westeuropa:* E. Curtius, Europäische Literatur und lateinisches Mittelalter, Bern 1954². – *Ostkirche:* D. Sinor (Hg.), The Cambridge history of early inner Asia, Cambridge 1990 (Zitat S. 266); R. Grousset, Histoire des croisades et du royaume franc de Jérusalem, Paris 1991 (1934–1936), III, S. 562–727; G. Frowden, Empire to commonwealth, Princeton 1993; L. Gumilev; La búsqueda de un reino imaginario. La leyenda del Preste Juan, Barcelona 1993; M. Taube (Hg.), Geheime Geschichte der Mongolen. Herkunft, Leben und Aufstieg Cinggis Qans, München 1989. – *Einzug in Damaskus:* B. Lewis, Der Atem Allahs, a. a. O.; C. Morris, The papal monarchy, a. a. O., S. 339–344; S. Menache, The Vox Dei. Communication in the Middle ages, New York 1990. – *«Reaktion des Volkstums»:* J. Le

Goff, «Culture cléricale et traditions folkloriques dans la civilisation mérovingienne», in: Annales 22 (1967), S. 780–791; H. Fichtenau, Lebensordnungen des 10. Jahrhunderts, 2 Bde., Stuttgart 1984. – *Ketzertum:* M. Lambert, Ketzereien im Mittelalter, a. a. O.; die einschlägige Literatur ist äußerst umfangreich. – *Joachim von Fiore und Joachimitismus:* M. Reeves, The influence of prophecy in the later Middle Ages. A study in Joachimism, 1969. – *Jahrtausendwende, Ende der Welt:* B. McGinn, Visions of the end. Apocalyptic traditions in the Middle Ages, New York 1979. – *Humiliaten und Waldenser:* L. K. Little, Religious poverty and the profit economy in medieval Europe, Ithaca 1978; B. Bolton, Innocent IIIs treatment of the ‹humiliati›, in: Popular belief and practice, S. 73–82; E. Cameron, The reformation of the heretics. The waldenses of the Alps, 1480–1580, Oxford 1984; N. Cohn, Europe's inner demons, London 1993, S. 51–61; Zitate aus Guibert de Nogent, Memoiren (III, Kap. 17) bei J. F. Benton, Self and society in medieval France, Toronto 1989, S. 212/3. – *Bogomilen:* D. Angelov, Il bogomilismo. Un'eresia medievale bulgara, Rom 1979; B. Primov, Les bougres. Aux sources du catharisme, Paris 1976 (1925). – *Katharer:* J. Duvernoy, Le catharisme, 3 Bde., Toulouse 1979–1986; ders., L'histoire des cathares, Toulouse 1986; ders., Les cathares en Languedoc, Toulouse 1989 (1968); ders., Inquisition à Pamiers, Toulouse 1986 (Zitate S. 36, 61, 107, 126); R. Nelli, Ecrivains anticonformistes du Moyen-Âge occitan: Hérétiques et politiques, Paris 1977 (Zitat S. 40); außerdem verschiedene Bände der Cahiers de Fanjeaux, speziell Nr. 20, Effacement du catharisme? (XIIIe–XIVe s.), Toulouse 1985; J. R. Strayer, The Albigenian crusade, Ann Arbor 1992 (1971) (Zitat S. 76) (mit einem ausgezeichneten neuen Epilog von C. Lansing); E. Martin-Chabot, Chanson de la croisade albingeoise, Paris 1989, S. 536; M. Aurell, La vielle et l'épée. Troubadours et politique en Provence au XIIIe siècle, Paris 1989, S. 51–58 und passim. Zitate von Peire Cardenal, nicht jedoch ihre Interpretation, aus: M. de Riquer, Los trovadores. Historia literaria y textos, Barcelona 1983, III, S. 1500–1514. – *Vorstellungen vom Jenseits:* J. Le Goff, Die Geburt des Fegefeuers, München 1990. – *Judentum:* aus der äußerst umfangreichen Literatur werden zitiert: S. B. Bowman, The Jews of Byzantium, 1204–1453, Alabama 1985 (S. 177); J. Delumeau, Angst im Abendland: Die Geschichte kollektiver Ängste im Europa des 14. bis 18. Jahrhunderts, Reinbek bei Hamburg 1985; N. Roth, Maimonides as Spaniard: national consciousness of a medieval jew, in: Maimonides. Essays and texts, 850th anniversary, Madison 1985, S. 139–153. – *Prozesse von Juden gegen christliche Wucherer:* L. Rubio Garcia, Los judíos de Murcia en la baja Edad Media, 1350–1500,

Mucia 1992, S. 46–48. – *Ritualmorde:* R. Po-Chia Hsia, The myth of ritual murder, New Haven 1988; ders., Trent 1475. Stories of a ritual murder, New Haven 1992. – *Texte aus dem Mittelalter und der beginnenden Neuzeit:* Selomoh ibn Verga, La vara de Yehudah, Barcelona 1991; Abraham ben David, Sefer ha-Kabalah: Libro de la tradición, Valencia 1972; Sant Vicens Ferrer, Sermons, Barcelona 1932–1988 (Zitat aus III, S. 14).

Fünftes Kapitel
Der Spiegel des Bauern

«Krise» des späten Mittelalters: es gibt eine schier unerschöpfliche Literatur zum Thema, umfangreiche Literaturangaben in folgenden Werken: F. Graus, Das Spätmittelalter als Krisenzeit, Mediaevalia Bohemica, I, 1, Prag 1969; F. Seibt und W. Eberhard (Hgg.), Europa 1400. Die Krise des Spätmittelalters, Stuttgart 1984; J. Day, Crises and trends in the late Middle Ages, in: The medieval market economy, Oxford 1987; Ausiàs March, Zitat 6, V, 33–36. – *Pest:* J. Biraben, Les hommes et la peste en France et dans les pays européens et méditerranéens, Paris, Den Haag 1975; G. Villani, Cronica. Con de continuazioni di Matteo e Filippo, Ausgabe von G. Aquilecchia, Turin 1979, S. 287–288 (Erdbeben S. 196–198, Finanzkrise S. 273–275). – *Soziale Krise in Italien:* L. Martines (Hg.), Violence and civil disorder in Italian cities, 1200–1500, Berkeley 1972, S. 351–353. – *Potenze:* C. Trexler, Public life in Renaissance Florence, Ithaca 1991 (1980). – *Bauwesen und Repräsentation:* R. A. Goldthwaite, The building of Renaissance Florence. An economic and social history, Baltimore 1990 (1980), S. 425; Bibelzitat: 2. Petrus-Brief, 13; N. Macchiavelli, Geschichte von Florenz, in: Gesammelte Schriften, Bd. 4, München 1925, Drittes Buch, S. 150 ff.; Savonarola, Sermons, écrits politiques et pièces du procès, ed. J. L. Fournel und J. C. Zancarini, Paris 1993 (Zitat aus dem «Traktat über die Art und Weise, die Stadt Florenz zu leiten und zu regieren», III, 1; in der genannten Ausgabe S. 172). – *England:* S. Campbell (Hg.), Before the Black Death. Studies in the ‹crisis› of the early fourteenth century, Manchester 1991; L. R. Poos, A rural society after the Black Death, Essex, 1350–1525, Cambridge 1991; C. Dyer, Lords and peasants in a changing society. The estates of the bishopric of Worcester 680–1540, Cambridge 1980; R. H. Hilton, Class conflict and the crisis of feudalism, London 1990; A. R. Bridbury, Medieval English Clothmaking, London 1982; ders., The English economy from Bede to the Reformation, Woodbridge 1992; R. N. Swanson, Church and society in late medieval Eng-

land, Oxford 1989; M. Mate, «The economic and social roots of medieval popular rebellion: Sussex in 1450–1451», in: Economic History Review 45 (1992), S. 661–676. – *Jagdrechte und Volksauf-stände:* R. B. Manning, Hunters and poachers, Oxford 1993, S. 57–58. – *Hussiten:* F. Smahel, «The idea of nation in hussite Bohemia», in: Historica 17 (1969), S. 93–197; S. Bylina, Le mouvement hussite devant les problèmes nationaux, in: D. Loades und K. Walsh (Hgg.), Faith and identity: Christian political experience, Oxford 1990, S. 57–67. – *Bauernkrieg:* empfehlenswert: T. Scott, «The Pea-sant's war: a historiographical review», in: Historical Journal 22 (1979), S. 693–720 und S. 963–974. – *Hans Beham:* R. Wunderli, Peasant fires. The drummer of Niklashausen, Bloomington 1992; ferner die Sammelbände herausgegeben von P. Blickle und T. Scott sowie R. Scribner und J. Stayer. – *Ursprünge der Reformation:* R. Po-Chia Hsia (Hg.), The German people and the reformation, Ithaca 1988; A. Pettegree, The early reformation in Europe, Cambridge 1992; H. A. Obermann, The dawn of the reformation, Edinburgh 1992; J. Macek, La riforma populare, Florenz 1973 (hieraus die An-gaben zum Tode Hutters); G. H. Williams, La reforma radical, Me-xiko 1963; Anthologie von M. G. Baylor (Hg.), The radical refor-mation, Cambridge 1991. – *Dürer:* das von Dürer entworfene Pro-jekt zum Denkmal für einen toten Bauern wurde als Ausdruck des Spotts gewertet (E. Panofsky, Vida y arte de Alberto Durero, Ma-drid 1989, S. 243), was die Unkenntnis seiner Beziehung zu den im Bauernkrieg kämpfenden Zeitgenossen unterstreicht; J. Hutchin-son, Albrecht Dürer, A biography, Princeton 1990, S. 181–182; L. Vives, Tratado del socorro de los pobres, hg. von P. Carasa, Madrid 1992; ders., De la comunidad de los bienes, in: W. Gonzalez-Oli-veros, Humanismo frente a comunismo, Valladolid 1937. – *Satiri-sche und volkstümliche Darstellungen in der mittelalterlichen Kunst:* M. Camille, Images on the edge. The margins of medieval art, London 1992; C. Gaignebet und J. D. Lajoux, Art profane et religion popu-laire au Moyen Âge, Paris 1985. – *Literatur:* R. H. Bloch, The scan-dal of the fabliaux, Chicago 1986; L. Lazzerini, Il testo trasgressivo. Testi marginali, provocatori, irregolari dal medioevo als cinque-cento, Mailand 1988; R. Wolf-Bonvin; La chevalerie des sots, Paris 1990. – *Feste:* J. Heers, Carnavales y fiestas de locos, Barcelona 1988. – «*Volkskultur*»: allgemein das bereits zitierte Werk von H. Fichtenau; M. Bajitin, La cultura popular es la Edad Media y en el Renacimiento. El contexto de François Rabelais, Barcelona 1971; J. A. Gurjewitsch, Das Weltbild des mittelalterlichen Menschen, München 1989; ders., Mittelalterliche Volkskultur, München 1992; ders., Historical anthropology of the Middle Ages, Cambridge

1992; P. Spierenbug, The broken spell. A cultural and anthropologi-
cal history of preindustrial Europe, New Brunswick 1991; Sammelbände von C. J. Cumin und D. Baker und von S. L. Kaplan. – *Rabelais:* neben L. Febvre und Bajitin: M. Lazard, Rabelais. L'humani-
ste, Paris 1993. – *Dichtung:* Fabiaux in: L. Rossi und W. Straub (Bearb.), Aucassin et Nicolette, hg. von J. Dufournet 1973; Maitre
Pierre Pathelin, ed. J. Dufournet 1986; Trubert nach R. Wolf-Bonvin, Les evangiles des quennouilles, hg. von J. Lacarrière, Paris
1987; Farces du Moyen Âge, hg. von A. Tissier, Paris 1984; das Zitat aus Le Roman de Renart, hg. von H. Jauss-Meyer, München
1965, Branche IX, 311–317; das von N. Macchiavelli aus: Dell' asino
d'oro, in: Gesammelte Schriften, Bd. 2, V, 139–141, München 1925.
F. Rabelais: die angeführten Texte stammen aus: Gorgantua und
Pantagruel, hg. von G. Regis, Darmstadt 1964, S. 11 u. 267; Verse
von P. de Ronsart, Œuvres completes, hg. von J. Céard, D. Ména-
ger u. M. Simonin, Paris 1974, S. 997. – *Bruegel:* die kritisierte Interpretation von M. Mullet; H. Frank, «An interpretation of Land
of Cockaigne (1567) by Pieter Bruegel the Elder», in: The sixteenth
century journal 22 (1991), S. 299–329.

Sechstes Kapitel
Der Spiegel des Hofes

Zu bäuerlichen Unruhen: H. Ylikangas, «The historical connection
of European peasant revolts», Scandinavian Journal of History, 16
(1991), S. 85–104; J. Jacquart, «Léchec des réstistance paysanes», in:
G. Duby und A. Wallon (Hgg.), Histoire de la France rurale, Paris
1992 (1975), II, S. 312–341; P. Blickle, Unruhen in der städtischen
Gesellschaft 1300–1800, München 1988, S. 13. – *Häufigkeit von Unruhen:* F. Rapp, Les origines médiévales de l'Allemagne moderne,
Paris 1989, S. 332. – *Zur Hexenverfolgung:* J. Bodin, De la démono-
manie des sorciers, Paris 1580 (Nachdruck Hildesheim 1988); J.
Spranger, H. Institoris, Der Hexenhammer (Mallus maleficarum)
1982 (1487); W. Andersen, «‹Os vulvae› in ‹Proverbs› and in the
Malleus Maleficarum», in: History of European Ideas, 14 (1992),
S. 715–722: R. Muchembled, Société et mentalités dans la France
moderne, XVIᶜ–XVIIIᶜ siècle, Paris 1990, S. 110–111; E. G. Leo-
nard, Mon village sous Louis XV, d'après les mémoires d'un Pay-
san, 1984 2, S. 236. – *Zum Bischof von Nîmes:* F. Bethencourt, O
imaginário da magia. Feiticeiras saludadores e nigromantes no sé-
culo XVI, Lissabon 1987, S. 258–260; A. Th. van Deursen, Plain
lives in a golden age. Popular culture, religion and society in seventeenth century Holland, Cambridge 1991, S. 241–253; Padre Garau,

La fe triunfante, Ausgabe von L. Muntaner, Palma de Mallorca, 1984, S. 51. – *Zu den Morisken auf Mallorca:* L. Perez, L. Muntaner, M. Colom (Hgg.), El tribunal de la inquisición en Mallorca. Relación de causas de fe, 1578–1806, I, Palma de Mallorca 1986, S. 4 (Urteil); M. Colom, La inquisició a Mallorca, 1488–1578, Barcelona 1992. – *Zu den granadinischen Mauren nach 1492:* A Galán Sanchez, Los mudejares del Reino de Granada, Granada 1991, S. 322–328; das Zitat von M. Cervantes stammt aus Novellen, in: Gesamtausgabe in 4 Bde., Bd. 2, Stuttgart 1970. «Gespräch zwischen Cipión und Berganza. – *Zur Inqisition:* M. Escamilla-Colin, Crimes et chàtiments dans l'Espagne inquisitoriale, Paris 1992, 2 Bde. – *Zu Deutschland:* R. Po-Chia Hsia, Social discipline in the Reformation. Central Europe 1550–1750, London 1989: Th. Robisheaux, Rural society and the search for order in early modern Germany, Cambridge 1989, S. 90; D. W. Sabean, Das zweischneidige Schwert. Herrschaft und Widerspruch im Württemberg der Frühen Neuzeit, Berlin 1986. – *Zu England:* G. R. Elton, Policy and police, Cambridge 1972; S. Doran, C. Durston, Princes, pastors and people. Popular religion in England 1529–1689, London 1991. – *Zu Frankreich:* R. Briggs, Communities of belief. Cultural and social tension in early modern France, Oxford 1989, S. 381; D. Crouzet, Les guerriers de Dieu. La violence au temps des troubles de réligion (vers 1525–vers 1610), Seyssel 1990, I, S. 114; L. Chàtellier, La réligion des pauvres. Les missions rurales en Europe et la formation du catholicisme moderne, XVIe–XIXe siècle, Paris 1993. – *Zu Spanien:* P. Saavedra, A vida cotiá en Galicia de 1550–1850, Santiago, 1992, S. 179; H. Kamen, The Phoenix and the flame. Catalonia and the counter reformation, New Haven 1993; S. T. Nalle, God in La Mancha. Religious reform and the people of Cuenca, 1500–1650, Baltimore 1992; W. A. Christian Jr., Local religion in sixteenth-century Spain, Princeton 1989; F. Ortiz, Historia de una pelea cubana contra los demonios, La Habana 1975, S. 129 (Exorzismus von 15 Millionen Teufeln). – *Zur Inflation des Totenkultes:* A. Guerrero Mallo, Familia y vida cotidiana de una élite de poder. Los regidores madrileños en tiempos de Felipe II, Madrid 1993, S. 375–389; F. Martínez Gil, Muerte y sociedad en la España de los Austrias, Madrid 1993, S. 57, 67, 417–479 u. 640–650. – *Zur Gotteslästerung in Frankreich:* E. Belmas, «La montée des blasphème à l'age Moderne du Moyen Âge au XVIIe siècle», in: J. Delumeau (Hg.), Injures et blasphèmes, Paris 1989, S. 13–33. – *Zur Geschichte der Beichte:* J. Delumeau, La péché et la peur. La culpabilisation en Occident, XIIIe–XVIIIe siècles, Paris 1983; ders., L'aveu et le pardon. Les difficultés de la confession, XIIIe–XVIIIe siècle, Paris 1990; J. T.

McNeill, H. M. Gamer, Medieval handbook of penance. A translation, New York 1990 (1938); G. Sivery, Terroirs et communautés rurales dans l'europe occidentale au Moyen Âge, Villneuve-d'Asq 1990, S. 206–207; A. R. Jonsen, S. Toulmin, The abuse of casuistry. A history of moral reasoning. Berkeley 1988; M. de Azpilcueta, Manual de confesores y penitentes, Saragossa 1555; J. de Corella, Práctica del confesionario, Madrid 1743 (1687); A. Arnauld, Œuvres, Paris 1775 (Nachdruck Brüssel 1964–1967), 1779, XXIII, S. I–V; C. A. Sainte Beuve, Port-Royal, Paris 1952 (1840–1859), I, · S. 634–635; J. Gavarri, Noticias singularísimas . . . de las preguntas necesarias que deven hazer los padres confesores con las persona que oyen de confesiòn, Barcelona 1677. – *Zur Sakralisierung der Familie und zur Kriminalisierung der Sexualität:* A. Farge, M. Foucault (Hg.), Familiäre Konflikte. Die «lettres de Cachet» aus den Archiven der Bastille im 18. Jahrhundert, Frankfurt 1989; P. Laslett, K. Oosterveen, R. M. Smith (Hgg.), Bastardy and its comparative history, London 1980; R. Davenport-Hines, Sex, death and punishment, London 1990; R. P. Maccubbin (Hg.), 'tis nature's fault. Unauthorized sexuality during the Enlightment, Cambridge 1987; L. Hunt (Hg.), The invention of pornography. Obscenity and the orgins of modernity, 1500–1800, New York 1983. – *Zur Sexualität der Landbevölkerung:* J. L. Flandrin, Les amours paysannes, Paris 1975; G. R. Quaife, Wanton wenches and wayward wives. Peasants and illicit sex in early seventeenth century England. London 1979; J. M. Phayer, Sexual liberation and religion in ninteenth century Europe, London 1977; J. Liliequist, «Peasants against nature: crossing the boundaries between man and animal in seventeenth and eighteenth-century Sweden», in: L. C. Fout (Hg.), Forbidden history. The state, society and the regulation of sexuality in modern Europe, Chicago 1992, S. 57–87; E. P. Thompson, «The sale of wives», in: ders., Customs in common, London 1991, S. 404–466; R. Canosa. La restaurazione sessuale, Mailand 1993. – *Zur «moralisierenden» Funktion der Medizin:* A. Comfort, The anxiety makers, London 1968; J. Stengers, A. van Neck, Histoire d'une grande peur: la masturbation, Brüssel 1984; F. Mort, Dangerous sexualities. Medico-moral politics in England since 1830, London 1987. – *Zur Prostitution in Paris:* E.-M. Benabou, La prostitution et la police des moeurs au XVIIIe siècle, Paris 1987. – *Zur höfischen Kultur und Gesellschaft:* H. P. Duerr, Der Mythos vom Zivilisationsprozeß, Frankfurt 1988–1993, I: Nacktheit und Scham (Kritik an Norbert Elias); J. Bumke, Höfische Kultur. Literatur und Gesellschaft im hohen Mittelalter, 2 Bde., München 1986; A. Scaglione, Knights at court. Courtliness, chivalry and courtesy from Ottonian

Germany to the Italian Renaissance, Berkeley 1991; G. Hanlon, L'univers des gens de bien. Culture et compartements des élites urbaines en Agenais-Condomois au XVIIe siècle, Talence 1989. – *Zum Kampf gegen die Volkskultur:* P. Burke, Helden, Schurken und Narren in der frühen Neuzeit, München 1985. – *Zur «Grammatikalisierung» der Vulgärsprachen:* S. Auroux, Histoire des idées linguistiques, II: Le developpement de la grammaire occidentale, Lüttich 1992; P. Burke, Küchenlatein, Sprache und Umgangssprache in der frühen Neuzeit, Berlin 1989; ders., Reden und Schweigen. Zur Geschichte sprachlicher Identität, Berlin 1994; J.Sempere y Guarinos, Reflexiones sobre el buen gusto en las ciencias y en las artes, Madrid 1782 (Neudruck Madrid 1929), S. 207, 227 u. 228; D. Trudeau, Les inventeurs du bon usage, 1529–1647, Paris 1992; M. Schwob, Etudes sur l'argot français, Paris 1989 (1889); R. Queneau, Striche, Zeichen und Buchstaben, München 1990, S. 50; F. de Malherbe, «A la reine sur les heureux succez de sa regence, V. 147; B. d. Verville (= F. Bronart), Le moyen de parvenir, in der Ausgabe von I. Zinguer, Nizza 1985. – *Zur Renaissance:* E. Garin, Scienza e vita civile nel Rinascimento italiano, Bari 1965; ders., Umanisti, artisti, scienzati, Rom 1989. – *Zur mittelalterlichen Magie:* B. Easlea, Witch-hunting, magic and the new philosophy, Brighton 1980; P. Curry, Prophecy and power. Astrology in early modern England, Princeton 1989; E. M. Butler, The myth of the magus, Cambridge 1983 (1948), S. 16; P. Rossi, F. Bacone, Dalla magia alla scienza, Turin 1974^2, S. XXVI; A. Banfi, Galileo e suor Maria Celeste, Mailand 1965, S. 37; G. Galileo, Schriften, Briefe, Dokumente, Bd. 2, Briefe o. O. 1987 – J. Millé, El horóscopo de Lope de Vega, Buenos Aires 1927, S. 12. – *Theologie und Alchemie bei Newton:* R. S. Westfall, Never at rest. A biography of Isaac Newton, Cambridge 1980, S. 281–334; A. R. Hall, Isaac Newton. Adventurer in thought, Oxford 1992, S. 239–242, 372–374 und 381–386; J. M. Keynes, Essays in biography, London 1933. – *Alternative Möglichkeiten:* E. Garin, Dal Rinascimento all' Illuminismo, Pisa 1970; J. G. A. Pocock, The Macchiavellian moment. Florentine political thought and the Atlantic republican tradition, Princeton 1975. – *Juden in den Niederlanden:* J. I. Israel, European Jewry in the age of mercantilism, 1550–1750, Oxford 1985; R. Barnett und W. Schwab (Hg.), The Sephardi heritage. Essays on the history and cultural contribution of the Jews of Spain and Portugal, II: The Western Sephardim, Grendon 1989. – *Sabbatai Zwi:* G. Scholem, Sabbatai Zwi. Der mystische Messias, Frankfurt 1992.

Siebtes Kapitel
Der Spiegel des Wilden

Darstellung der vier Erdteile: A. Pilger, Barockthemen. Eine Auswahl von Verzeichnissen zur Ikonographie des 17. und 18. Jahrhunderts, Budapest 1974², 3 Bde., II, S. 521–523; R. van Straten, Einführung in die Ikonographie, Berlin 1989, S. 41–48; C. Ripa, Iconologia, Ausgabe von P. Buscaroli, Turin 1987 (1593), 2 Bde. – *Ge-
schenke an den Papst:* F. Lach, Asia in the making of Europe, Chicago 1965–1977, 2 Bde. in 5 Teilbänden, II, 1, S. 135–172; M. Mas-
sing, «The quest for the exotic: Albrecht Dürer in the Nether-
lands», in: J. A. Levenson (Hg.), Circa 1492. Art in the age of ex-
ploration, New Haven 1991, S. 115–119. – *Europäische Christenheit:*
M. E. Yapp, «Europe in the Turkish mirror», Past and Present,
Nr. 137 (1992), S. 134–155. – *Wilder Mann:* C. Gaignebet und J.-D.
Lajoux, Art profane et religion populaire au Moyen Âge, Paris
1985, S. 90–136; R. Bartra, El salvaje en el espejo, Mexiko 1992; G.
H. Gossen u. a., De palabra y obra en el Nuevo Mundo. 3: La for-
mación de otro, Madrid 1993; L. Meek, Social science and the igno-
ble savage, Cambridge 1976; Chretien de Troyes, Yvain, der Löwenritter, hg. v. J. Notting-Hauff, München 1962, S. 28 f., V. 288–
289; Giovanni Battista della Porta, Della fisonomia dell' uomo,
Parma 1988 (1586), S. 102. – *Versklavung der Eingeborenen:* R. Rodri-
guez Molas, Los sometidos de la conquista. Argentina, Bolivia, Pa-
raguay, Buenos Aires 1985; N. D. Cook und W. G. Lovell (Hg.),
‹Secret judgements of God›. Old World disease in colonial Spanish
America, Norman 1991; F. B. de Las Casas, Apología, Ausgabe
von A. G. Losada, Madrid 1975, S. 61 und S. 142; P. M. d'Anghiera,
De orbe novo decades, Alcalà 1516, Buch II; A. Bernáldez, Memo-
rias de reinado de los Reyes Católicos, Madrid 1962, S. 301; J. de
Villagutierre Soto-Mayor, Historia de la conquista de Itzá, Madrid
1985 (1701), S. 65; V. M. Godinho, Mito e mercadiria, utopia e pra-
tica de navigar, Lissabon 1990, S. 95; Luis de Camoes, Die Lusiaden, hg. v. O. Freiherr v. Taube, Darmstadt 1925, Gesang VII, I, V.
7–8 und XIV, V. 3 und 7; R. Himmerich y Valencia, The Econo-
mendero of New Spain, 1521–1555, Austin 1991, S. 104. – *Engländer,
Franzosen und Holländer:* P. Boucher, Cannibal encounters. Europeans and Islands Caribs, 1492–1763, Baltimore 1992; die Erzählungen von C. Mather bei A. T. Vaughan und E. W. Clark (Hg.), Puri-
tans among the indians. Accounts of captivity and redemption,
1676–1724, Cambridge, Mass. 1981, S. 136–144; T. Silver, A new
face on the countryside. Indians, colonists, and slaves in South Atlantic forests, 1500–1800, Cambridge 1990; T. G. Jordan und M.

Kaups, The American backwoods frontier. An ethnic and ecological interpretation, Baltimore 1992; R. White, The middle ground. Indians, empires, and republics in the Great Lakes region, 1650–1815, Cambridge 1991; F. Jennings, The ambigious Iroquois empire, New York 1984; R.Bartlett, The new country. A social history of the American frontier, 1776–1890, New York 1974. – *Wilder Westen:* W. Whitman, «A Broadway pageant», 2, V. 38–44. – *Lynch-Justiz:* E. M. Beck und S. E. Tolnay, «A season for violence. The lynching of blacks and labor demand in the agricultural production cycle in the American south», International Review of Social History, 37 (1992), S. 1–24. – *Brasilien:* J. Hemming, Amazon frontier. The defeat of the Brazilian indians, London 1987; M. de Montaigne, Essais, I, xxxi («Des cannibales»). – *«Ozeanische Paradise»:* O. H. K. Spate, The Pacific since Magellan, London 1979–1988, 3 Bde., III, S. 211; M. Sahlins, Inseln der Geschichte, Hamburg 1992; ders. und P. V. Kirch, Anahulu. The anthropology of history in the Kingdom of Hawaii, 2 Bde., Chicago 1992; A. Salmond, Two worlds. First meetings between Maori and Europeans, 1642–1772, Honolulu 1991; P. Gauguin, Noa Noa, München 1993 (1893); Voltaire, Essai sur les moers et l'esprit des nations, Kap. CXLI, «Des Découvertes des Portugalais»; Montesquieu, Mes pensées, 1935; ders., De l'esprit des lois, XV, 5; J. Boswell, Dr. Samuel Johnson: Leben und Meinungen. Mit dem Tagebuch einer Reise nach den Hebriden, hg. v. F. Göttinger, S. 503, Zürich 1990; G.-L. Buffon, Histoire naturelle, Paris, 1769, V, S. 285–286; dazu J. Roger, Buffon, Paris 1989, S. 236–247. – *«Natürliche» Minderwertigkeit Amerikas:* A. Gerbi, La disputa del nouvo mundo, Mailand 1983. – *Entstehung des Rassismus:* F. Boas, Kultur und Rasse, Berlin 1922; ders., Race, language, and culture, New York 1961[7]; R. Miles, Rassismus, Hamburg 1991 (mit ausführlicher Bibliographie); Y. Benot, La démence coloniale sous Napoléon, Paris 1992, S. 89 (Napoleon-Zitat). – *Kulis:* J. Breman und E. V. Daniel, «Conclusion: The making of a coolie», Journal of Peasent Studies, 19 (1992), S. 268–295.

Achtes Kapitel
Der Spiegel des Fortschritts

Geistige Konsequenzen der Entdeckungen: D. F. Lach, Asia in the making of Europe, 2 Bde. in 5 Teilbänden, Chicago 1965–1977; A. Grafton, New worlds, ancient texts. The power of tradition and the shock of discovery, Cambridge, Mass. 1992; R. Descartes, Abhandlungen über die Methode, in: Ausgewählte Schriften, hg. v. G. Irrlitz, Leipzig 1980; Montesquieu, L'esprit des lois, XVIII, 8;

A. Pagden, Europaen encounters with the New World, New Haven 1993, S. 118. – *Erfindung des Fortschritts:* D. Spadafora, The idea of progress in eighteenth-century Britain, New Haven 1990; J. Bowler, The invention of progress. The Victorians and the past, Oxford 1989. – *Geschichte der Anthropologie:* G. W. Stocking Jr., Victorian anthropology, New York 1987, S. 233. – *Britische «Aneignung» der Geschichte Indiens:* B. S. Cohn, «Cloth, clothes and colonialism. India in the nineteenth century», in: A. B. Weiner und J. Schneider (Hg.), Cloth and human experience, Washington 1889, S. 303–353, Zitat S. 321. – *Deterministische Geschichtsauffassung:* M. Serres (Hg.), Éléments d'histoire des sciences, Paris 1989, S. 346–348; I. Hakking, The taming of chance, Cambridge 1990; W. Benjamin, Das Passagen-Werk, Frankfurt 1983, 2 Bde.; J. Bowler, The eclipse of darwinism, Baltimore 1983, S. 34; A. R. Wallace, Der Malayische Archipel, Frankfurt 1983. – *Maschinen und Fortschritt:* M. Adas, Machines as the measure of men. Science, technology, and ideologies of western dominance, Ithaca 1989. – *Industrialisierung als Revolution der Energie:* E. A. Wrigley, Continuity, chance and change. The character of the industrial revolution in England, Cambridge 1988. – *Technikgeschichte:* B. Cotterell und J. Kamminga, Mechanics of pre-industrial technology. An introduction to the mechanics of ancient and traditional material culture, Cambridge 1990, S. 214 ff. – *Schubkarre:* A. Pacey, Technology in world civilization, Cambridge, Mass. 1990. – *Ausbeutung der Natur:* C. J. Glacken, Traces on the Rhodian shore. Nature and Culture in Western thought from ancient times to the end of the 18th century. Berkeley 1990 (1967); L. Schele und D. Freidel, a forest of kings. The untold story of the ancient Maya. New York 1990, S. 96–97. – *Asien:* V. M. Godinho, Mito e mercadoria, utopia e prática de navegar, séculos XIII–XVIII, Lissabon 1990, S. 339; K. N. Chaudhuri, Trade and civilization in the Indian Ocean, Cambridge 1985; M. A. P. Meiling-Roelofsz, Asian trade and European influence in the Indonesian archipelago between 1500 and about 1630; S. Subrahmanyam, The political economy of commerce: southern India, 1500–1650, Cambridge 1990, S. 366; A. Reid, Southeast Asia in the age of commerce, 1450–1680, I: The lands below the winds (dazu Rezension von C. Geertz in New York Review of Books, 16. Februar 1989, S. 28–29), II: Expansion and Crisis, New Haven 1988–1993; ders. (Hg.), Southeast Asia in the early modern era, Ithaca 1993; Jacques Gernet, Die chinesische Welt: die Geschichte Chinas von den Anfängen bis zur Jetztzeit, Frankfurt 1987; D. Lombard, Le carrefour javanais. Essai d'histoire globale, Paris 1990, 3 Bde., III, S. 152; P. W. Klein, «The China seas and the world economy between the sixteenth and nineteenth centuries: the changing structures of trade», in: C. L. Holt-frerich (Hg.), Interactions in the world economy, New York 1989, S. 61–89; W. S. Atwell, «International bullion flows and the Chinese economy circa 1530–1650», Past and Present, Nr. 95 (1982), S. 68–90. – *Opiumverbrauch in Großbritannien:* V. Berridge and G. Edwards, Opium and the people. Opiate use in the nineteenth century England, London 1981. – *Europäisches Asien-Konzept:* K. N. Chaudhuri, Asia before Europe. Economy and civilization of the Indian Ocean from the rise of Islam to 1750, Cambridge 1990, S. 22–23; UNESCO-Text zitiert nach C. Levi-Strauss, Race et histoire, Paris 1987, S. 22–23. – *Erfindung des Orients:* E. Said, Orientalismus, Frankfurt 1981; B. Lewis, Der Atem Allahs, a. a. O.; T. Hentsch, L'orient imaginaire. La vision politique occidentale de l'Est méditerranéen, Paris 1988; B. H. Beck, From the rising sun. English images of the Ottoman empire to 1715, New York 1987; Anthony Sherley ist zitiert nach der Ausgabe Peso político de todo el mundo del conde D. Antonio Xerley, Madrid 1961, S. 51–60. – *«Abtrünnige» Christen:* L. Scaraffia, Rinnegati. Per una storia dell' identià occidentale, Rom 1993. – *Hautfarbe von Chinesen und Japanern:* W. Demel, «Wie die Chinesen gelb wurden. Ein Beitrag zur Frühgeschichte der Rassentheorien», Historische Zeitschrift, 225 (Dezember 1992), S. 625–666; H. Wagatsuma, «The social perception of skin color in Japan», Daedalus, 96 (1967), S. 407–443. – *Japan:* D. Massarella, A world elsewhere. Europe's encounter with Japan in the sixteenth and seventeenth centuries, New Haven 1990; M. Sugimoto und D. L. Swain, Science and culture in traditional Japan, Tokio 1989; C. Smith, Native sources of Japanese industrialization, 1750–1920, Berkeley 1988; H. Odagiri und A. Goto, «The Japanese system of innovation: past present and future», in: R. R. Nelson (Hg.), National innovation systems. A comparative analysis, New York 1993, S. 76–114. – *Chinesische Kunst:* W. Benjamin, Das Passagen-Werk, Frankfurt 1983, 2 Bde.; A. Kircher, China illustrata, Ausgabe von C. van Tuyl, Muskogee, Ohla. 1987 (1677), Vorwort zu Teil V; Montesquieu, Lettres persanes, in: Œuvres complètes, hg. v. R. Caullois, Bd. 1, XXX, S. 176f., Paris 1949; L. A. de Bougainville, Voyage de la fregate boudeux et de la flute l'étoile autour du monde, Paris 1981. – *Chinesischer Despotismus:* François Quesnay et la physiocratie, Paris 1958, 2 Bde., II, S. 913–934; D. Diderot, «Chinois, philosophie des», in: Encyclopédie, III, Paris 1753, S. 341–348. – *Reisen:* M. Morsy (Hg.), Les saint-simoniens et l'orient. Vers la modernité, Aix-en-Provence 1989, S. 35; F. Nightingale, Letters from Egypt. A journey on the Nile, 1849–1850, New York 1987; J. W. von Goethe, «Hegire», in: Werke, Bd. 2,

München 1976. – *«Koloniale Frage»:* P. J. Cain und A. G. Hopkins, British imperialism, London 1993, 2 Bde.; L. E. Davis und R. A. Huttenback, Mammon and the pursuit of empire. The political economy of British imperialism, 1860–1912, Cambridge 1986; J. Marseille, Empire colonial et capitalisme français. Histoire d'un divorce, Paris 1984; M. Havinden und D. Meredith, Colonialism and development. Britain and its tropical colonies, 1850–1960, London 1993. – *Afrika:* W. Rodney, Afrika. Die Geschichte einer Unterentwicklung, Berlin 1975; G. E. Brooks, Landlords and strangers. Ecology, society, and trade in Western Africa, 1000–1680, Boulder, Colo. 1993; J. Thornton, Africa and Africans in the making of the Atlantic world, 1400–1680, Cambridge 1992; C. Coquery-Vidrovitch, Histoire des villes d'Afrique noire. Des origines à colonisation, Paris 1993; S. Feiermann, «African histories and the dissolution of world history», in: R. H. Bates (Hg.), Africa and the disciplines. The contributions of research in Africa to the social sciences and humanities, Chicago 1993, S. 167–212. – *Afrikanischer Außenhandel:* D. Eltis und L. Jennings, «Trade between Western Africa and the Atlantic world in the precolonial era», American Historical Review, 93 (1988), S. 936–959; D. Eltis, «Trade between Western Africa and the Atlantic world before 1870: estimates in trends in value, composition and direction», Research in Economic History, 12 (1989), S. 197–239 (mit Bibliographie); E. van der Boogaart, «The trade between Western Africa and the Atlantic World, 1600–1690: estimates in trends in composition and value», Journal of African History, 33 (1992), S. 369–385; J. F. Searing, West African slavery and Atlantic commerce, Cambridge 1993. – *Buschmänner:* N. Wilmsen, Land filled with flies. A political economy of the Kalahari, Chicago 1989, S. 272. – *Australische «Aborigines»:* B. Attwood, The making of the aborigines, Sidney 1989. – *«Andenutopie»:* A. Flores Galindo, Buscando un inca: identidad y utopía en los Andes, La Habana 1986; C. F. de Volney, Les ruines ou Méditation sur les révolutions des empires, Paris 1791; J. Gernet, Die chinesische Welt, Frankfurt 1979.

Neuntes Kapitel
Der Spiegel der breiten Masse

Zitate von J. Locke, Zwei Abhandlungen über die Regierung, II, 9, S. 283, Frankfurt/M. und Wien 1967; J. Black, A military revolution? Military change and European society, 1550–1800, London 1991, S. 73. – *Korruption:* J.-C. Waquet, De la corruption. Morale et pouvoir à Florence aux XVIIe et XVIIIe siècles, Paris 1984; L. L. Peck,

Court patronage and corruption in early Stuart England, Boston 1990;
zum Beispiel der Rhône-Brücke in Lyon 1648 A. D. Ljublinskaja
(Bearb.), Lettres et mémoires adressés au chancelier P. Séguier,
1633–1649, Moskau 1966, S. 251–252. – *«Föderation der Gemeinden»:*
G. Lemeunier, «Centralisme et autonomie locale: la guerre privée
dans l'Espagne moderne», in: M. Lambert-Gorges (Hg.), Les élites
locales et l'état dans l'Espagne moderne, Paris 1993, S. 313–325. –
Niederlande: J. D. Tracey, Holland under Habsburg rule, 1506–1566,
Berkeley 1990; ders., A financial revolution in the Habsburg Ne-
therlands, Berkeley 1985; M. van Gelderen, The political thought
of the Dutch revolt, 1555–1590, Cambridge 1992, M. C. 't Hart,
The making of a bourgeois state. War, politics and finance during
the Dutch revolt, Manchester 1993. – *England und Großbritannien:*
R. Brenner, Merchants and revolution. Commercial change, political conflict, and London's overseas traders, 1550–1653, Princeton
1993; D. W. Jones, War and economy in the age of William III and
Marlborough, Oxford 1988; L. Colley, Britons. Forging the nation, 1707–1837, New Haven 1992 (dazu in Débats, 46 (September
1993), S. 119–123 E. P. Thompson); der Text von Rule Britannia bei
J. Thomson, Poetical works, Edinburgh 1773; P. B. Shelley, Poetical works, London 1839, enthält eine Anmerkung seiner Frau Mary
zu den 1819 geschriebenen Gedichten; Lord Byron, «Song for the
Luddites», in: The Complete Poetical Works, Bd. IV, S. 48, Oxford
1986; B. Disraeli, Sybil oder die beiden Nationen, II, 5, Grimmo
1846. – *Frankreich:* A. Forrest und P. Jones (Hg.), Reshaping
France. Town, country and region during the French revolution,
Manchester 1991; D. Wood, The power of maps, New York 1992;
P. Sahlins, Boundaries. The making of France and Spain in the Py-
renees, Berkeley 1989. – *Durchsetzung einer offiziellen Sprache:* M.
Lyons, «Regionalism and linguistic conformity in the French revolution», in: A. Forrest und P. Jones (Hg.), a. a. O., S. 179–192; P.
J. Corfield (Hg.), Language, history and class, Oxford 1991. – *Kriminalität:* H. Zehr, Crime and the development of modern society,
London 1976; kritische Prüfung seiner Ausführungen zu Deutschland bei E. A. Johnson, «The crime rate: longitudinal and periodic
trends in nineteenth and twentieth-century German criminality.
From ‹Vormärz› to Weimar», in: R. J. Evans (Hg.), The German
underworld. Deviants and outcasts in German history, London
1988, S. 159–188; R. Muchembled, Le temps des supplices, Paris
1992. – *Kommunitäre Kultur:* E. P. Thompson, Die Entstehung der
englischen Arbeiterklasse, Frankfurt 1987, 2 Bde.; ders., Customs
in common, London 1991, S. 38, 50, 54 und 57. – *Handwerker- und
Arbeiterbewegung:* C. R. Dobson, Masters and journeyman. A pre-

history of industrial relations, 1717–1800, London 1980; I. J. Pro-thero, Artisans and politics in early nineteenth-century London, London 1979. – *Kritik am Konzept der «landwirtschaftlichen Revolu-tion»:* J. Tits-Dieuaide, «Les campagnes flamandes du XIIIe siècle au XVIIIe siècle ou les succès d'une agriculture traditionelle», An-nales, 39 (1984), S. 590–610; E. L. Jones, Agriculture and the indus-trial revolution, Oxford 1974; J. Mulliez, «Du blé, (mal néces-saire›. Réflexions sur les progrès de l'agriculture de 1750 à 1850», Revue d'histoire moderne et contemporaine, 26 (1979), S. 3–47; R. C. Allen und C. Grada, «On the road again with Arthur Young: English, Irish, and French agriculture during the industrial revolu-tion», Journal of Economic History, 48 (1988), S. 93–116; W. H. Newell, Population change and agricultural development in nine-teenth-century France, New York 1977; E. Kingston-Mann, «Pea-sant economy, culture and politics of European Russia», 1800–1921, Princeton 1991, S. 23–51; J. M. Neeson, Commoners: com-mon right enclosure and social change in England, 1700–1820, Cambridge 1993; J. V. Beckett, A history of Laxton. England's last open-field village, Oxford 1989; John Clare, The parish and The lament of Swordy Well, Ausgabe von E. Robinson und D. Powell, Oxford 1984, S. 98f. und 152. – *Interpretation der Industrialisierung:* A. Marglin, «A che servono i padroni? Origini e funzioni della ge-rarchia nella produzione capitalistica» und «Conoscenza e potere», in: D. S. Landes (Hg.), A che servono i padroni? Le alternative sto-rice dell' industrializzazione, Turin 1987; C. Sabel und J. Zeitlin, «Historical alternatives to mass production: politics,markets and technology in nineteenth century industrialization», Past and Pre-sent, Nr. 108 (1985), S. 133–176; A. Randall, Before the ludities. Custom, community and machinery in the English woolen indu-stry, 1776–1980, Cambridge 1990; G. Timmins, The last shift. The decline of handloom weaving in nineteenth-century Lancashire, Manchester 1993; William Blake, Jerusalem, III, 65, V. 16–26; E. P. Thompson, Die Entstehung der englischen Arbeiterklasse, Frank-furt 1987, 2 Bde., II, S. 448. – *Integration der englischen Kultur:* R. Williams, Gesellschaftstheorie als Begriffsgeschichte. Studien zur historischen Semantik von Kultur, München 1972; F. M. L. Thompson, The rise of respectable society. A social history of Vic-torian Britain, 1830–1900, Cambridge, Mass. 1988; M. Wiener, English culture and the decline of the industrial spirit, 1850–1980, Cambridge 1981; W. D. Rubinstein, Capitalism, culture, and de-cline in Britain, London 1993; J. Foster, Class struggle and the indus-trial revolution, London 1974. – *«Nationalisierung» der französischen Bauern:* E. Weber, Peasants into Frenchmen: the modernization of rural France, 1870–1914, Stanford 1976; kritisch dazu P. McPhee, The politics of rural life. Political mobilization in the French countryside, 1846–1852, Oxford 1992. – *Bürgerliche Kultur:* A. Martin-Fugier, La vie élégante ou la formation de tout-Paris, 1815–1848, Paris 1990; W. Benjamin: Das Passagen-Werk, Frankfurt 1983. – *Deutschland:* G. L. Mosse, Die Nationalisierung der Massen, Frankfurt 1976; T. Ziolkowski, German romanticism and its institutions, Princeton 1990; D. Smith, Politics and the sciences of culture in Germany, 1840–1920, New York 1991; E. D. Brose, The politics of technological change in Prussia, Princeton 1993. – *Ängste:* Der Brief von Thomas Grenville über die Demonstration in Manchester bei J. E. Cookson, Lord Liverpool's administration, 1815–1822, Edinburgh 1975, S. 181; C. Witte, Der preußische Tacitus. Aufstieg, Ruhm und Ende des Historikers Barthold Georg Niebuhr 1776–1831, Düsseldorf 1979: zur Angststimmung in den Jahren nach dem Ersten Weltkrieg C. Wrigley (Hg.), Challenges of labour. Central and Western Europe, 1917–1920, London 1993; W. Ayass, «Vagrants and beggars in Hitler's Reich», in: R. J. Evans (Hg.), The German underworld, London 1988, S. 210–237; M. Burleigh und W. Wippermann, The racial state. Germany 1933–1945, Cambridge 1991. – *«Gefährliche Klassen»:* L. Chevalier, Classes laborieuses et classes dangereuses à Paris pendant la première moitié du XIXe siècle, Paris 1978; R. Sindall, Street violence in the nineteenth century, Leicester 1990; D. Pick, Faces of degeneration. A European disorder, c. 1848–c. 1918, Cambridge 1989; J. L. Peset, Ciencia y marginación. Sobre negros, locos y criminales, Barcelona 1983; J. C. Carey, The intellectuals and the masses. Ride and prejudice among literary intelligentsia, 1880–1939, London 1992.

Zehntes Kapitel
Außerhalb der Spiegelgalerie

Rassenlehren: L. Poliakov, Der arische Mythos. Zu den Quellen von Rassismus und Nationalismus, Hamburg 1993; nationalsozialistische Ideologie bei A. Rosenberg, Der Mythus des 20. Jahrhunderts. Eine Wertung der seelisch-geistigen Verhaltenskämpfe unserer Zeit, München 1935; J. P. Mallory, In search of the Indoeuropeans. Language, Archeology and myth, London 1989; C. Renfrew, Archeology and language. The puzzle of Indo-European origins, Cambridge 1988. – *Religion:* S. N. Eisenstadt (Hg.), The protestant ethic and modernization, New York 1968. – *Familie und Ehe:* D. V. Glass und D. E. C. Eversley (Hg.), Population in history, London 1965 (zu den Grundzügen der europäischen Familie und Ehe darin

Hainal S. 101–143); J. Goody, Die Entwicklung von Ehe und Familie in Europa, Berlin 1986; ders., The oriental, the ancient and the
primitive. Systems of marriage and the family in the pre-industrial
societies of Eurasia, Cambridge 1989; A. J. Coale und S. C. Wat-
kins (Hg.), The decline of fertility in Europe, Princeton 1986; J. R.
Gillis u. a. (Hg.), The European experience of declining fertility,
Cambridge, Mass. 1992. – *Ausbleiben der Industrialisierung in China:*
E. Eastman, Family, fields, and ancestors. Constancy and change in
China's social and economic history, 1550–1949, New York 1988,
S. 149–157; E. L. Jones, The European miracle. Environments, eco-
nomies and geopolitics in the history of Europe and Asia, Cambridge 1981, S. 231. – *Mythos des orientalischen Despotismus:* außer der
bereits angegebenen Literatur auch B. O'Leary, The Asiatic mode
of production, Oxford 1989, sowie P. Springborg, Western republi-
canism and the oriental prince, Austin 1992. – *Gewalttätigkeit im modernen Europa:* R. Muchembled, Le temps des supplices, De l'obé-
dissance sous les rois absolus, XVe–XVIIIe siècles, Paris 1992; S. T.
Christensen (Hg.), Violance and the absolutist state. Studies in Europe and Ottoman History, Kopenhagen 1990 (darin speziell V. G.
Kiernan, «Why was early modern Europe always at war?», S. 17–
46. – *Ursachen des Rückstands im Fernen Osten:* A. Reid, Southeast
Asia in the age of commerce, 1450–1680; Raymond Queneau,
Traité des vertus démocratiques, Paris 1993, S. 84. – *Geschichte von
Chiapas:* T. Benjamin, A rich land, a poor people. Politics and so-
ciety in modern Chiapas, Albuquerque 1989, S. 242. – *Science-Fic-
tion-Literatur:* K. S. Guthke, Der Mythos der Neuzeit. Das Thema
der Mehrheit der Welten in der Literatur und Geistesgeschichte von
der Kopernikanischen Wende bis zur Science Fiction, Bern 1983; A.
Machado, Obras. Poesía y prosa, Buenos Aires 1964, S. 428; I.
Kant, Träume eines Geistersehers, I. Kap. 1; Bruno Bettelheim,
Themen meines Lebens, Essays über Psychoanalyse, Kindererzie-
hung und das jüdische Schicksal, Stuttgart 1991; ders., Aufstand gegen die Masse. Die Chance des Individualismus in der modernen
Gesellschaft, München 1964.

Register

Indien 50, 149, 161, 166f.
Indonesien 166f.
Innozenz III., *Papst* 85
Inquisition 72, 81, 85, 89, 91,
120, 122, 124, 126, 144
Insulinde 74, 166
Iran, *siehe auch* Persien 80
Irak 149
Irland 51
Island 51f., 55
Israel 137
Israel, Menasseh ben 137f.
Esperança de Israel 137
Italien 25, 28, 69, 88, 97–102,
120, 179f., 184

Jacquerie, *Bauernaufstand* 106
Jakobus 45
Japan 81, 167, 170f.
Java 70, 197
Jelling 55
Jerusalem 21, 42, 80f.
Jesus Christus 31, 33, 37, 43,
73, 97, 105, 109, 139, 154
Jones, Edward L. 197
Joufre, Jean 92
Johannes, *Priesterkönig* 80
Johannes der Täufer 32
Julianus, *römischer Kaiser* 23,
39f.
Julius Cäsar, *römischer Kaiser*
24, 157
Jünger, Ernst 193
Justinian I., *oströmischer Kaiser*
39, 61

Kadmos 13
Kaffa 96
Kalabrien 84
Kalahari 174
Kama 58
Kanaan 17
Kant, Immanuel 204

Kappadokien 33
Karabalghasun 78
Karibik 146, 152
Karl I., der Große, *Frankenkö-
nig, Kaiser* 35, 52f., 57, 61
Karthago 18, 20, 23
Kaspisches Meer 51
Kastilien 85, 94, 96, 131, 178
Katalaunische Felder, *Schlacht* 26
Katalonien 80, 183, 203
Kaukasus 78, 171
Kavafis, Konstantin 30
Kazimierz, Jan,
Jesuitenkönig 139
Kent 102
Keräit, *mongolischer Volksstamm*
79
Khundishapur 79
Kiew 68
Kleinasien, *siehe* Asien
Knossos, *Labyrinth von* 17
Königshaus, spanisches 143
Kolumbus, Christoph 142–
145, 149
Konstantin, *siehe* Kyrillos
Konstantin I., *römischer Kaiser*
31f., 34, 38, 49
Konstantin VI., *byzantinischer
Kaiser* 35
Konstantinopel 38f., 56, 73, 77
Konstanz, *Konzil von* 105
Kommune, *siehe* Pariser Kom-
mune
Koran 73
Kosmas, *Presbyter* 88
Kotschinchina 167
Kreta 16–18
Krim 96
Ktesiphon 79
Kubilai Chan 80
Kyrillos, *Bischof* 40
Kyrillos, *eigtl.* Konstantin, *sla-
wischer Missionar* 56, 58

Anzeigen

EUROPA BAUEN

Die nächsten Bände:

Maurice Agulhon
Demokratie in Europa

Klaus J. Bade
Migration in Europa

Gisela Bock
Frauen
in der europäischen
Geschichte

Peter Brown
Die geteilte Christenheit

Peter Burke
Die europäische Renaissance

Franco Cardini
Europa und der Islam

Roger Chartier
Lesen und Schreiben in Europa

Robert Delort
Europa und seine
Umwelt

Jacques Le Goff
Die Universitäten
in der europäischen
Geschichte

Peter Landau
Europäische
Rechtsgeschichte

Paolo Rossi
Die Geburt der Wissenschaft
in Europa

Bereits erschienen:
Ein ergänzender Essay
des Herausgebers

Jacques Le Goff
Das alte Europa
und die Welt der Moderne
Aus dem Französischen
von Tobias Scheffel
1993. Etwa 50 Seiten
mit 5 Abbildungen.
Broschiert